# STADTSCHWÄRMER LEIPZIG

JUNG, INSPIRIEREND, KÖSTLICH, KREATIV, HERZLICH
... EINE STADT UND IHRE VIELFÄLTIGSTEN SEITEN

FÜR FRAU PRÖMMER
VIEL FREUDE BEIM ENT-
DECKEN
+
HERZLICHEN DANK
[illegible]
DEZ. 2015

# Herzlich willkommen in Leipzig!

Leipzig heißt das Ziel eurer Wahl? Gute Entscheidung, denn wer einmal hier war, der kommt gern wieder und bleibt manchmal sogar für immer. Irgendwo zwischen inspirierenden Kunstgalerien, gemütlichen Cafés, Gründerzeitarchitektur und lauschigen Plätzen im Grünen hat noch jeder früher oder später sein Herz an diese Stadt verloren.

Doch wohin soll es zuerst gehen? Völkerschlachtdenkmal, Mädler-Passage oder Thomaskirche? Ohne Frage alles **SPANNENDE ORTE**, die Leipzig ausmachen und besucht werden sollten. Doch wo versteckt sich eine urige Kneipe, in der man im Halbdunkeln über Gott und die Welt philosophieren kann? Wo werkeln die vielen Künstler wirklich, von denen die ganze Welt spricht, und wo kann man noch echte **SHOPPING-TRÜFFEL** und handgefertigte Einzelstücke finden, denen man das Herzblut ansieht, das in sie geflossen ist? Kommt mit und lasst euch von waschechten Leipzigern zu den Lieblingsorten ihrer Stadt entführen. Wir sind ausgeschwärmt und haben unsere liebsten Ecken, sowohl **GEHEIMTIPPS** als auch allseits bekannte und beliebte Adressen, zusammengetragen und möchten euch unser Leipzig zeigen. Eine **MOMENTAUFNAHME** und ganz subjektive Sicht auf unsere Stadt, in der wir leben, lieben und arbeiten und die uns jeden Tag eine neue Seite von sich offenbart. Sie ist jung, wild, frei, kreativ, manchmal ei-gensinnig und ein kleines bisschen größenwahnsinnig, aber niemals arrogant oder zickig. Sie ist gespickt mit wunderschönen Ecken und **KREATIVEN FLECKCHEN** und vielseitig wie kaum eine andere. Prunkvolle Villen stehen hier neben Plattenbauten und alten Industriegebäuden. Die Wege sind kurz und dennoch herrscht eine weltoffene, urbane Großstadtatmosphäre. Die Leipziger sind gemütlich und entspannt, aber immer hilfsbereit. Ein großer, grüner Wald schlängelt sich durch die gesamte Stadt und blaue Seen findet man verteilt in jeder Himmelsrichtung.

Wir geben es zu, wir sind verknallt. Wir schwärmen für Leipzig, doch wir teilen unsere Stadt gern mit euch. Versprochen: Am Ende eures Trips wollt ihr am liebsten alles Gesehene und Erlebte in einen großen Koffer packen und mit nach Hause nehmen. Viel **FREUDE** und **INSPIRATION** beim Entdecken unserer Lieblingsstadt!

*Eure Stadtschwärmer*

Das Stadtschwärmer-Autorenteam (v. l. n. r.): Babett, Katrin, Steffi & Franzi

# Inhalt

Impressionen ab S. 8

Zentrum ab S. 28

Norden ab S. 88

Westen ab S. 126

Süden ab S. 194

Osten ab S. 264

# LOCAL HEROES

Leipzig hat viele berühmte Köpfe hervorgebracht, doch noch wichtiger sind für uns die Menschen von heute. Wie leben sie? Was denken und fühlen sie? Was lieben sie so an dieser Stadt? All das möchten wir zeigen, und so entstand der »Stadtschwärmer« in Zusammenarbeit mit einem Dutzend waschechter und Wahl-Leipziger aus den verschiedensten Bereichen. Fünf von ihnen werden euch in den Stadtteilen immer wieder begegnen und euch an ihren ganz persönlichen Tipps teilhaben lassen.

## DOREEN

Hi, ich bin Doreen. Ich lebe und liebe Leipzig. Die Stadt, in der alles begann. Wenn meine Klassenkameraden zum Fußball oder Klavierunterricht gingen, klapperte ich die Innenstadt nach neuen Klamotten ab. Und was dem einen sein Feierabendbier, ist mir mein Modeblog »cover stories«. Für meine Leser durchstöbere ich seit vier Jahren die Modewelt, schneide mir eine Scheibe davon ab und interpretiere es auf meine Weise. Einige kennen mich vielleicht aus der Fernsehsendung »Shopping Queen«, in der ich 2014 zur Siegerin gekürt wurde.

*Doreen Knopf • www.coverstories.de*

## NEO

Hi, ich bin Neo Kaliske, ein Leipziger Musiker und Sänger. Neben meiner Tätigkeit als Solokünstler bin ich auch Chorleiter und Projektentwickler. 2014 erschien mein Debütalbum »Hinaus ins Blaue«. Mir hat Leipzig schon immer gefallen, als Knirps war ich hier Thomaner und sang im »GewandhausKinderchor«. Ich habe den positiven Wandel der Stadt live miterlebt. Heute bin ich mit meiner eigenen Musik deutschlandweit unterwegs und sehr glücklich, Leipzig als Hafen zu haben.

*Neo Kaliske • www.neokaliske.de*

## MAMA ULITA

Ich bin »Mama Ulita«, tanze Burlesque, toure mit meiner Kunst durch die Welt und bin Gründungsmitglied und aktives Showgirl bei der Leipziger Burlesque-Truppe »The Lipsi Lillies«. Damit bringe ich die Menschen zum Lachen und stecke sie mit Lebenslust an. Leipzig ist seit meinem ersten Besuch meine Traumstadt und seit 1998 meine Wahlheimat. Es ist klein genug, um schnell von A nach B zu kommen, und groß genug für verrückte Konzepte, ungewöhnliche Menschen und innovative Ideen. Bisher habe ich noch keinen Platz gefunden, an dem ich lieber leben möchte.

*Mama Ulita • www.mamaulita.de*

## CHRISTIAN

Ich bin Christian und lebe seit 14 Jahren in Leipzig. Ich liebe es, mit Freunden und Familie in coolen Locations zusammen zu sein und das Leben zu genießen. Ich bin Vorstand unseres Familienunternehmens in Leipzig, der »TAS AG«. Wir sind ein Customer-Service-Dienstleister. Außerdem schreibe ich auf meinem Blog »morements« über meine persönlichen Momente mit Mehrwert in allen Lebensbereichen. Ich lebe gern in Leipzig, weil sich diese Stadt, seitdem ich hier bin, bewegt; und zwar nach vorn! Hier ist niemand satt. Diese Stadt will jeden Tag!

*Christian Geyer • www.morements.de*

# STEVE

Ursprünglich zog ich wegen des Studiums nach Leipzig, mittlerweile lebe ich seit mehr als zehn Jahren hier. Dank meiner Arbeit als Geschäftsführer von »activeART« bin ich in der Kunst- und Kulturszene Leipzigs zu Hause und entdecke dabei immer wieder Neues. Gern initiiere ich spannende, kulturelle Projekte oder bringe mich in selbige ein, um dabei zu entdecken, was mit frischen Ideen und engagierten Menschen möglich ist. Ich bin glücklich, dies alles in und für Leipzig zu tun. Die Vielfalt, die diese Stadt ausstrahlt, inspiriert mich jeden Tag aufs Neue.

*Steve Uhlig • www.active-art.de*

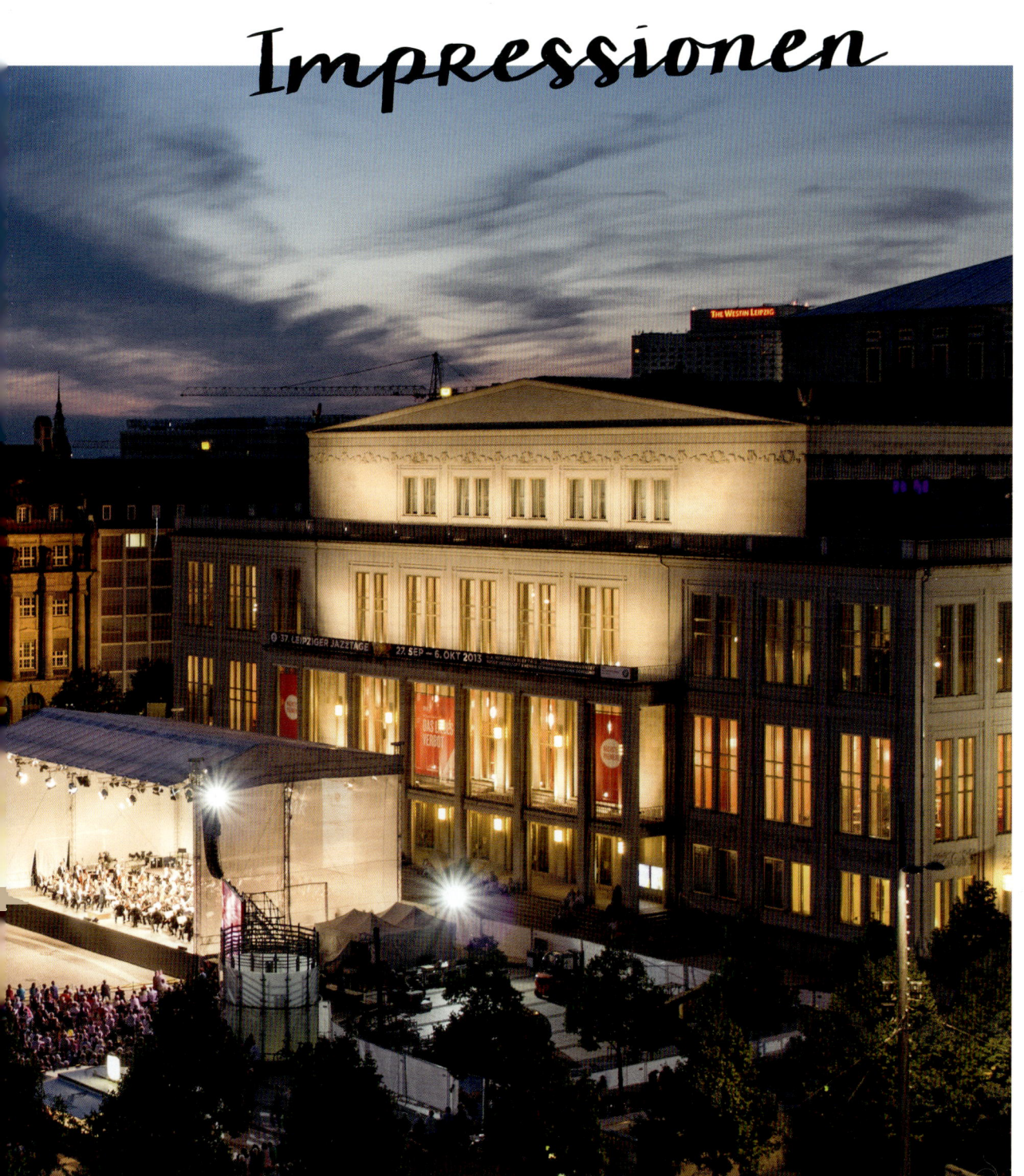

# Impressionen

# Summer in the City

Der Asphalt glüht, die Getränke sind eisgekühlt und die Nächte lang und lau. Die Leipziger lieben den Sommer in ihrer Stadt und sind natürlich am liebsten draußen unterwegs.

## 02

Nicht nur auf dem Wasser, sondern auch darin findet man an heißen Sommertagen Erfrischung. Jeder Leipziger hat seinen Lieblingssee, die Auswahl ist ja auch riesig. Auf der Hitliste ganz oben steht bei vielen der ↗ **COSPUDENER SEE** (S. 16) im Süden der Stadt. Mit dem Rad lässt der sich prima durch den Auwald erreichen und egal, ob man breiten Sandstrand oder kleine, bewachsene Buchten bevorzugt, hier findet jeder ein gutes Plätzchen zum Verweilen.

## 01

Nicht erst seit der spontanen Session des Erfurter Sängers »Clueso« ist ein Besuch auf der autofreien **SACHSENBRÜCKE** mitten im Clara-Zetkin-Park ein Muss in einer lauen Sommernacht. Hier sitzt man zusammen, trinkt Wein, lauscht Musik und quatscht mit Freunden und Fremden bis in die frühen Morgenstunden.

## 03

Ganz Reudnitz ist verrückt nach dem Eis von **GUSTAV H.** In dem winzigen Lädchen nahe dem Lene-Voigt-Park gibt es täglich wechselnde, kreative Sorten, allesamt handgemacht aus regionalen Produkten.

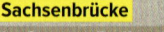
**Sachsenbrücke**
Im Sommer Treffpunkt
Nummer 1 in der Stadt

## 05

Sonntagnachmittag trifft man sich zum Picknicken, Entspannen oder einer spontanen After-Hour auf der großen Wiese des Richard-Wagner-Hains unmittelbar am Ufer des Elsterflutbetts. Wer die Getränke oder Snacks zu Hause vergessen hat, deckt sich im Bauwagen von **ZIERLICHMANIERLICH** mit Verpflegung ein, und schon steht einem relaxten Tag im Freien nichts mehr im Wege.

## 07

Leipzig ist Wasserstadt und kann auf einer Vielzahl von Flüssen und Kanälen prima per **KANU**, **KAJAK** oder **RUDERBOOT** erkundet werden. Wer von Connewitz aus durch den Auwald Richtung Cospudener See paddeln möchte, sollte im Bootsverleih am Wildpark starten. Alle, die es grün lieben, leihen sich ein Kanu an der **GALOPPRENNBAHN** im Clara-Zetkin-Park aus.

## 04

Sommerzeit ist Kinozeit! Zumindest, wenn man sich eines der vielen Leipziger **FREILICHTKINOS** aussucht. Im Süden auf der ↗ **FEINKOST** (S. 220), im Westen im ↗ **LURU KINO** (S. 183), im Zentrum auf dem Freisitz der ↗ **MORITZBASTEI** (S. 74) und im Osten im Autokino an der **ALTEN MESSE**. Beim »Treppenkino« nehmt ihr auf den Stufen der **SCHAUBÜHNE LINDENFELS** Platz. Auf einer Leinwand zwischen zwei Bäumen werden vor allem Filmklassiker gezeigt. Eintritt ist frei.

**Karl-Heine-Kanal**
Bei schönem Wetter mit dem Kanu auf der Plagwitzer Wasserstraße

## 06

In den Sommermonaten sind der Saal mit Galerie, der Innenhof und die Sonnenterrasse des **TÄUBCHENTHALS** Schauplatz verschiedener Märkte und Events, vor allem an den Wochenenden.

## Prost!

Wer denkt, Biergärten gibt es nur in Bayern, wird in Leipzig eines Besseren belehrt – und das nicht zu knapp. Darüber hinaus findet man hier nicht nur die klassische Kombination aus Bierbank und Bratwurst, sondern durchaus auch exotische Köstlichkeiten an ungewöhnlichen Orten. Allen gemeinsam ist aber die Liebe zur Frischluft, die oft schon an den allerersten wärmeren Tagen die unerschrockenen Gäste anlockt – notfalls mit ausreichend Wolldecken in der Hinterhand! Vielleicht liegt das daran, dass den Leipziger ohnehin eine besondere Liebe zu Natur und Garten auszeichnet. Nicht umsonst gibt es hier das DEUTSCHE KLEINGÄRTNER-MUSEUM, das im 1896 eingeweihten Vereinshaus des ersten Schrebervereins seinen Platz gefunden hat und unter anderem Leipzigs ältesten Gartenzwerg »Fridolin« beherbergt. Und was liegt unmittelbar an diesem Museum? Genau – ein Biergarten!

**Biergarten mit Ginkgobaum**
Romantischer Biergarten hinter dem Heinrich-Budde-Haus

**Biergarten am Musikpavillon**
Im Clara-Zetkin-Park den Tag bei Musik und Gegrilltem ausklingen lassen

**Biergarten am Haus Auensee**
Entspannt genießen mit Blick auf den Auensee

**Biergarten im Felsenkeller**

Seit Mai 2015 gehört zur imposanten Veranstaltungsstätte von 1890 auch ein lauschiger Biergarten mit hauseigener Küche, diversen Kuchenangeboten und freiem WLAN.

**MAMA ULITA ÜBER:**

# DIE LADY FELSENKELLER

Diese spektakuläre Location, die von ihren neuen Betreibern liebevoll »Lady Felsenkeller« getauft wurde, hat in ihrer Bestehensgeschichte schon vieles gesehen. Ursprünglich war der Felsenkeller mit seinem großen Biergarten ein Ausflugsziel außerhalb der Tore Leipzigs, ein Bierkeller, Kino, Versammlungsort, Ballsaal und Ausstellungsraum. Nun feierte die »Lady Felsenkeller« im Februar 2015 ihr 125-jähriges Jubiläum und wurde mit einem großen »Belle Époque«-Ball wachgeküsst. Seitdem sind ihre Lebensgeister neu geweckt und die Lady umarmt ihre Besucher. Für alle Generationen bietet das Programm des Felsenkellers Kurzweil und Unterhaltung.

## Weitere Biergärten ...

### Schrebers
Umfangreiche Speisekarte, u.a. mit kalter Gurkensuppe und Steaks vom BBQ-Grill.
*Aachener Straße 7, 04109 Leipzig*
*Mo.–Fr. ab 15 Uhr, Sa. & So. ab 11 Uhr*

### Glashaus im Clarapark
Der Biergarten besticht durch seine Lage mitten im Grünen und ist wegen des großen Spielplatzes perfekt für Familien geeignet.
*Karl-Tauchnitz-Straße 26, 04107 Leipzig*
*Mo.–So. 9–21 Uhr*

### Frau Krause
Connewitzer Original! Der Biergarten zur Eckkneipe bietet gutes Bier und ein paar kleine, einfache und vor allem preiswerte Originalitäten aus der eigenen Küche.
*Simildenstraße 8, 04277 Leipzig*
*Mo.–So. 19–1 Uhr*

### Biergarten Kinobar Prager Frühling
Konzerte, Fleisch, Veganes und Vegetarisches, kalte und heiße Getränke und jeden ersten und dritten Sonntag im Monat ein Flohmarkt tief im Leipziger Süden.
*Bernhard-Göring-Straße 152, 04277 Leipzig*
*täglich ab 16 Uhr*

### Substanz Biergarten & Pianobar
»Reudnitz hat Substanz!« Uriger Biergarten mit Livemusik und entspannter Atmosphäre.
*Täubchenweg 67, 04317 Leipzig*
*Mo.–Sa. 18–24 Uhr, So. 18–22 Uhr*

### Biergarten am Haus Auensee
*Gustav-Esche-Straße 4, 04159 Leipzig*
*Sa., So. und feiertags ab 10 Uhr*

### Biergarten mit Ginkgobaum
*Lützowstraße 19, 04157 Leipzig*
*täglich ab 12 Uhr*

### Biergarten im Felsenkeller
*Karl-Heine-Straße 32, 04229 Leipzig*
*täglich ab 11 Uhr*

### Musikpavillon Clara-Zetkin-Park
*Anton-Bruckner-Allee 11, 04107 Leipzig*

# Avec le vélo

Um von A nach B zu kommen, könnt ihr in Leipzig auf eine Vielzahl von Verkehrsmitteln zurückgreifen. Mit dem eigenen oder einem gemieteten Rad erreicht ihr vor allem schnell und sportlich euer Ziel. Ein weiterer Vorteil, um aufs Velo zu steigen: Leipzig ist die fahrradfreundlichste Stadt Sachsens (laut ADAC-Fahrradklima-Test 2014)! Fast jeder Weg kann, je nach Route, durchs Grüne führen, denn überall gibt es Parks, Flüsse und natürlich den Auwald, der sich durch die gesamte Stadt zieht. Ein gut ausgebautes Netz von Fahrradwegen und ein ausgeprägter Kult ums Zweirad machen dieses Fortbewegungsmittel vor allem bei Studenten zu einem der beliebtesten. Und damit das gute Stück immer und überall einsatzbereit ist, findet ihr in der Stadt Spezialisten für Fahrradreparaturen, Sonderanfertigungen und Ersatzteile.

**Rent-a-bike**

**nextbike Leipzig** Wer ohne Drahtesel in der Stadt ist, kann an einer von über 70 »nextbike«-Stationen ein Rad ganz unkompliziert per App oder Hotline-Anruf ausleihen. 30 Minuten kosten gerade mal 1 €. Wer 24 Stunden unterwegs ist, zahlt 9 €. Danach kann das Bike einfach an einer der Stationen wieder abgestellt werden. Wer noch Inspiration für seine Route durch die Stadt sucht, wird auf der Homepage fündig, auf der mehrere Touren vorgeschlagen werden.
*www.nextbike.de oder Hotline (030) 69 20 50 46*

**Manufaktur**

**Steelecht Leipzig** Bei den Jungs von »Steelecht« könnt ihr euren klapprigen Drahtesel aus dem Keller zu einem schicken Retro-Rad mit klassischem Stahlrahmen und individuellen Details aufpimpen lassen. Wie euer neues Lieblingsrad aussehen soll und mit welcher Ausstattung das »Steelecht«-Team das Rad versehen soll, entscheidet dabei allein ihr.
*www.steelecht-bikes.com*

**DIY**

**Selbsthilfewerkstatt Radgeber**
Ihr habt einen Platten und wollt ihn selbst flicken, wisst aber nicht, wie, oder das passende Werkzeug fehlt euch? Dann auf in die Fahrradselbsthilfewerkstatt »Radgeber« in der Nähe vom *Roßplatz*. Hier stehen allen Studenten kostenlose Arbeitsplätze und Werkzeug zur Verfügung. Hemmungslos könnt ihr hier an eurem Rad schrauben, bis wieder alles funktioniert.
*Leplaystraße 5, 04103 Leipzig, www.radgeber-leipzig.de*

## Fahrradwanderung

*Wanderung*

Nicht nur innerhalb der Stadt lohnt es sich, aufs Fahrrad umzusteigen. Das Leipziger Umland bietet eine Vielzahl von Radwanderstrecken entlang der ehemaligen Tagebaulandschaften und darüber hinaus.
*www.radfahren-in-leipzig.de*

## Fahrradladen Kettenreaktion

*Reparatur & Teile*

Die Jungs von »Kettenreaktion« in Connewitz reparieren nicht nur euer kaputtes Bike und verkaufen Ersatzteile und Fahrradzubehör. Sie restaurieren auch alte Räder oder bauen euch gleich ein ganz individuelles und auf eure Bedürfnisse und Wünsche abgestimmtes Fahrrad zusammen. Egal ob Tourenräder, Stadträder, Trekkingräder oder Reiseräder, hier wird jeder Zweiradliebhaber fündig.
*Simildenstraße 1, 04277 Leipzig, www.fahrradladen-kettenreaktion.de*

*Tandem*

**Zeit42** Bei »Zeit42« werden alle fündig, die die Stadt am liebsten im Doppelpack und nicht zu Fuß erkunden wollen. Online kann man sich ganz einfach ein Tandem ausleihen und so seine ganz eigene Stadtrundfahrt inklusive Romantik-Faktor starten.
<u>Unser Tipp:</u> Zum knallroten 70er-Jahre-Tandem »Rixi« gleich den liebevoll gepackten Picknickkorb mit hausgemachten Leckereien von einem kleinen Café dazu buchen und die Radtour mit einem idyllischen Essen im Grünen verbinden.
*www.zeit42.de*

# Leipziger Seen

Wo einst Braunkohle gewonnen wurde, entstanden aus den Tagebaurestlöchern in den vergangenen Jahren zahlreiche Gewässer, die zusammen das **Leipziger Neuseenland** bilden. Die Wasserlandschaft in und um Leipzig lockt jedes Jahr unzählige Besucher an. Wer sich entscheiden darf, welchen See er zum Baden oder Aktivsein wählt, hat im Leipziger Neuseenland die Qual der Wahl. Für Unentschlossene bietet sich deshalb eine Paddeltour an, denn viele der Seen sind mittlerweile miteinander verbunden.

### Cospudener See

Der »Cossi« ist in wenigen Minuten vom Leipziger Süden per Fahrrad zu erreichen. Viele Freizeitmöglichkeiten und kleine Gastronomien machen ihn zu einem der beliebtesten Seen der Leipziger.

### Störmthaler See

In unmittelbarer Nachbarschaft zum Markkleeberger See befindet sich der Störmthaler See. Seit 2014 darf hier auch gebadet werden. Einmal im Jahr findet hier das »Highfield«-Festival statt.

### Zwenkauer See

Das größte Gewässer des Leipziger Neuseenlandes ist mit 970 Hektar der Zwenkauer See. Im Ausstellungspavillon »Kap Zwenkau« könnt ihr euch über die Historie des Bergbaus informieren.

### Schladitzer See

Im nördlichen Neuseenland finden Sportfreunde zahlreiche Möglichkeiten, um am und im Wasser aktiv zu werden.

COSPUDENER SEE

FÜR SONNENHUNGRIGE STRANDLIEBHABER

NORDSTRAND

P

BÖSDORF

MARKKLEEW

HARTMANNSDORF

P

PIER 1

A38

P

ZWENKAUER SEE

FÜR RUHESUCHENDE NATURLIEBHABER

ZWENKAU

## MARKKLEEBERGER SEE
### FÜR WILDWASSERAFFINE ABENTEURER

LEIPZIG

PROMENADE

**P**

GETZELAUER INSEL

KANUPARK

A38

GÜLDENGOSSA

STÖRMTHAL

## STÖRMTHALER SEE
### FÜR AUSDAUERNDE ZWEIRADLIEBHABER

**P** HAFEN

B2

Pssst: Auch dem Kulkwitzer See mit seiner hervorragenden Wasserqualität und dem Werbeliner See – seit 2006 Vogelschutzgebiet – solltet ihr unbedingt einen Besuch abstatten.

**LEGENDE:**

◎ HAFEN

**P** PARKPLATZ

〰 BADESTRÄNDE

---

# Markkleeberger See

Ausgangspunkt eines ausgedehnten Spaziergangs sollte die Promenade des Markkleeberger Sees sein. Hier kann das Auto direkt am See für 2 Stunden und 2 € geparkt werden. Wer sich vor einer Rad- oder Wandertour auf dem knapp 9 km langen Rundweg noch einmal stärken möchte, kann dies in der **WEINBEISSEREI** tun. Im Freisitz und mit Blick auf den Markkleeberger See schmeckt es besonders gut.

Der Weg rund ums Gewässer ist naturbelassen und eignet sich bestens für Radfahrer und Spaziergänger. Er führt an zahlreichen kleinen Badebuchten mit vorgelagertem Schilf vorbei und bietet im Sommer hervorragende Bademöglichkeiten bei ausgezeichneter Wasserqualität. In einer Stunde ist man von der Promenade zum **KANUPARK** gelaufen. Hier trainieren die Profis für den Ernstfall und wasserbegeisterte Besucher erleben die Tücken der Strecke bei einer Runde Wildwasser-Rafting. Wer auf den Geschmack gekommen ist, leiht sich ein Kanu und entdeckt den See auf eigene Faust.

Für alle Freunde der geführten Bootstour wäre eine Fahrt auf der »Wachau« ein heißer Tipp. Von der Promenade aus legt das Fahrgastschiff ab und bringt seine Fahrgäste auch zu anderen Seen des Leipziger Neuseenlandes. Perfekt für Radfahrer, die abkürzen oder verschnaufen wollen – die »Wachau« transportiert barrierefrei Radler und Rad.

 **EASY 2 GO** **SEEPROMENADE MARKKLEEBERGER SEE**
*04416 Markkleeberg*

---

# Nachts in Leipzig

## ILSES ERIKA

Im winzig kleinen Kellerclub in der Nähe des Connewitzer Kreuzes feiert man schon donnerstags den Beginn des Wochenendes.
*Bernhard-Göring-Straße 152, 04277 Leipzig*

## DISTILLERY

Eine Institution der Leipziger Clubszene – die »Distillery« war einer der ersten House- und Techno-Clubs Deutschlands. Elektronische Musik jeglicher Art steht noch heute im Fokus.
*Kurt-Eisner-Straße 108 a, 04275 Leipzig*

## ELSTERARTIG

Egal ob unter der Woche oder Samstagabend: Ab 22 Uhr wird die Musik hier lauter gedreht und Nachtschwärmer erobern den Club. Nicht verpassen: Toilettenmann Lollo, der zur Kultfigur avanciert ist.
*Dittrichring 17, 04109 Leipzig*

## TÄUBCHENTHAL

Das Plagwitzer »Täubchenthal« hat sich als innovative Konzert- und Partylocation etabliert. Im alten Backsteinbau erlebt ihr in großzügiger und moderner Atmosphäre die heißesten Newcomer-Bands und ausgelassene Parties.
*Wachsmuthstraße 1, 04229 Leipzig*

## ELIPAMANOKE

Die neuesten elektronischen Sounds tönen hier mitten im ehemaligen Industrieviertel.
*Markranstädter Straße 4, 04229 Leipzig*

## CAFÉ WALDI

Hier bekommt ihr das komplette Programm. Erst gemütlich essen und einen Cocktail trinken und zu später Stunde das Tanzbein schwingen.
*Peterssteinweg 10, 04107 Leipzig*

Abbildungen:
o. l., u. l. und o. r. ELSTERARTIG, o. M. und u. r. Ilses Erika, u. M. Café Waldi

# ✳ Salz & Tabak

Ihr wollt zu später Stunde ein Festmahl
kochen, aber das eine oder andere fehlt?
Dann deckt euch hier vor allem mit
italienischen Spezialitäten ein.

*Dufourstraße 38, 04107 Leipzig*

# SPÄTIS

##  Südplatz Späti

Der »Südplatz Späti« ist eine Institution in der Leipziger Südvorstadt. Neben einer großen und vielfältigen Getränkeauswahl gibt es auch Zeitschriften und Magazine für die sonntägliche Lektüre.

*Schenkendorfstraße 20, 04275 Leipzig,*
*Mo.–Sa. 14–23 Uhr, So. 10–22 Uhr*

##  Speisekammer

Bei der »Speisekammer« mitten in Schleußig findet ihr ein umfangreiches Angebot an Bioprodukten. Neben Obst, Gemüse und Milchprodukten gibts zahlreiche internationale Getränke und Lebensmittel. Auch seltene Magazine und Comics könnt ihr hier bekommen.

*Holbeinstraße 19, 04229 Leipzig,*
*Mo.–Fr. 12–23 Uhr, Sa.–So. 10–23 Uhr*

##  Lazy Dog

Alle faulen Hunde, die den Abend zusammen ausklingen lassen wollen, treffen sich im oder vor dem »Lazy Dog«. Der Connewitzer Späti musste bereits drei Mal innerhalb des Kiezes umziehen, was seiner Beliebtheit aber keinen Abbruch getan hat. Getränke, Knabbereien und immer mehr frische und vegane Lebensmittel sind im Sortiment.

*Wolfgang-Heinze-Straße 20, 04277 Leipzig,*
*Mo.–Do. 17–1 Uhr, Fr., Sa. 17–2 Uhr,*
*So. 15–1 Uhr*

## Spätikatessen

Wer abends auf der Karl-Heine-Straße unterwegs ist, kann unterwegs noch bei »Spätikatessen« zuschlagen. Das Besondere: Der Späti befindet sich in einem alten Bauwagen auf dem ↗ **WESTWERK**-Gelände (S. 178).

*Karl-Heine-Straße 85, 04229 Leipzig,*
*Mo.–Sa. ab 16 Uhr bis max. 23.30 Uhr*

##  Zu Spät

Wenn der Pizzaservice streikt, bekommt ihr hier in Reudnitz auch zu später Stunde Currywurst, Pommes, Hot Dogs oder etwas zu naschen wie Cupcakes und Kuchen. Auch Veganer werden fündig.

*Kippenbergstraße 28, 04317 Leipzig,*
*Mo., Mi., Do. 16–24 Uhr,*
*Fr., Sa. 16–open end, So. 16–22 Uhr*

## ANNABELLE SAGT

Ein Blog, der Geschichten aus Leipzig erzählt. Autorin Anne nimmt uns mit auf ihre Erkundungstouren durch die Stadt und berichtet von unterwegs, ihren Lieblingsplätzen, Lieblingsmenschen, Konzerten, Mode, Musik und gutem Essen.
*www.annabelle-sagt.de*

LEIPZIGER BLOGS

# Klicken und geklickt werden

## COVER STORIES

Doreen ist nicht nur junge Mama, sondern vermutlich auch Fashion-Expertin Nummer 1 in Leipzig. Auf »cover stories« präsentiert Doreen ihre sorgfältig zusammengestellten Outfits und macht Lust auf den nächsten Shoppingtrip. Für den Stadtschwärmer verrät sie ihre Highlights der Stadt.
*www.coverstories.de*

## THANK YOU FOR EATING

Wer mal keine Lust hat, einen unserer Gastro-Tipps auszuprobieren und zu Hause lieber selbst den Kochlöffel schwingen möchte, der kann sich bei Food-Bloggerin Liv Anregungen en masse holen. Couscous mit Basilikumgarnelen, Süßkartoffel-Hummus oder Espresso-Schoko-Fudge. Für jeden Geschmack gibts hier das passende Rezept mit Bildern, die einem direkt das Wasser im Munde zusammenlaufen lassen.
*www.thank-you-for-eating.com*

Seit jeher war Leipzig Stadt der Dichter und Denker. In Form von <u>BLOGS</u>, die mal mehr, mal weniger regelmäßig mit Inhalt gefüttert werden, lassen uns viele Leipziger auch heute an ihren Gedanken und Eindrücken teilhaben. Egal ob über <u>ESSEN</u>, <u>LITERATUR</u>, <u>MODE</u>, <u>KUNST</u> oder <u>LEIPZIG</u> an sich, zu jedem erdenklichen Bereich gibt es mindestens ein Weblog. Leipzig-Blogs gibt es viele, <u>hier eine bunte Auswahl zum KLICKEN</u> und <u>STÖBERN:</u>

## DUNKEL DRECKIG REUDNITZ

Der etwas andere Stadtteilblog. Vom neu eröffneten Dönerladen über Veranstaltungen im Viertel bis hin zu skurrilen Vorkommnissen auf dem Supermarkt-parkplatz findet man hier alle Infos rund um Leipzigs vielleicht meistunterschätzten Stadtteil. Lesenswert auch für alle, die nicht in Reudnitz wohnen.
*www.dunkeldreckig.de*

### NOCH NICHT GENUG?

**> ALABASTERMAEDCHEN**
Beauty-, Mode-, Food- und Sporttipps.
*www.alabastermaedchen.de*

**> GASTRO L.E.**
Gut schlemmen in Leipzig.
*www.gastro-le.de*

**> LEIPZIG LEBEN**
Was gerade los ist, erfahrt ihr hier.
*www.leipzig-leben.de*

**> VINTAGEMÄDCHEN**
Mode und Kultur aus vergangenen Zeiten.
*www.vintagemaedchen.de*

## KISS & TELL LIFESTYLEBLOG

Seit 2013 schreiben Franzi und Steffi auf ihrem Life-styleblog über das Leben in ihrer liebsten Stadt. Neben Outfits, Rezepten und Veranstaltungstipps stehen vor allem »Local Heroes« aus Leipzig im Vordergrund, die ihre Leidenschaft zum Beruf gemacht haben.
*www.kiss-and-tell.de*

FLOHMÄRKTE & SECONDHAND

# AUS ZWEITER HAND

An fast jedem Wochenende findet in Leipzig ein anderer <u>FLOH- ODER TRÖDELMARKT</u> statt, bei dem man nach Herzenslust in <u>ANTIQUITÄTEN</u>, <u>VINTAGE-KLEIDUNG</u> und allem möglichen Krimskrams stöbern kann. Wem das nicht reicht, der stattet einem der <u>SECONDHANDSTORES</u> noch einen Besuch ab. Mit ein bisschen Glück wird man fündig und kann ein neues »altes« Lieblingsstück mit nach Hause nehmen.

SECONDHAND

## Hilde tanzt

Die *Georg-Schwarz-Straße* erwacht aus ihrem Dornröschenschlaf und einen charmanten Beitrag dazu liefert »Hilde«, die eigentlich Anna heißt, mit ihrer Secondhandboutique. Sie bietet von Kleidern, Röckchen, Pumps und Strickjäckchen alles, was das weibliche Herz begehrt, dazu aber auch Stücke für Männer und Kinder. Alle Teile kosten zwischen 15 und 20 €, die Unikate sind außergewöhnlich, auffällig und individuell.

*Georg-Schwarz-Straße 20, 04177 Leipzig*

## Kazimir

Fünf Mädels, die ihr gemeinsames Lebens- und Kreativprojekt in der *Merseburger Straße* auf die Beine stellten – das ist »Kazimir«. Jede von ihnen, in verschiedensten Bereichen kreativ, brauchte einen Platz zum Arbeiten. Da bot es sich an, den Verkauf der entstehenden schönen Dinge gleich mit zu integrieren. In jedem Fall ein lohnenswerter Ort zum Stöbern nach Grafikdesign, Schmuck, Bildern oder Selbstgenähtem.

*Merseburger Straße 33, 04177 Leipzig*

## Flohmarkt auf der Galopprennbahn

Der Floh- und Trödelmarkt im Scheibenholz ist einer der wenigen Flohmärkte, für die man Eintritt zahlen muss. Für 1 € kann man dafür aber im Schatten der historischen Rennbahn-Tribüne durch die vielen Stände schlendern.
*Rennbahnweg 2 a, 04107 Leipzig*

## Feinkost Flohmarkt

Am ersten Samstag des Monats trifft man sich in der Südvorstadt auf dem ↗ **FEINKOST**-Gelände (S. 220) zum Bummeln und Trödeln. Bei den hauptsächlich privaten Anbietern findet man von Kleidung und Schmuck über Kinderspielzeug bis hin zu Dekoration und Möbeln alles, was man brauchen könnte. Viele der Stände befinden sich im überdachten Innenhof, sodass man auch bei Regenwetter in aller Ruhe stöbern kann.
*Karl-Liebknecht-Straße 36, 04107 Leipzig*

## Antik- und Trödelmarkt

Das absolute Trödelparadies und Highlight unter den Leipziger Märkten ist der Antik- und Trödelmarkt auf dem **AGRA-VERANSTALTUNGSGELÄNDE** im Süden der Stadt. Immer am letzten Wochenende eines Monats lassen hier rund 1.000 Händler mit ihren Waren Sammlerherzen höherschlagen! <u>Pssst:</u> Am Sonntag wird meist schon gegen 14 Uhr abgebaut und man kann so einige Feierabendschnäppchen ergattern!
*Bornaische Straße 210, 04279 Leipzig*

## Garderobe

In der *Merseburger Straße* im Leipziger Westen könnt ihr euch in der gut sortierten »Garderobe« umschauen und in Kleidung aus vergangenen Zeiten stöbern. <u>Highlight:</u> Der dazugehörige Kostümfundus im ↗ **WESTWERK** (S. 178). Hier gibts original DDR-Kleidung, Trachten, Tierkostüme und vieles mehr. Viel Spaß beim Verkleiden!
*Merseburger Straße 31, 04177 Leipzig*

MAN SOLL DIE FESTE FEIERN, WIE SIE FALLEN.

# JAHRESKALENDER

## 2

### »HGB-Rundgang«

Die Studenten der Hochschule für
Grafik und Buchkunst präsentieren
ihre Arbeiten und Werke.
*Februar • www.hgb-leipzig.de*

## 3

### »Leipziger Buchmesse«

Einmal im Jahr treffen sich Verlage,
Autoren, Gestalter und Bücherwürmer
auf der Leipziger Messe.
*Mitte März • www.leipziger-buchmesse.de*

### »Spinnereirundgang«

Beim Frühjahrsrundgang öffnen
zahlreiche Galerien und Ateliers ihre
Türen und zeigen neueste Arbeiten.
*April • www.spinnerei.de*

### »Tapetenwerkfest«

Inspirierende Stimmung herrscht auf
dem Gelände des Tapetenwerks, wenn
Künstler und Galerien zum Fest laden.
*April • www.tapetenwerk.de*

## 6

### »Weihnachtsmarkt am Kreuz«

Knapp zwei Wochen lang
verwandelt sich die WERK 2
Kulturfabrik in einen kreativen
Weihnachtsmarkt für
Kunsthandwerk und besondere
Geschenkideen.
*Dezember • www.werk-2.de*

## 5

### »Ökofete«

Beim großen Umweltfest im Clara-Zet-
kin-Park dreht sich alles rund um die
Themen Bio und Nachhaltigkeit.
*Juni • www.oekoloewe.de/oekofete*

### »Campusfest«

Beim größten Studentenfest der Stadt
gibts drei Tage am Stück Musik, Theater,
Sport und Party en massse.
*Juni • www.campusfest-leipzig.de*

## 12

### »Aufgalopp«

Am 1. Mai werden zum »Aufgalopp« im
Scheibenholz zum ersten Mal im Jahr
die Pferde gesattelt. Hut nicht vergessen!
*Mai • www.scheibenholz.com*

### »Wave-Gotik-Treffen«

Am Pfingstwochenende trifft sich die
internationale Gotik-Szene und
feiert gemeinsam die »schwarze« Kultur.
*Pfingsten • www.wave-gotik-treffen.de*

# 7

### »Klassik airleben«

Das Rosental verwandelt sich in eine einmalige Open-Air-Konzert-Location.
*Juli • www.gewandhausorchester.de*

- - - - - - - - - - - - - - - - - - - - - - -

### »Hörspielsommer«

Zehn Tage lang kann unter freiem Himmel aktuellen Hörspielproduktionen gelauscht werden.
*Juli • www.hoerspielsommer.de*

- - - - - - - - - - - - - - - - - - - - - - -

### »City Crash«

Bei dem urbanen Festival für Kunst und Kultur im WERK 2 gibts einen Tag lang Leipziger Kunst, Musik und Mode.
*Juli • www.city-crash.de*

- - - - - - - - - - - - - - - - - - - - - - -

### »Think! Festival«

Am letzten Sonntag im Juli tanzt man zu House und Techno am Nordstrand des Cospudener Sees.
*Juli • www.think-festival.de*

### »Leipziger Wasserfest«

Bootsparaden, Entenrennen, Feuerwerk, Musik und Volksfeststimmung – das ist das »Leipziger Wasserfest«.
*August • www.wasserfest-leipzig.de*

- - - - - - - - - - - - - - - - - - - - - - -

### »Highfield Festival«

Seit 2010 findet das beliebte Indie-Rock-Festival am Störmthaler See südlich von Leipzig statt.
*August • www.highfield.de*

# 11

### »Audio Invasion«

Hochkultur meets Popkultur im Gewandhaus zu Leipzig. Nach einem klassischen Konzert feiert die junge Szene zu modernen Sounds.
*November • www.audio-invasion.de*

# 9

### »Passagenfest«

Am ersten Freitag im September laden die Passagen der Leipziger Innenstadt zum mitternächtlichen Spektakel ein.
*September • www.passagenfest-leipzig.info*

- - - - - - - - - - - - - - - - - - - - - - -

### »Nacht der Kunst«

Anfang September verwandelt sich die *Georg-Schumann-Straße* einen Abend lang in ein großes Kunstfestival.
*September • blog.ndk-leipzig.de*

### »Grassimesse«

Gleichzeitig mit den »Designers' Open« findet im GRASSI Museum die »Grassimesse« statt, ein internationales Forum für Angewandte Kunst und Design.
*Oktober • www.grassimesse.de*

- - - - - - - - - - - - - - - - - - - - - - -

### »Leipziger Jazztage«

Alljährlich im Herbst hört man in allen Ecken der Stadt zeitgenössische Jazztöne nationaler und internationaler Musiker.
*Oktober • www.jazzclub-leipzig.de*

- - - - - - - - - - - - - - - - - - - - - - -

### »DOK Leipzig«

Beim internationalen Leipziger Festival für Dokumentar- und Animationsfilm zeigen die Programmkinos der Stadt unterschiedlichste Dokumentarstreifen.
*Oktober • www.dok-leipzig.de*

- - - - - - - - - - - - - - - - - - - - - - -

### »Lindenow«

Anfang Oktober präsentieren zahlreiche unabhängige Kunst- und Kulturräume die Werke von Künstlern.
*Oktober • www.lindenow.org*

# 8

# 10

# Herzstück
# Innenstadt

# Im Leipziger Zentrum

Herzlich willkommen im Leipziger Zentrum! Der historische Kern
der Stadt begeistert Touristen wie Einheimische jedes Mal
aufs Neue, denn hier hat jede Ecke eine Geschichte zu erzählen.

Eins steht fest: Wer Leipzig besucht, der kommt an der historischen Altstadt nicht vorbei. Überschaubar und dennoch vielseitig, sollte man wenigstens einen Tag einplanen, um durch die Straßen und zahlreichen Passagen zu schlendern, die vielfältige Architektur zu entdecken, ein Museum oder ein paar Geschäfte zu besuchen, gemütlich einen Kaffee zu trinken und dabei das bunte Treiben zu beobachten. Umschlossen wird der Stadtkern vom sogenannten »Ring«. Zu Fuß kann man in nicht mal 15 Minuten bequem das komplette Zentrum vom Hauptbahnhof im Norden bis zum *Wilhelm-Leuschner-Platz* im Süden oder von der Thomaskirche im Westen bis

zum *Augustusplatz* im Osten erlaufen, vorausgesetzt, man lässt sich nicht von einem der unzähligen Cafés und Geschäfte vom Weg abbringen. Wer es eilig hat, kommt über den City-Tunnel noch schneller und bequemer vom Hauptbahnhof zum *Marktplatz* oder bis zum Bayerischen Bahnhof.

### WOHIN ZUERST?

Auch wer Leipzig nicht per Zug erreicht, sollte dem imposanten **HAUPT-BAHNHOF** (Abb. S. 31 o.) unbedingt einen Besuch abstatten. Regelmäßig wird er zu einem der schönsten Bahnhöfe Deutschlands gewählt und diente zu Recht als Kulisse für diverse Spielfilme und Fernsehserien. Als einer der

größten Kopfbahnhöfe Europas wurde der knapp 300 Meter lange und 26 Meter hohe Bau 1915 fertiggestellt. Nehmt euch ruhig etwas Zeit, um das Gebäude zu erkunden, denn es gibt viel zu entdecken. Auf der Ostseite sind zum Beispiel historische Eisenbahnen zu finden sowie ein Mahnmal zum Gedenken an die von hier startenden Deportationszüge während des Zweiten Weltkrieges. Geschmückt wird Letzteres stets von frischen Blumen. Sehenswert sind außerdem die beeindruckenden Eingangsportale, die ehemaligen Wartehallen und der Querbahnsteig mit seiner großzügig angelegten Deckenkonstruktion. Der Entwurf für den Bau trug den Namen »Licht und Luft«, und wer heute durch den Bahnhof schlendert, kann noch ganz genau verstehen, warum er so genannt wurde. Wenn ihr euch an der großartigen Architektur sattgesehen habt und euer Zug immer noch nicht da ist, dann könnt ihr die Wartezeit beim Shopping auf drei Ebenen überbrücken. Im ehemaligen »Preußischen Wartesaal«, heute eine Buchhandlung, lässt es sich zum Beispiel bei einem Kaffee ganz hervorragend in die neuesten Schmöker vertiefen.

Licht und Luft im Leipzger Haupt- bahnhof

### Auf gehts ins Zentrum

Wer den Leipziger Hauptbahnhof verlässt, findet sich mitten in der Innenstadt wieder. Beim Blick nach links sieht man das **Wintergarten- hochhaus** (Abb. r.) mit dem Messe-M auf dem Dach. Das Wohnhochhaus war mit 94 Metern das höchste der DDR und steht mittlerweile unter Denkmalschutz. In Ein- bis Dreizimmerwohnungen leben noch heute viele Leipziger hier mitten am Nabel der Stadt.

Wir laufen aber erst einmal geradeaus ins Zentrum hinein und begeben uns ins Getümmel der mit Geschäften und Restaurants gesäumten *Nikolaistraße*. Nach wenigen Hundert Metern fällt dann als Erstes die **Niko- laikirche** (Abb. S. 32 o. l.) ins Auge. Die größte Kirche der Stadt war im Herbst 1989 einer der Schauplätze der

Friedlichen Revolution. Bereits Anfang der 80er-Jahre fanden hier die montäglichen Friedensgebete statt, am Ende des Jahrzehnts nahmen über 1.000 Menschen daran teil. Daraus entwickelten sich die Montagsdemonstrationen, bei denen zeitweise über 250.000 Menschen auf die Straße gingen, um sich gegen das DDR-Regime zu wehren. Draußen vor der Kirche erinnert eine große freistehende Säule nach einem Entwurf des Leipziger Künstlers Andreas Stötzner an den Herbst 1989. Sie symbolisiert den Gedanken des Aufbruchs und ist so bewusst außerhalb des Gebäudes zu finden. Gestaltet wurde sie in Anlehnung an die klassizistischen Säulen in der Nikolaikirche – auf dem Boden vor ihr steht auf einer eingelassenen Bronzetafel »09. Oktober 1989«. Seit 2009 erinnert jedes Jahr das »Lichtfest« an dieses Datum. Zehntausende

rische Instrument erfahren könnt. Wusstet ihr zum Beispiel, dass die Gestaltung des Spieltisches von Porsche-Designern stammt? Also, auf in die Nikolaikirche!

### DER AUGUSTUSPLATZ

Von dort aus führt uns unser Weg weiter zur *Grimmaischen Straße*, in die wir nach links abbiegen und nach wenigen Metern auf dem *Augustusplatz* landen. Hier stehen sich gleich zwei der wichtigsten kulturellen und musikalischen Institutionen der Stadt gegenüber: das ↗ **GEWANDHAUS ZU LEIPZIG** (S. 49) und die ↗ **OPER LEIPZIG** (S. 76). In letzterer wurden von der »Zauberflöte« über »Rigoletto« und der »West Side Story« bis hin zu Wagners »Walküre« und Puccinis »La Bohème« schon die verschiedensten Ballett- und Opernvorstellungen auf die Bühne gebracht. Wer kann, sollte sich Karten für eine der Auffüh-

Leipziger ziehen zu diesem Anlass mit Kerzen durch die Straßen und gedenken so der friedlichen Demonstration. Werft unbedingt einen Blick in den klassizistischen Innenraum der Nikolaikirche und bestaunt die pastellfarbenen Details.

Unser Tipp: Freitags 16.30 Uhr findet hier eine Orgelführung statt, bei der ihr viel Interessantes über das histo-

rungen besorgen und einen Abend im Klang der Musik verbringen. Auch Kinder sind hier übrigens gern gesehene Gäste. Auf der Homepage der Oper gibt es Altersempfehlungen und bei den Familientagen bekommen die Kids vor der Vorstellung eine altersgerechte Stückeinführung. Bei Babykonzerten im Foyer kommen sogar die Kleinsten in den Genuss klassischer Musik.

*Der wohl einzige Weisheitszahn mit über 30 Etagen*

Ein Gebäude sticht uns auf dem Augustusplatz besonders ins Auge: Die Fassade des zur Universität Leipzig gehörenden **NEUEN AUGUSTEUMS** und **PAULINUMS** (Abb. S. 32 o. r.) erinnert stark an die ehemalige Paulinerkirche, die bis zum 30. Mai 1968 an derselben Stelle stand und damals aus politischen Gründen gesprengt wurde. Nun ist der große verglaste Neubau das Hauptgebäude der Universität Leipzig und beherbergt das Auditorium maximum, eine Aula mit Andachtsraum, die Fakultät für Mathematik und Informatik, Büros und eine Dolmetschertrainingsanlage. Mit seiner ungewöhnlichen Architektur vom Niederländer Erick van Egeraat erinnert das Gebäude tagtäglich an die umstrittene Sprengung der einstigen Paulinerkirche. Die Epitaphien, der Altar und die Glocke der Kirche befinden sich heute wieder an ihrem ursprünglichen Ort.

Vom Campus-Innenhof gelangt man durch das klassizistische **SCHINKEL-TOR** in das Neue Augusteum. Das Eingangsportal ist das einzig erhaltene Bauwerk von Karl Friedrich Schinkel in ganz Leipzig und markierte schon im 19. Jahrhundert den Haupteingang des ersten Augusteums. Im Zuge des Neubaus wurde es 2009 wieder integriert, sodass auch die Studenten von heute wieder von einem echten Schinkel begrüßt werden, wenn sie zur Uni kommen.

Wer sich bei einem Leipziger nach dem **CITY-HOCHHAUS** (Abb. S. 32 u.) erkundigt, wird eventuell fragende Blicke ernten. Besser bekannt ist dieses unter dem Namen »Uniriese«, manche nennen es auch »Weisheitszahn« oder »Zeigefinger«; Ideengeber für die Gebäudeform war ursprünglich jedoch ein aufgeschlagenes Buch. Bei seiner Fertigstellung 1972 war es das höchste Hochhaus der DDR, mittlerweile wurde es natürlich längst überholt. Früher wurde das Gebäude von der Universität Leipzig genutzt, heute befinden sich hauptsächlich Büroräume, unter anderem vom MDR, in dem Hochhaus.
<u>Unser Tipp:</u> Wer ganz hoch hinaus will, der stattet der Aussichtsplattform in der 31. Etage einen Besuch ab und verschafft sich in windiger Höhe einen Überblick über Leipzig.

Wer ins ↗ **GRASSI MUSEUM** (S. 72) möchte, läuft nun stadtauswärts in östlicher Richtung weiter. Alle anderen nehmen wir wieder mit zurück ins Zentrum und gehen erneut die *Grimmaische Straße* entlang (Abb. u. r.), vorbei an den **UNZEITGEMÄSSEN ZEITGE-NOSSEN** (Abb. o. r.), einer Bronzestatue von Bernd Göbel, ehemaliger Professor

für Bildhauerei der Kunsthochschule Burg Giebichenstein in Halle. Dargestellt werden fünf nackte Figuren (eine »Pädagogikerin«, ein »Diagnostiker«, eine »Rationalisatikerin«, ein »Stadtgestaltiker« und ein »Kunsttheoretiker«), die auf einem Balken balancieren. Bei jeder ist ein Detail vergoldet, mal ein Lorbeerkranz, mal eine Säge oder Nase und Ohren. Keine der Figuren rückt von ihrem jeweiligen Prinzip ab und richtet stur und ohne Hinblick auf Konsequenzen ihre Tätigkeit aus. Ist es Zufall, dass der Herr mit dem Sprengsatz zwar Richtung Paulinum schaut, der goldene Lorbeerkranz vor seinen Augen

Nationalsozialismus (rechte Hand zum Hitlergruß) und Kommunismus (linke Hand zur Faust geballt), die Deutschland im letzten Jahrhundert stark geprägt haben.

Direkt nebenan befindet sich der Eingang zur imposanten ↗ **MÄDLER-PASSAGE** (S. 46) und rechter Hand findet ihr die Alte Börse (Abb. l.) auf dem *Naschmarkt*.

Nach ein paar Schritten steht ihr nun auch schon mitten auf dem Leipziger *Marktplatz*, der ein prima Ausgangspunkt für Erkundungstouren in jede Richtung ist. Je nach Jahreszeit finden hier diverse Märkte oder Feste wie der Weihnachtsmarkt und das Leipziger Stadtfest statt. Auf der Ostseite des *Marktplatzes* befindet sich das **ALTE RATHAUS** (Abb. o. r.), ein Renaissancegebäude, dessen Turm im Goldenen Schnitt positioniert wurde. Seit 1905 sitzt die Stadtverwaltung im **NEUEN RATHAUS** (Abb. u.), das an der Stelle der ehemaligen Pleißenburg errichtet wurde und dessen Turm über

ihn aber nicht sehen lässt, was er tut? Sehr unzeitgemäß, die Einstellung dieser Zeitgenossen, aber definitiv einen Blick und Gedankengang wert.

Ein paar Hundert Meter weiter markiert eine weitere Bronzeskulptur den Eingang des **ZEITGESCHICHTLICHEN FORUMS**. Der sogenannte **JAHRHUNDERT-SCHRITT** wurde 1984 vom Künstler Wolfgang Mattheuer gefertigt und repräsentiert, gefangen in einer Figur, die beiden totalitären und komplett gegensätzlichen Weltbilder des

den südwestlichen Teil des Zentrums ragt. Mit rund 600 Räumen gehört es zu einem der größten Rathausbauten Deutschlands. Die Architektur im Stile des Historismus entstammt einem Entwurf von Hugo Licht und ist an die 1897 abgerissene Burg angelehnt. Südwestlich vor dem Neuen Rathaus findet ihr das mitten in die Wiese eingelassene **GOERDELER-DENKMAL** für Carl Friedrich Goerdeler, der von 1930 bis 1937 Leipzigs Oberbürgermeister und einer der führenden Gegner des Nationalsozialismus war. In dem fast drei Meter breiten und fünf Meter tiefen Schacht hängt eine Bronzeglocke und rundherum sind Zitate aus Reden und Briefen von Carl Friedrich Goerdeler zu finden. 55 Jahre nach seiner Verurteilung zum Tode wurde das Denkmal am 8.9.1999 eingeweiht.

*Das Neue Rathaus wurde 1905 erbaut und erinnert an die ehemalige Pleißenburg*

Doch zurück zum *Marktplatz*. Von hier aus führt euch die *Hainstraße* direkt zum ↗ *Richard-Wagner-Platz* (Abb. u.; S. 58) und somit zum Einkaufszentrum »Höfe am Brühl«. In der entgegengesetzten Richtung gelangt ihr zur *Petersstraße*, einer der Haupteinkaufsmeilen des Zentrums. Vergesst bei all den Läden aber nicht, die ↗ **THOMASKIRCHE** (S. 85; Abb. o.) zu besuchen! Wer der *Petersstraße* folgt, landet am *Wilhelm-Leuschner-Platz*, einem Verkehrsknotenpunkt im Süden des Zentrums. Bevor ihr hier in die Tram steigt oder die neue Probsteikirche besichtigt, solltet ihr noch einen Schlenker nach links machen und die *Schillerstraße* entlangspazieren. Musikfreunde legen einen kurzen Stopp in der ↗ **MUSIKALIENHANDLUNG M. OELSNER** (S. 49) ein – wer mit einem Leipziger Studenten unterwegs ist, lässt sich in die benachbarte Mensa am Park einladen und schlägt mittags am »Pasta-Rondell« zu.
Frisch gestärkt findet man dann gegenüber der Mensa eines der ältesten Gemäuer der Stadt. Die ↗ **MORITZBASTEI** (S. 74) ist seit der Eröffnung im Jahr 1982 einer der größten und bekanntesten Studentenclubs Europas. Mitte des 16. Jahrhunderts als Bastion

gebaut und benannt nach dem Kurfürsten Moritz von Sachsen, wurde Anfang des 19. Jahrhunderts hier die erste Bürgerschule Deutschlands eröffnet. Ein Bombenangriff während des Zweiten Weltkriegs zerstörte die Moritzbastei. Auf dem Schutt entstand ein kleiner bewachsener Hügel und die Gewölbe gerieten in Vergessenheit. Anfang der 70er-Jahre entdeckten Studenten die Überreste der alten Bastei und konnten die Universität vom Wiederaufbau und der Nutzung der Gemäuer als Studentenclub überzeugen. Heute wird die ehemalige Bastei als Kulturzentrum betrieben. Wo vor über 450 Jahren die Stadt bewacht wurde, könnt ihr nun Konzerte besuchen, ins Sommerkino gehen oder auf der Terrasse im Sonnenschein einen Cocktail schlürfen. Dem Kurfürsten hätte das sicher gefallen. Hier seid ihr nun auch wieder am »Uniriesen« und *Augustusplatz* gelandet. So schließt sich der Kreis und ihr könnt selbst entscheiden, wo es euch am besten gefallen hat und welches der Ziele ihr euch noch einmal genauer anschauen wollt.

## UNTERWEGS MIT KINDERN

### KLASSIK FÜR KINDER

Beim Musikfestival »Klassik für Kinder« werden die Knirpse neugierig gemacht auf klassische Musik und die Werke »alter« Komponisten. Sie probieren sich als Konzertbesucher und entdecken, dass Zuhören ein Erlebnis sein kann. Professionelle Musiker können mit Fragen gelöchert werden und alle, die selbst musizieren oder vielleicht sogar schon komponieren, dürfen ihr Können zeigen.
*www.klassik-fuer-kinder.de*

### ↗ GRASSI MUSEUM (S. 72)

Der Besuch des Museums ist auch für Kinder und Jugendliche einen Ausflug wert, denn Kunst und Kulturgeschichte werden spannend beleuchtet. So können sich Kindergartenkinder auf Schatzsuche mit Rittern und Drachen begeben oder die Zauberschule besuchen. Für Schulklassen stehen regelmäßig Veranstaltungen auf dem Programm und zweimal jährlich lockt ein großes Familienfest die ganze Bande ins Museum. Ganzjährig werden im »Klanglabor« des **GRASSI MUSEUMS FÜR MUSIKINSTRUMENTE** alle möglichen Instrumente zum Leben erweckt und können nach Herzenslust ausprobiert werden. Erwachsene sollten hier Zeit und starke Nerven mitbringen.

## NÜTZLICHES

### ↗ FAHRRAD FAHREN (S. 14)

Alle Fahrradfreunde müssen in der Innenstadt aufpassen. Von 11 bis 20 Uhr heißt es hier: absteigen und schieben. Daran sollte man sich nicht nur

# Das Leipziger Zentrum

## SHOPPING

1. MÅAT Leipzig
2. saltoflorale
3. BIERFREUNDE
4. HinrichSINNdreißig
5. Piano Centrum Leipzig
6. Musikalienhandlung M. Oelsner Leipzig
7. Veganz

## KULINARISCHES

8. Café Cantona
9. HANDBROTZEIT
10. Café Wagner
11. Café bau bau
12. Chocolate
13. MAX ENK
14. ELSTERARTIG
15. Café Luise
16. Café Corso
17. Planerts
18. Imperii
19. STEAKTRAIN
57. TONIS handmade organic icecream | Zentrum
90. Curry & Co. Leipzig | Zentrum

## KUNST & KULTUR

20. GRASSI Museum für Angewandte Kunst
21. Moritzbastei
22. Passage Kinos
23. Oper Leipzig
1. Alte Börse
2. Altes Rathaus
3. Galerie für Zeitgenössische Kunst (GfZK)
4. Gewandhaus zu Leipzig
5. Hauptbahnhof Leipzig
6. Hôtel de Pologne
7. Probsteikirche St. Trinitatis
8. Museum der bildenden Künste
9. Museum in der »Runden Ecke«
10. Naturkundemuseum
11. Neues Rathaus
12. Nikolaikirche Leipzig
13. Thomaskirche Leipzig
14. Wintergartenhochhaus
15. Zeitgeschichtliches Forum

## LEIB & SEELE

24. sawadee
1. Bachmuseum
2. Johannapark

## ÜBERNACHTEN

25. arcona LIVING Bach14
26. abito suites
27. Studio 44 Apartments

### Legende

(H) Haltestelle    🏃 Entfernung zu Fuß

| | 0 min. | 2 min. | 4 min. | 6 min. |
| 0 m | 100 m | 200 m | 300 m |

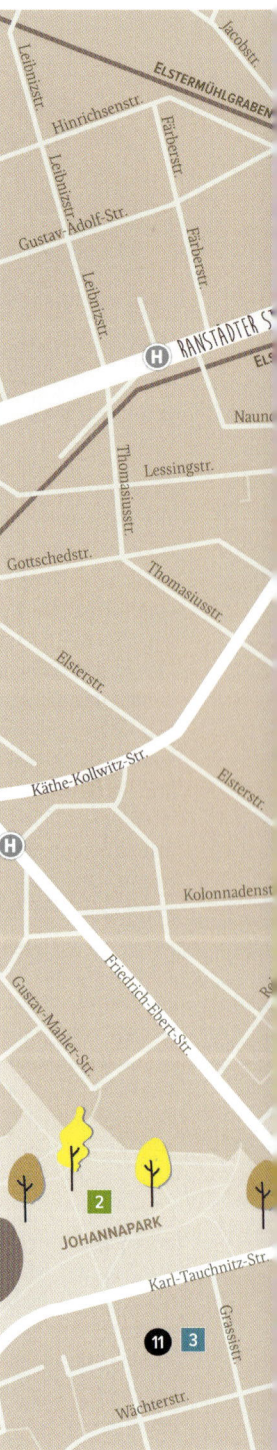

---

aus Sicherheitsgründen halten; regelmäßig wird kontrolliert und wer erwischt wird, muss Strafe zahlen.

### PARKEN

Über die gesamte Innenstadt verteilen sich zahlreiche Parkhäuser, die auch an den stark frequentierten Wochenenden genügend Parkmöglichkeiten für alle Besucher des Zentrums bieten: das Parkhaus am Neuen Rathaus, in der Marktgalerie, dem *Augustusplatz* oder den »Höfen am Brühl«. Wer einen Parkplatz im Freien ergattert, zahlt zwischen 9 und 22 Uhr fast überall durchschnittlich 1,70 € pro Stunde.

### WENN DIE FÜSSE BRENNEN

Nicht nur auf der Suche nach Kopfschmerztabletten oder Blasenpflastern lohnt sich ein Abstecher in die historische **ADLER-APOTHEKE**. Benannt nach dem Adler als Hauszeichen an der Fassade, befindet sich die Apotheke seit über 300 Jahren an der gleichen Stelle in der *Hainstraße*. Daran, dass der junge Theodor Fontane hier einst seine Ausbildung zum Apotheker begann, sich dann aber doch für die Laufbahn des Dichters entschied, erinnert eine Gedenktafel an der Fassade. Die Einrichtung von 1908/09 ist bis heute erhalten geblieben. *Hainstraße 9, 04109 Leipzig*

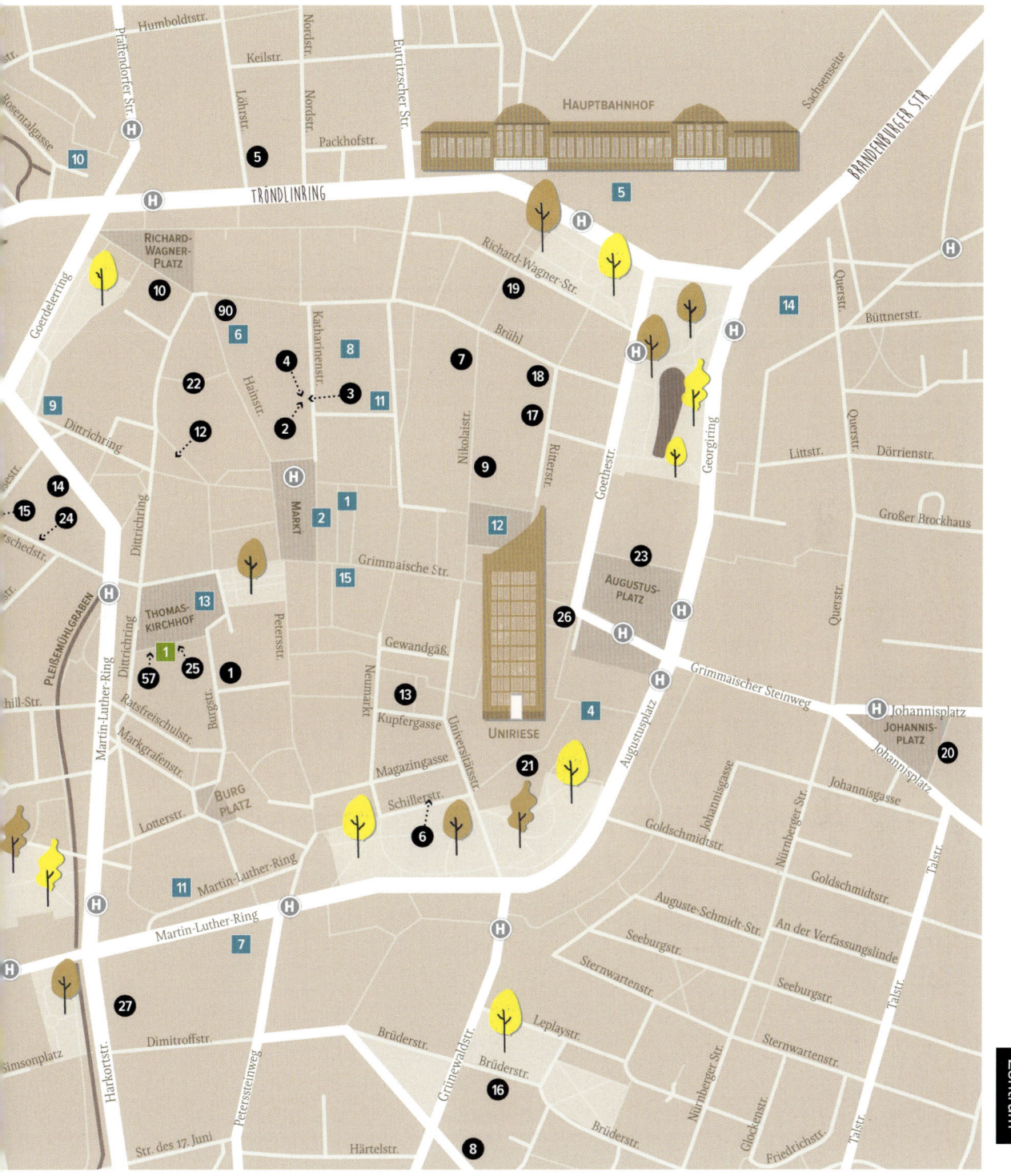

Zentrum

Der Leipziger Marktplatz

Zentrum

# Zwischen Mainstream, Tradition & Luxus

Ihr Schnäppchenjäger, Schaufensterbummler und Tüten-Sammler hergehorcht, im Leipziger Zentrum wird euch die geballte Ladung Shoppingmöglichkeiten auf dem Silbertablett serviert!

Stellt das Auto in einem der Parkhäuser ab oder kommt direkt mit der Tram in die Innenstadt. Zu Fuß lässt sich dann alles prima erlaufen. (Haltestellen u. a. *Wilhelm-Leuschner-Platz*, *Augustusplatz* oder *Goerdelerring*)

### ENTDECKERLUST

Einmal im historischen Zentrum unterwegs, erspäht man natürlich zuallererst die üblichen Verdächtigen: internationale Modeketten und große Kaufhäuser. Doch zwischen den Riesen lassen sich auch viele kleine Läden mit unterschiedlichster Auswahl entdecken. Nutzt die Passagen und Höfe nicht nur zum schnellen Abkürzen, sondern nehmt euch die Zeit, die versteckten Geschäfte aufzustöbern. Die Mühe lohnt sich, wir haben da ein paar Tipps für euch!

### FRISCHES AUS DER REGION

Wenn der Duft frischer Kräuter und Gewürze über den Platz vor dem Alten Rathaus weht, ist höchstwahrscheinlich gerade Wochenmarkt. Jeden Dienstag und Freitag wird hier von 9 bis 17 Uhr mit einer reichhaltigen Auswahl an regionalem Obst, Gemüse und anderen Zutaten unsere Kochlust zum Leben erweckt. Wer lieber andere den Kochlöffel schwingen lässt, dem legen wir den traditionellen Oster- oder unseren bezaubernden Weihnachtsmarkt (unbedingt die Feuerzangenbowle am Stand vor der Nikolaikirche probieren!) ans Herz. Bei beiden kann man nicht nur schlemmen, was das Zeug hält, sondern auch handgefertigte Produkte und raffinierte Kleinigkeiten aller Art ergattern.

Zentrum

Trends entdecken im Modemekka der Innenstadt
↗ **MÅAT** (S. 42)

# MÅAT LEIPZIG
## DESIGNERMODE

Die Freude unter den Fashionfans war groß, als im Herbst 2014 das »MÅAT« in der *Burgstraße* die Türen zu einem neuen Modemekka öffnete. Auf 300 m² kann man in ausgewählter Designermode und traumhaftem Schmuck schwelgen und sich stets von neuen Trends überraschen lassen. In puristisch-modernem Flair hat das »MÅAT« in Leipzig einzigartige Labels wie »Lala Berlin«, »Baum und Pferdgarten« oder »Sabrina Dehoff« im Angebot. Spezielle Accessoires wie Bücher, Parfums, Tücher und Kerzen ergänzen das Sortiment. Ganz nebenbei präsentieren auch noch regionale und internationale Künstler ihre Werke und sorgen so immer wieder für neue Inspiration.

➜ **WO?** Burgstraße 9, 04109 Leipzig ➜ **WANN?** Mo.–Sa. 11⁰⁰–20⁰⁰ Uhr ➜ **WIE?** Tram 9 | Bus 89
➜ **WEB?** www.maat-store.de

**Zentrum**

# SALTOFLORALE
## MEISTERFLORISTIK

# BIERFREUNDE
## BIERSPEZIALITÄTEN

Schon beim ersten Blick in den Innenhof des Fregehauses wird man von einem Meer aus bunten Blüten und duftenden Kräutern begrüßt. Diese gehören allesamt zum Blumenladen »saltoflorale«, bei dem man sich an botanischen Raritäten und einer außergewöhnlichen Vielfalt erfreuen kann. Bei der Gestaltung individueller Sträuße für jeden Anlass trifft hier klassisches Handwerk auf Kreativität und Experimentierfreude.

In Leipzigs erstem Bierladen werden seit November 2014 in familiärer Atmosphäre regionale und internationale Bierspezialitäten und Craft-Biere zum Kaufen, Verschenken und Verkosten angeboten. Abgerundet wird das Sortiment durch Seminare zum Thema, eine Auswahl an außergewöhnlichen Limos und ein immer neues »Bier des Monats«. Die Inhaber Marie und Sebastian haben garantiert für jeden Kunden eine passende Sorte parat.

➜ **WO?** Innenhof Fregehaus, Katharinenstraße 11, 04109 Leipzig
➜ **WANN?** Mo.–Sa. 10⁰⁰–19⁰⁰ Uhr ➜ **WIE?** Tram 1, 3, 4, 7, 9–12, 14–16
Bus & S-Bahn s. Verzeichnis ➜ **WEB?** www.saltoflorale.com

➜ **WO?** Katharinenstraße 11, 04109 Leipzig ➜ **WANN?** Mo.–Mi.
12⁰⁰–19⁰⁰ Uhr, Do.–Sa. 10⁰⁰–20⁰⁰ Uhr ➜ **WIE?** Tram 1, 3, 4, 7, 9–12,
14–16 | Bus & S-Bahn s. Verzeichnis ➜ **WEB?** www.diebierfreunde.com

Zentrum

# 4

# HINRICHSINNDREISSIG

## ANTIQUITÄTEN FÜR INDIVIDUALISTEN

Gegenüber von ↗ **SALTOFLORALE** (S. 44) lädt das Antiquitätengeschäft »HinrichSINN-dreißig« zum Stöbern und Entdecken ein. Sobald man die barocken Kreuzgewölbe des Fregehauses betritt, verlässt man das hektische Treiben der Innenstadt und taucht ein in eine längst vergangene Zeit voller Kuriositäten und mystischer Ästhetik. Individualisten und Schöngeistern bietet sich ein scheinbar endloses Angebot an ungewöhnlichen Mobilien, die entweder einzeln oder in extravaganten Kombinationen, aber stets mit einem Augenzwinkern jede Einrichtung bereichern. Diesen Ort voller Stücke mit Stil und Geschichte kann man nur inspiriert verlassen, wenn man sich wieder hinaus in die Leipziger Gegenwart begibt!

➔ **WO?** Innenhof Fregehaus, Katharinenstraße 11, 04109 Leipzig ➔ **WANN?** Mo.–Fr. 11⁰⁰–19⁰⁰ Uhr,
Sa. 11⁰⁰–18⁰⁰ Uhr und nach Vereinbarung ➔ **WIE?** Tram 1, 3, 4, 7, 9–12, 14–16 | Bus & S-Bahn s. Verzeichnis
➔ **WEB?** www.sinn-30.de

Zentrum

# Verwinkelt bis mondän – Leipzigs Passagen

Leipzig ist bekannt für seine eindrucksvollen und verwinkelten Passagen, die sich wie ein unsichtbares Netz von Geheimgängen durch das historische Zentrum ziehen. Die Dichte der Durchgänge und Höfe ist in Mitteleuropa einzigartig.

## MÄDLER-PASSAGE

Am bekanntesten ist wohl die mondäne Mädler-Passage (Abb. u. sowie S. 47 o.), die zwischen 1912 und 1914 von Kommerzienrat Anton Mädler erbaut wurde. Die 142 Meter lange und architektonisch eindrucksvolle Passage dient vor allem als luxuriöse Flaniermeile. Ob Feinkost, Mode oder Papeterie – hier werden Shop-

pingträume wahr. Auch kulinarisch muss die Mädler-Passage nicht hinterm Berg halten. In der Gaststätte **AUERBACHS KELLER** speiste schon Goethe und es gefiel ihm offenbar so gut, dass er sie zu einem der Schauplätze seiner Tragödie »Faust« machte. Bei Touristen besonders beliebt sind die beiden Bronzefiguren des Leipziger Bildhauers Matthieu Molitor, die den Eingang des Restaurants markieren und die die Faust'sche Kellerszene darstellen, in der Mephisto die Studenten verzaubert. Bei exklusiven Veranstaltungen wie der »MädlerNight« verwandelt sich die Passage regelmäßig in einen festlichen Schauplatz für Modenschauen, Konzerte und Ausstellungen.
www.maedlerpassage.de

## SPECK'S HOF & HANSA HAUS

Die am ältesten noch erhaltene Ladenpassage Leipzigs ist der Speck's Hof (Abb. S. 47 u.), dessen Geschichte uns bis ins 15. Jahrhundert zurückführt, in dem sich an gleicher Stelle ein Wohn- und Brauhaus mit Weinkeller befand. Der Kaufmann Maximilian Speck von Sternburg erstand 1815 das Gebäude und gab ihm seinen Namen. Zu Beginn des 20. Jahr-

hunderts wurde es durch eine Passage mit dem benachbarten Hansa Haus verbunden. Der Zweite Weltkrieg hinterließ beträchtliche Schäden am Gebäude und bis Anfang der 1990er-Jahre fanden umfangreiche Sanierungsarbeiten statt. Seitdem erstrahlt Speck's Hof in neuem Glanze. Oft wandern hier alle Blicke nach oben, denn es gibt viel zu sehen. So wurden die drei Lichthöfe von den zeitgenössischen Künstlern Bruno Griesel, Moritz Götze und Johannes Grützke gestaltet. Auch im Speck's Hof finden sich zahlreiche Läden und Geschäfte. Geshoppt werden kann Schmuck, Tee und vieles mehr.
www.speckshof.de

Unser Tipp:
Nach jahrelangem Dornröschenschlaf wurde OELSSNER'S HOF frisch saniert und zu neuem Leben erweckt. Neben einem italienischen Restaurant und Modegeschäften hat im Oktober 2015 dort auch der STIL – CONCEPTSTORE LEIPZIG eröffnet, in dem man eine Auswahl an skandinavischem und regionalem Interieur mit klarer Formsprache und industriellem Charakter entdecken kann.
www.oelssners-hof.de

**DOREEN KNOPF ÜBER:**

## TRENDS & MODEWELTEN

Trendstadt hin oder her. Leipzig hat Charakter. Frisch und dynamisch. Das sieht man. Styleboutiquen sprießen wie Pilze aus dem Boden. Das Zentrum ist natürlich das Filetstück. Ich serviere euch die leckersten Happen in mundgerechten Stücken. Die Nase am Schaufenster wird nicht lange platt gedrückt. Ich stehe in den Startlöchern für meinen Shoppingmarathon. Kommt doch mit!

Der erste Boxenstopp wird im ↗ **MÅAT** (S. 42) eingelegt. Die Trendpalette ist bunt gemischt und trumpft mit angesagten Labels wie »lala Berlin« auf. Und, wenn Mode auf Kunst trifft, wird dieser Store zum Schauplatz sehenswerter Kunststücke.

Dann schlendere ich weiter durch unser »Klein-Paris« – die ↗ **MÄDLER-PASSAGE** (S. 46). Klein, aber fein. Die kunstvolle Passage lädt zum Shoppen in Traditionshäusern ein. Einmal im Jahr stehen die Zeichen hier auf »MädlerNight«. Ein rauschendes Fest, auf dem sich das Who-is-Who des Passagenklientels die Feierklinke in die Hand gibt und die neuesten Ladentrends auf den Laufstegbrettern präsentiert.

Ist das Konto noch voll, aber die Einkaufstüte leer, kennen die Füße kein Halten. Ums Eck auf der *Reichsstraße* reiht sich Modeboutique an Schuhladen. Aber nun der Reihe nach. Den Anfang macht **EVA SON** – das heißt romantisch verspielte Mode von u. a. »NOA NOA« oder »Sorgenfri Sylt«.

Nur eine Tür weiter klopf ich an die Tore des **SCHEINKRAFT**. Sesam, öffne dich! Modehungrigen wird mit Trendlabels wie »Kenzo« ein Lächeln ins Gesicht gezaubert.

Die Puste geht mir beim Shoppen durch Leipzigs Innenstadt jedenfalls nicht so schnell aus.

Zentrum

# 5

# PIANO CENTRUM LEIPZIG

## ALLES RUND UMS TASTENINSTRUMENT

Nicht nur von der überdimensionalen Tastatur über dem Schaufenster werden Musik-fans aus der ganzen Stadt wie magisch ins »Piano Centrum Leipzig« gezogen. Seit über 10 Jahren sind Anfänger, Fortgeschrittene und Vollblutprofis in der *Löhrstraße* gleicher-maßen herzlich willkommen, sich hier nach ganzem Herzen auszuprobieren und in die Tasten zu greifen. Egal, ob man mit Akkordeons, Digitalpianos, klassischen Klavieren oder einem großen Konzertflügel liebäugelt: Berührungsängste gibt es nicht, dafür sor-gen die charmante Beratung und das professionelle Know-how aller Mitarbeiter. Neben Verkauf, Vermietung und Reparatur wird auch Klavierunterricht für Jung und Alt ange-boten. Alle, die Musik lieben, sind hier genau richtig.

➜ **WO?** Löhrstraße 2, 04105 Leipzig ➜ **WANN?** Mo.–Fr. 11⁰⁰–19⁰⁰ Uhr, Sa. 10⁰⁰–16⁰⁰ Uhr ➜ **WIE?** Tram 1, 3, 4, 7, 9, 12, 14, 15 | Bus 89 ➜ **WEB?** www.piano-centrum-leipzig.com

# MUSIKALIENHANDLUNG M. OELSNER LEIPZIG

## NOTEN & MEHR

Musikalischen Leipzigern jeder Generation ist die »Musikalienhandlung M. Oelsner« ein Begriff. 1860 zunächst als Buchantiquariat gegründet, gehören seit 1884 auch Musikalien unterschiedlicher Art zum gut sortierten Angebot. Maximilian Oelsner, der Urgroßvater des jetzigen Besitzers, prägte seit 1890 das Geschäft und dessen Spezialisierung auf Musikalien. Seit über 150 Jahren ist »M. Oelsner« eine wahre Fundgrube für Musiker! Neben Noten und (Klassik-)CDs kann man auch Karten für Konzerte und Veranstaltungen erstehen.

→ **WO?** Schillerstraße 5, 04109 Leipzig → **WANN?** Mo., Mi., Fr. 9⁰⁰–18³⁰ Uhr, Do. 9⁰⁰–19⁰⁰ Uhr, Sa. 9⁰⁰–13⁰⁰ Uhr → **WIE?** Tram 2, 8–11, 14 | S-Bahn 1, 2, 3, 4, 5, 5X → **WEB?** www.m-oelsner.de

# Musikhaus mit Tradition

Gegenüber der ↗ **OPER LEIPZIG** (S. 76) findet ihr am *Augustusplatz* Leipzigs größtes Konzertgebäude. Wer klassische Musik mag, wird ein Konzert im **GEWANDHAUS ZU LEIPZIG** lieben! Seit vielen Jahren musizieren hier das Gewandhausorchester, der Gewandhauschor und -Kinderchor unter namhaften Kapellmeistern und in hervorragender Akustik.

Gewandhaus am *Augustusplatz*

Der Grundstein für den Neubau wurde 1977 gelegt, nachdem zwei frühere Gewandhäuser an anderen Orten im Krieg zerstört oder abgerissen wurden. Das Deckengemälde im Foyer, welches der Künstler Sighard Gille gestaltete, ist mit über 700 m² Fläche das größte Europas. Zwischen Gewandhaus und »Uni-riesen« befindet sich der **MDR-KUBUS**, ein schwarz glänzender Würfel, in dem die Proben und Tonaufnahmen des MDR Sinfonieorchesters und des MDR Rundfunkchores stattfinden. Die verglaste Brückenverbindung führt direkt ins Gewandhaus.

**EASY 2GO** **GEWANDHAUS ZU LEIPZIG**
*Augustusplatz 8, 04109 Leipzig*
*www.gewandhaus.de*

Zentrum

**Unser Tipp**

Auch als Nicht-Veganer im **GOODIES LEIPZIG** vorbeischauen und eine der veganen Köstlichkeiten probieren.

# VEGANZ

## VEGANER SUPERMARKT

Egal, aus welchen Gründen man sich entscheidet, vegan zu leben, leicht hat man es im Supermarkt beim Finden der richtigen Produkte ohne tierische Zusätze oft nicht. Seit November 2014 ist vegan einkaufen in Leipzig aber auch ohne langes Studieren der Inhaltsstoffe möglich. Bei einer Auswahl von über 5.000 ausschließlich veganen Artikeln werden im »Veganz« alle Wünsche erfüllt. Egal, ob Kühlwaren, frisches Obst und Gemüse, Süßigkeiten oder Kosmetik, hier findet man Produkte, die auch im üblichen Supermarkt angeboten werden, mit dem Unterschied, dass alles auf pflanzlicher Basis hergestellt wurde. Auch das vielfältige Angebot an unverpackten Waren wie Nüssen, Trockenfrüchten sowie Frühstücksmüslis und Trockensoja ist einzigartig in der Stadt.

➜ **WO?** Nikolaistraße 53, 04109 Leipzig ➜ **WANN?** Mo.–Sa. 8⁰⁰–20⁰⁰ Uhr, So. 11⁰⁰–18⁰⁰ Uhr
➜ **WIE?** Tram 1, 3, 4, 7, 9–12, 14–16 | Bus & S-Bahn s. Verzeichnis ➜ **WEB?** www.veganz.de

**Zentrum**

## Noch mehr Shopping

### GOETHES SCHOKOLADENTALER MANUFAKTUR

Hinter dem klangvollen Namen verbirgt sich ein zuckersüßes Geschäft mit integrierter Schauproduktion. Genuss und Exotik – Pfeffer aus Ägypten, Kaffee aus Jamaika, Kuvertüre aus Peru oder Haselnüsse aus dem Piemont. Ein Erlebnis!
*Markt 11–15 (Marktgalerie), 04109 Leipzig*
*www.goethe-schokoladentaler.de*

### LEIPZIGER ANTIQUARIAT

In dem gut sortierten, prall gefüllten Laden wird man seit 1992 kompetent beraten und findet vielleicht sogar den einen oder anderen literarischen Schatz. Die Auswahl an DDR-Büchern zählt im Übrigen zu den größten Leipzigs!
*Ritterstraße 16, 04109 Leipzig*
*www.leipziger-antiquariat.de*

### MACIS RESTAURANT, CAFÉ, BIOMARKT

In Restaurant, Café und Biomarkt werden ausschließlich kontrollierte Bioprodukte aus der Region verkauft, verarbeitet und serviert. Ob Nahrungsmittel, Kosmetik oder Kleidung – insgesamt etwa 7.500 verschiedene Produkte lassen keine Wünsche offen!
*Markgrafenstraße 10, 04109 Leipzig*
*www.macis-leipzig.de*

### VERLAGSBUCHHANDLUNG BACHMANN

Was auch immer man an Leipzig-Literatur sucht – hier wird man es finden. Die kleine Buchhandlung im Alten Rathaus hat das umfangreichste Sortiment der Stadt und dazu noch eine große Auswahl an allerlei Mitbringseln und Andenken.
*Markt 1, 04109 Leipzig*
*www.leipzig-laden-nr1.de*

# Vielfalt im Herzen der Stadt

Wem im Zentrum der Magen knurrt, der kann vor allem zwei Dinge prima verbinden: gutes Essen und »Leute gucken«. Natürlich sind hier viele Touristen unterwegs, aber die meisten Restaurants und Bars sind bei den Leipzigern mindestens genauso beliebt.

## ZWISCHEN KAFFEEHAUSKULTUR UND KNEIPENMEILE

Der Klassiker ist das belebte *Barfußgäßchen*, in dem sich ein Lokal ans Nächste reiht und man sich nur für den schönsten Freisitz entscheiden muss. Ein Pflichtbesuch für viele Touristen ist das **KAFFEEHAUS RIQUET** im *Schuhmachergäßchen* mit den berühmten Elefantenköpfen an der Fassade und den seltenen Jugendstilmosaiken in fernöstlichen Farben. Obwohl es dort erstklassige Sachertorte gibt, verirren sich die Leipziger allerdings eher selten hierher und bevorzugen die zahlreichen Kneipen und Cafés in der *Gottschedstraße*, wie die ↗ **LUISE** (S. 63) oder den **PILOT**. Kaffee und Kuchen? Geht natürlich immer. Im Schokoladenfachgeschäft **AMÉLIE** im ↗ **SPECK'S HOF** (S. 46) solltet ihr aber auch mal unterschiedlichste Schokoladen und cremige Pralinen naschen. Mit einem frisch aufgebrühten Espresso schmecken die gleich noch mal so gut.

## FRÜHSTÜCK MIT SCHILLER

Hervorragend frühstücken könnt ihr im noblen **RESTAURANT SCHILLER**. Mediterran-französische Küche gibt es dann mittags und abends und auch ein After-Work-Cocktail macht sich hier nicht schlecht. <u>Pssst</u>: Donnerstags zwischen 18 und 20 Uhr ist Happy Hour mit swingender Livemusik! Im **TELEGRAPH** gibt es die entspannten Jazztöne gratis zum Abendessen dazu. In dem großzügigen Restaurant werden mit Konzerten und Lesungen neben den kulinarischen auch die kulturellen Grundbedürfnisse der Leipziger befriedigt. Die größten Eisbecher bekommt man im Zentrum direkt am *Marktplatz* in der **MILCHBAR PINGUIN**.

**Zentrum**

Zwischen Kunst und Natur
↗ **CAFÉ BAU BAU** (S. 59)

Feierabend-Cocktail im Herzen der Stadt

↗ CHOCOLATE (S. 59)

Früher Festung, heute Treffpunkt der Studenten

↗ **MORITZBASTEI** (S. 74)

**Unser Tipp**

Nach einem Tag in der Stadt bei einer kühlen »Cantona Limonade« den Feierabend einläuten.

**8**

# CAFÉ CANTONA

## CAFÉ UND RESTAURANT

Benannt nach dem französischen Fußballspieler Eric Cantona, geht es im gemütlichen Café zwischen *Roßplatz* und Bayerischem Bahnhof locker und entspannt zu. Nach dem klassischen Konzept, den Beginn und das Ende des Tages sowie die Pausen an einem vertrauten Ort zu verbringen, ist das »Cantona« für seine Gäste eine Kombination aus Kaffeehaus, Bistro, Gaststätte und Bar. Qualität steht hier im Vordergrund, und das schmeckt man! Viele Produkte, wie das Corned Beef, Kimchi, Brot und Cheese Cake, werden selbst im Haus hergestellt.

➜ **WO?** Windmühlenstraße 29, 04107 Leipzig ➜ **WANN?** Mo.–Fr. 9³⁰–2⁰⁰ Uhr, Sa.–So. 9⁰⁰–2⁰⁰ Uhr
➜ **WIE?** Tram 2, 9, 16 ➜ **WEB?** www.cafecantona.com

**Zentrum**

9

# HANDBROTZEIT

## BISTRO

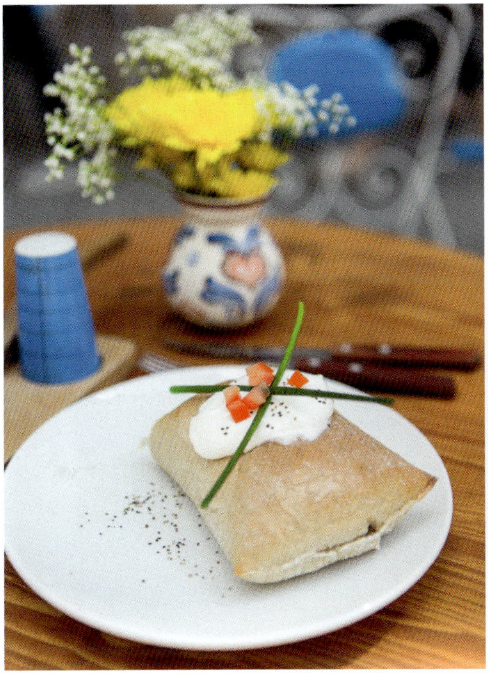

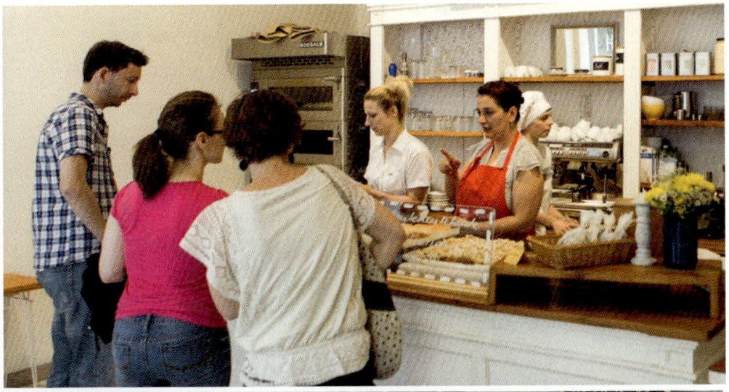

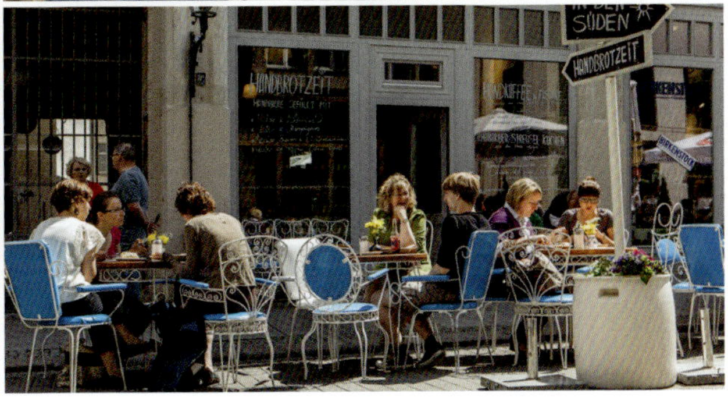


Beim Entlangschlendern der *Nikolaistraße* fallen die leuchtend blauen Stühle im liebevoll gestalteten Freisitz von »HANDBROTZEIT« gleich ins Auge. Die ofenfrischen, mit unterschiedlichen Zutaten gefüllten Handbrote kennen viele von Festivals und Märkten, bei denen sie in den letzten Jahren vor Ort hergestellt und verkauft wurden. Völlig zu Recht wurde das »HANDBROTZEIT«-Team immer wieder nach einem eigenen Laden gefragt, der 2013 dann endlich in der Leipziger Innenstadt eröffnete. Alle Handbrote und viele andere Köstlichkeiten enstehen hier aus ausgewählten regionalen Produkten.

→ **WO?** Nikolaistraße 12–14, 04109 Leipzig → **WANN?** Mo.–Sa. $9^{00}$–$19^{00}$ Uhr → **WIE?** Tram 1, 3, 4, 7, 9–12, 14–16 | Bus & S-Bahn s. Verzeichnis → **WEB?** www.handbrotzeit.de

€ hand made aus der Region vegan

Zentrum

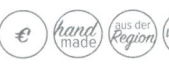

# CAFÉ WAGNER

## KAFFEE, KUCHEN & KUNST

Laut und leise, groß und klein, modern und traditionell – Gegensätze ziehen sich bekanntermaßen an, so auch im »Café Wagner«. Außen ein barocker Altbau, überrascht das Café innen mit einer puristisch modernen Ausstattung. Internationale Kaffeespezialitäten und Torten laden zum Schwelgen ein, aber warum nicht mal eines der Sandwiches und Baguettes oder die täglich wechselnde Suppe probieren? Wer immer noch nicht glücklich ist, wählt aus dem Schokoladensortiment seinen Favoriten.

➜ **WO?** Richard-Wagner-Platz 1, 04109 Leipzig ➜ **WANN?** Mo.–Sa. ab 9⁰⁰ Uhr bis open end, So. 11⁰⁰–18⁰⁰ Uhr ➜ **WIE?** Tram 1, 3, 4, 7, 9, 12, 14, 15 | Bus 89 ➜ **WEB?** www.wagner-cafe.de

**Zentrum**

# Am Richard-Wagner-Platz

Hier fing alles an! Im 10. Jahrhundert befand sich an der Stelle des heutigen *Richard-Wagner-Platzes* im Nordwesten des Zentrums der Markt der Siedlung Lipsk, von dem aus sich die Stadt Leipzig entwickeln sollte. Außerdem kreuzten sich hier die beiden Handelsstraßen *Via Regia* und *Via Imperii*. Nach dem weltberühmten Komponisten wurde der Platz am 22. Mai 1913 zu dessen 100. Ge-

Blechbüchse am
*Richard-Wagner-Platz*

burtstag benannt. Seit 2013 sprudeln zwei interessante Springbrunnen vor sich hin, die viele Leipziger noch vom ehemaligen *Sachsenplatz* kennen. Von 1972 bis 1999 waren hier die Edelstahl-Plastiken des Bildhauers Harry Müller zu finden, die in ihrer Form an Pusteblumen erinnerten und von den Leipzigern auch seit jeher so genannt wurden. Nach aufwendiger Sanierung gehören sie nun wieder zum Leipziger Stadtbild.

 **EASY 2 GO** **RICHARD-WAGNER-PLATZ**
*04109 Leipzig*

# CAFÉ BAU BAU

## CAFÉ & BAR

# CHOCOLATE

## BAR, GRILL & DINNERCLUB

Das Café in der **GALERIE FÜR ZEITGENÖSSISCHE KUNST** ist selbst ein kleines Designobjekt. Regelmäßig wird es von Künstlern aus aller Welt neu gestaltet; zuletzt im Januar 2014 von der in London lebenden Künstlerin Céline Condorelli. Mit Blick auf den Johannapark und das Neue Rathaus kann man zentrumsnah und zugleich mitten im Grünen vegetarische Tartes, Kaffee aus Kroatien und täglich wechselnde vegane Suppen genießen.

Beleuchtet von einem riesigen Kronleuchter und unzähligen Kerzen an den Backsteinwänden, ist die stattliche Bar jeden Abend Mittelpunkt des »Chocolate«, wo sich die After-Work-Szene der Stadt trifft. Seit 2014 in neuer Location im *Barfußgäßchen*, bekommt man hier hochwertige Speisen, fruchtige Cocktails und beste Unterhaltung mit Livemusik oder DJ-Sounds. Besonderes Highlight: die gläserne Küche!

➜ **WO?** Karl-Tauchnitz-Straße 9, 04107 Leipzig ➜ **WANN?** Mo.–Sa. 10$^{00}$–24$^{00}$ Uhr, So. 10$^{00}$–19$^{00}$ Uhr ➜ **WIE?** Tram 2, 8, 9, 14 | Bus 89 ➜ **WEB?** www.gfzk.de

➜ **WO?** Barfußgäßchen 12, 04109 Leipzig ➜ **WANN?** täglich ab 11$^{30}$ Uhr ➜ **WIE?** Tram 9 | Bus 89 ➜ **WEB?** www.chocolate-leipzig.de

Zentrum

# MAX ENK

## RESTAURANT

»Qualität ist kein Luxus, sondern die Basis« – getreu diesem vielversprechenden Motto werden mitten im Leipziger Zentrum authentische und schnörkellose Gerichte im Restaurant »MAX ENK« serviert. Seit Anfang 2012 werden die Gäste im historischen Speisesalon des Städtischen Kaufhauses mit regionaler und internationaler, gehobener Küche verwöhnt. Das elegante Ambiente des offenen Saals mit eigens angefertigten Wandskulpturen des Künstlers Kaeseberg wirkt durch solide Holzmöbel – der Bartresen ist aus über 300 Jahre altem Eichenholz – gleichzeitig bodenständig. Mit ehrlicher Liebe zum Produkt interpretiert das Team klassische Speisen wie Leipziger Allerlei neu, aber dennoch solide und sorgt so für einen Gaumengenuss allererster Güte.

Wer im »MAX ENK« diniert, sollte nicht nur einen Blick auf die Speisekarte, sondern auch auf die Weinkarte werfen. Alle angebotenen Tropfen werden von ausgewählten Winzern hauptsächlich aus Deutschland bezogen. Ab und an hat man bei Weinabenden und Degustationen die Möglichkeit, mehr über die Weine zu erfahren und natürlich zu probieren.

Für eine kurze Mahlzeit zwischendurch empfiehlt sich das »Laurentius Mittagsmenü«. Dieses besteht aus drei wöchentlich wechselnden Gängen, die man einzeln oder zusammen ordern und genießen kann. So wird die Pause im Handumdrehen zum Geschmackserlebnis!

➜ **WO?** Neumarkt 9–19, 04109 Leipzig ➜ **WANN?** Mo.–Fr. 12⁰⁰–14⁰⁰ Uhr sowie 18⁰⁰–1⁰⁰ Uhr, Sa. 12⁰⁰–1⁰⁰ Uhr, So. 11³⁰–16⁰⁰ Uhr
➜ **WIE?** Tram 2, 4, 7–12, 14–16 | Bus & S-Bahn s. Verzeichnis
➜ **WEB?** www.max-enk.de

# ELSTERARTIG

## RESTAURANT & CLUB

Das »ELSTERARTIG« ist Leipzigs neues hippes Wohnzimmer mit Wohlfühlcharakter und Flohmarktcharme mitten in der Stadt. Es fungiert als Bar, Club, Grill und Restaurant in einem; die Grenzen sollen hier bewusst verschwimmen. Ebenso die zwischen den Gästen: Ganz ohne Eintritt und Dresscode sorgt das »ELSTERARTIG« für ein Stück Leipziger Freiheit und heißt Studenten, Hipster und Anzugträger gleichermaßen willkommen. Im rustikalen Ambiente mit einer Vorliebe für verschmitzte Details, die sich bis in jeden Winkel durchziehen, kann man hier abends prima essen gehen. Wer in einem der gemütlichen Sofas bei einem Wein versackt, bleibt einfach gleich bis zum anschließenden »Elstertanz« und kann dann noch einen Mitternachtssnack vom Grill einnehmen.

➜ **WO?** Dittrichring 17, 04109 Leipzig ➜ **WANN?** Di. & Mi. 18ºº Uhr bis spät, Do.–Sa. 18 Uhr bis sehr spät
➜ **WIE?** Tram 9 | Bus 89 ➜ **WEB?** www.elsterartig.de

# CAFÉ LUISE
## RESTAURANT & BAR

Einer der Gründe, warum wir Leipzig so mögen, ist, dass hier viele Menschen leben, die ihren ganz persönlichen Traum realisiert haben. So auch Carl Pfeiffer, der Ende der 90er-Jahre als einer der Ersten eine Gastronomie in der damals noch unsanierten und brachliegenden *Gottschedstraße* eröffnete. Bei seiner Standortwahl schlugen viele die Hände über dem Kopf zusammen. Mittlerweile reiht sich hier Kneipe an Kneipe und die »Luise« zählt zu den beliebtesten Lokalen der Stadt. Frühstück, Lunch, Kaffee und Dinner – das kulinarische Quartett wird durch Sonntagsbrunch und eine verlockende Cocktailkarte ergänzt! In den warmen Sommermonaten findet das Leben draußen statt und auf dem Freisitz vor der »Luise« tummeln sich die Stadtschwärmer.

➜ **WO?** Bosestraße 4, 04109 Leipzig ➜ **WANN?** Mo.–So. 9 Uhr bis open end ➜ **WIE?** Tram 1, 9, 14 Bus 89 ➜ **WEB?** www.luise-leipzig.de

**Zentrum**

# CAFÉ CORSO

## KONDITOREI & KAFFEEHAUS

Sobald man die Türklinke zum »Café Corso« herunterdrückt, wird man vom Duft frisch aufgebrühten Kaffees begrüßt und es beginnt ein Kurztrip in eine andere Zeit. Hinter dem dunklen holzvertäfelten Tresen tummeln sich Kaffeespezialitäten aus aller Welt und in der Theke treffen köstliche Torten auf Baumkuchen, »Corso Stollen« und die berühmte »Leipziger Lerche«. Seit 1912 prägt das Familienunternehmen die Kaffeehauskultur der Stadt. Das Geheimrezept? Eine gelungene Kombination aus einem großen Stück bewahrter Tradition, vielen Tassen nicht nachlassender Qualität und einer Prise Nostalgie. Hach ja, hier fühlen wir uns pudelwohl und können uns genau vorstellen, wie die Kaffeehausliteraten sich früher von dieser Atmosphäre inspirieren ließen.

→ **WO?** Brüderstraße 6, 04103 Leipzig → **WANN?** Mo.–Fr. 8⁰⁰–18⁰⁰ Uhr, Sa. 10⁰⁰–17⁰⁰ Uhr
→ **WIE?** Tram 2, 9, 16 → **WEB?** www.corsoela.de

**Zentrum**

# PLANERTS

## RESTAURANT

Das Restaurant »Planerts« im frisch sanierten Oelßner's Hof spiegelt mit seiner zeitgemäßen Gastronomie in puristisch urbanem Ambiente das Lebensgefühl der jungen Leipziger wider. Im Innenraum oder auf der Terrasse wird leichte, asiatisch inspirierte Aromaküche serviert. Die Karte ist überschaubar, dafür stets frisch und immer wechselnd. Beim 3- bis 5-Gänge-Menü kann man aus unterschiedlichen Gerichten wählen. So werden zum Beispiel Jakobsmuscheln mit Matcha und Fenchel, Simmentaler Rind mit Dumplings und Thai Mango mit Avocadocrème und Himbeersorbet kredenzt. Dazu gibts handverlesene Weine aus Deutschland, Österreich und Frankreich. Wer Wert auf authentische vitale Küche und aufmerksamen Service legt, sollte diese Adresse kennen!

➜ **WO?** Ritterstraße 23, 04109 Leipzig ➜ **WANN?** Di.–Sa. 11³⁰–14⁰⁰ Uhr sowie 18⁰⁰–23⁰⁰ Uhr, So.–Mo. Ruhetag ➜ **WIE?** Tram 1, 3, 4, 7, 9–12, 14–16 | Bus & S-Bahn s. Verzeichnis ➜ **WEB?** www.planerts.com

Zentrum

**CHRISTIAN GEYER ÜBER:**

## COCKTAILS & ZIGARREN

Unser Leipziger Zentrum ist vor allem an Wochenenden der Schmelztiegel aus Touristen und Shopping-Paaren. Ich liebe es, an Wochentagen mitternachts allein auf dem menschenleeren Markt zu stehen und mir meine Stadt anzuschauen. Meist komme ich dann aus dem **KILDARE CITY PUB**, einer Kneipe im berühmten und meist völlig überlaufenen *Barfußgäßchen*. Hier trifft sich Leipzig im irischen Flair. Probiert haben muss man dort die »Lynchburg Lemonade«. Um wirklich gut und gemütlich zu essen, gehe ich lieber um die Ecke in die *Klostergasse* in das **CAFÉ MADRID**. Das häufig gut gefüllte Restaurant lohnt sich besonders wegen der Tapas-Variationen und macht mit dem vorderen Außensitz jedem mallorquinischen Gässchen Konkurrenz. Mein Muss: Die »Datteln im Speckmantel«. Für die Drinks danach versteckt sich in einem Keller in der *Nikolaistraße* meine Lieblingsbar. Im **BRICK'S** genießt man im Stil der 90er die besten Cocktails der Stadt. Wer sich hier nicht für einen der über 200 Cocktails entscheidet, verpasst etwas. Auch die alkoholfreien Varianten zähle ich zu den besten. Mein Cocktail-Tipp: »Erdbeer Daiquiri«.

Eis-Liebhabern empfehle ich das Eiscafé des **LA GROTTA**. Hier gibt es handgemachtes Eis in zahlreichen kreativen Geschmacksrichtungen, z.B. »Whiskeyeis«. Eine Kugel kostet mindestens 2,50 €, aber das lohnt sich. Apropos Whiskey: Wer Zeit hat, dem empfehle ich eine Whiskeyverkostung im Obergeschoss des **TABAK-KONTORS** in der *Hainstraße*. Hier kann man sich gemütlich durch teils nicht mehr erhältliche Whiskeysorten trinken und Zigarre rauchen.

## IMPERII
### BAR & RESTAURANT

Seit 2015 ist die Innenstadt mit dem »Imperii« um einen Genusstempel reicher. An der Bar bekommt man klassische Drinks, moderne Eigenkreationen und ausgewählte Spirituosen aus aller Welt. Die Auswahl ist so hochwertig wie kreativ und ihr werdet schneller fündig, als ihr »Manhattan« sagen könnt. In der Smokers Lounge kann zwischen Beton, Holz und Leder gemütlich die Zeit in die Luft geblasen werden und im Restaurant wird moderne deutsche Küche serviert. Mehr Genuss geht nicht!

→ **WO?** Brühl 72, 04109 Leipzig → **WANN?** Mo.–Fr. 12⁰⁰–2⁰⁰ Uhr, Sa. 16⁰⁰–2⁰⁰ Uhr, So. geschlossen → **WIE?** Tram 1, 3, 4, 7, 9–12, 14–16 Bus & S-Bahn s. Verzeichnis → **WEB?** www.imperii.de

# STEAKTRAIN

## RESTAURANT IM HOTEL

Das Restaurant »STEAKTRAIN« im **SEASIDE PARK HOTEL** macht seinem Namen alle Ehre: Hungrige Gäste kommen im Ambiente eines historischen, luxuriös ausgestatteten Speisewaggons mit feinsten Steaks sowie einer Auswahl an Geflügel- und Fischgerichten voll auf ihre Kosten. Der 300 Grad heiße Lavagrill mit offenem Feuer verleiht dem Fleisch einen rauchigen Grillgeschmack und verschiedene Beilagen, Saucen und Chutneys runden das Menü im außergewöhnlichen Restaurant ab.

➜ **WO?** Nikolaistraße 42, 04109 Leipzig
➜ **WANN?** Mo.–So. ab 18⁰⁰ Uhr ➜ **WIE?** Tram 1, 3, 4, 7, 9–12, 14–16 Bus & S-Bahn s. Verzeichnis ➜ **WEB?** www.parkhotelleipzig.de

## Noch mehr Kulinarisches

### MICHAELIS CAFÉ & BISTRO IM MUSEUM DER BILDENDEN KÜNSTE LEIPZIG

Hausgemachte Kuchen und feine Speisen lassen sich nach einem Museumsrundgang im lichtdurchfluteten Museumsraum besonders gut genießen. Für Eilige gibt es mittags ein Lunchangebot für 9,90 €, und wer nichts essen möchte, sondern nur eine »Kunstpause« braucht, ist an der schicken Bar gut aufgehoben.
*Museum der bildenden Künste, Katharinenstraße 10, 04109 Leipzig*

### COCKTAILBAR FUCHSBAU

Das Cocktailangebot lässt sich sehr entspannt in den nostalgischen Sesseln genießen, die übrigens aus dem alten Panoramacafé im »Uniriesen« stammen. Neben Cocktailklassikern gibt es hier auch phantasievolle Eigenkreationen und saisonale Mixturen, natürlich auch alkoholfrei. Ein Besuch lohnt sich auf jeden Fall!
*Moritzbastei, Universitätsstraße 9, 04109 Leipzig, www.moritzbastei.de/fuchsbau*

### CURRY & CO. LEIPZIG | ZENTRUM

Currywurst ist gleich Currywurst? Nicht bei Curry & Co.! Phantasievolle Varianten des Klassikers lassen kulinarische Träume wahr werden. Wer es nicht bis zur Filiale in der Südvorstadt schafft, schwelgt gleich hier im Zentrum in unmittelbarer Nähe zu den Höfen am Brühl, der Hainspitze und dem *Richard-Wagner-Platz.*
*Brühl 4 (Ecke Hainstraße), 04109 Leipzig, www.CurryundCo.com*

### SAKURA – KAITEN SUSHI BAR

Leipzigs beste Sushi-Bar! In stilvollem Ambiente frische Nigiris oder Makis genießen, direkt am Tresen, der von kleinen Schiffchen umrundet wird, die die bunten, geheimnisvollen Häppchen transportieren – oder an einem der Tische à la carte speisen. Unser Tipp: Genießt beim »Mittagstisch« von 11.30 bis 14.30 Uhr drei Sorten Sushi nach Wahl, eine Misosuppe und einen Tee.
*Bosestraße 4, 04109 Leipzig, www.sakura-leipzig.de*

### SPIZZ – LEIPZIGER JAZZ- & MUSIC-CLUB

Jazz- und Musik-Club. Im Keller Disco und Konzerte, darüber Clubatmosphäre mit sehr umfangreicher Speisekarte. Ein Muss: die sächsische Kartoffelsuppe mit Räucherlachs! Im Freisitz wimmelt es zu jeder Jahreszeit, denn hier gilt: sehen und gesehen werden!
*Markt 9, 04109 Leipzig, www.spizz.org*

# Willkommen auf der kulturellen Sonnenseite

Kulturgeschichte im Museum, ein Abend in der Oper oder doch lieber Lachen im Kabarett – was darf es für euch sein? Egal, wofür ihr euch entscheidet, im Zentrum werdet ihr nicht enttäuscht.

Wer vom Hauptbahnhof aus in die Innenstadt läuft, dem fällt das große, kubische **MUSEUM DER BILDENDEN KÜNSTE LEIPZIG** mit seiner imposanten Glasfassade vermutlich als Erstes auf. 2004 wurde der Neubau eröffnet und beherbergt Gemälde, Skulpturen und Grafiken sowie zeitgenössische Kunst, unter anderem von Caspar David Friedrich, Max Klinger, Neo Rauch und Max Beckmann. Aber es muss ja nicht gleich der Daniel Richter im Wohnzimmer sein – im hauseigenen Museumsshop findet man auch hübsche Postkarten, Bildbände und Kunstdrucke zum Mitnehmen.

Weiter gehts die *Katharinenstraße* entlang Richtung *Markt*. Wenn man links ins *Salzgäßchen* abbiegt, nähert man sich der Rückseite der **ALTEN BÖRSE**. Der kleine Barockbau am *Naschmarkt* wird heute vor allem für Lesungen und Konzerte genutzt. Auch an vielen anderen historischen Orten des Zentrums finden regelmäßig Veranstaltungen statt, so zum Beispiel in den prächtigen, neobarocken Sälen des **HÔTEL DE POLOGNE** in der *Hainstraße*.

Freunde der Baukultur, aufgepasst! In der Innenstadt können unterschiedlichste Details, Bauweisen und Stilepochen entdeckt und bewundert werden. So zum Beispiel auf der *Grimmaischen Straße*. Hier lohnt es sich, beim Shoppen und Schlendern einen Blick nach oben zu werfen und die verschiedenen Stile auf sich wirken zu lassen. Zwischen all den prunkvollen Passagen und Jugendstilfassaden befinden sich vollkommen neue, aber auch klassische und modern zurückhaltende Gebäude, zum Beispiel gegenüber vom **HANSA HAUS**.

Weiter Richtung Osten gelangt man direkt auf den *Augustusplatz* mit der ↗ **OPER LEIPZIG** (S. 76) und dem ↗ **GEWANDHAUS ZU LEIPZIG** (S. 49). In beiden Einrichtungen finden fast täglich Veranstaltungen statt.

<u>Unser Tipp:</u> Die »Audio Invasion« im November, bei der das Konzertgebäude zur Partylocation umfunktioniert wird und man nach einem klassischen Konzert auch zu elektronischen Sounds tanzen kann.

Wer lieber herzlich lachen als die Hüften schwingen möchte, besucht das **KABARETT ACADEMIXER** in der *Kupfergasse*, die **FUNZEL** in der Strohsack-Passage oder das Kabarett **SANFTWUT** in der Mädler-Passage. Es gibt noch zahlreiche weitere, und wer am liebsten schon zum Frühstück einen Clown verspeist, der ist bei der jährlichen »Leipziger

Zentrum

Rachmaninow getanzt in der Oper Leipzig

↗ **OPER LEIPZIG** (S. 76)

Zentrum

Facettenreiche Innenstadt-Architektur

Lachmesse«, einem internationalen Kabarett- und Kleinkunstfestival, genau richtig.
*www.lachmesse.de.*

Einmal nachts im Museum sein? Die »Museumsnacht Leipzig–Halle« machts möglich. Mit dem speziellen Ticket hat man einmal im Jahr die Möglichkeit, von abends 18.00 Uhr bis früh morgens 1.00 Uhr die unterschiedlichsten Museen, Sammlungen, Galerien und Gedenkstätten zu besuchen. Auch viele Einrichtungen im nahegelegenen Halle machen mit. Zum Glück ist das MDV-Ticket schon im Paketpreis enthalten.
*www.museumsnacht-halle-leipzig.de.*

Pssst: In vielen Museen und Galerien zahlt ihr einmal im Monat keinen Eintritt. In die Galerie für Zeitgenössische Kunst kommt ihr immer mittwochs kostenfrei, das Stadtgeschichtliche Museum und die Museen im GRASSI (Abb. u.) gewähren jeden ersten Mittwoch im Monat freien Eintritt. Ein kurzer Blick auf die jeweilige Homepage lohnt sich.

Aber auch die Innenstadt selbst verwandelt sich bei vielen Gelegenheiten in ein Erlebnis. So wird zum Beispiel Ende August beim alljährlichen Konzert »Klassik airleben« die Saison des Gewandhausorchesters eingeläutet: unter freiem Himmel mitten auf dem *Augustusplatz*. Und wer im Anschluss weiter auf den Spuren berühmter Komponisten und Musiker wandeln möchte, dem empfehlen wir die »Notenspur-Initiative«. Auf einer von drei verschiedenen Routen kann man sich zu Fuß oder per Rad führen lassen und die musikalischen Highlights der Stadt erkunden.
*www.notenspur-leipzig.de*

Wer wissen möchte, wie Leipzig zu dem wurde, was es heute ist, der besucht die Ausstellung des **STADTGESCHICHTLICHEN MUSEUMS** im Alten Rathaus. Das historische und sehr detailgetreue Modell Leipzigs von 1823 gibt einen hervorragenden Überblick über die Struktur der Stadt, ihre Flüsse und Grüngürtel. Innerhalb des Rundgangs erfahrt ihr Wissenswertes über die Geschichte, Entwicklung und Bedeutung der 1.000 Jahre alten Stadt. Auch beim Spaziergang durch das Zentrum lohnt es sich, die Augen offen zu halten. Viele zum Teil versteckte Denkmäler erinnern an historische Persönlichkeiten und geschichtsträchtige Ereignisse.

Unser Tipp:
Mit der »LEIPZIG CARD« könnt ihr entweder einen oder drei Tage lang kostenlos Bus und Bahn fahren und erhaltet bis zu 50 % Rabatt in verschiedenen Museen, Cafés, bei Stadtrundfahrten, Veranstaltungen oder in Geschäften wie dem ↗ **MÅAT LEIPZIG** (S. 42). Die Tageskarte bekommt ihr für 10,90 € und die 3-Tageskarte für 21,90 €. Erhältlich ist sie online oder in der **TOURIST-INFORMATION** in der *Katharinenstraße 8*.

Zentrum

# GRASSI

## MUSEUM FÜR ANGEWANDTE KUNST

Im »GRASSI Museum für Angewandte Kunst« findet man alle Arten des internationalen Kunsthandwerkes und Designs auf ca. 2.000 m² Fläche versammelt. 1874 gegründet, ist es das zweitälteste Museum für Angewandte Kunst in Deutschland. Man kann sich nicht nur von einer Tour durch über 2.500 Jahre Kunst- und Kulturgeschichte faszinieren lassen, sondern auch regelmäßig neue Sonderausstellungen zu historischen und aktuellen Gestaltungsthemen besuchen. Jährliches Highlight ist die »Grassimesse« im Oktober, bei der das Museum internationaler Treffpunkt für Künstler, Galerien und Produzenten wird. Ganzjährig sind außerdem spannende Veranstaltungen für Jung und Alt im Programm.

Pssst: Besonders sehenswert ist der Ausstellungsteil »Jugendstil bis Gegenwart«. Vom »Barcelona-Chair«, konzipiert vom deutschen Architekten Ludwig Mies van der Rohe, bis zum »iPod« können hier viele bekannte Designobjekte wiederentdeckt werden.

➜ **WO?** Johannisplatz 5–11, 04103 Leipzig ➜ **WANN?** Di.–So. & feiertags 10⁰⁰–18⁰⁰ Uhr, montags sowie am 24.12. und 31.12. geschlossen ➜ **WIE?** Tram 4, 7, 12, 15 | Bus 690 ➜ **WEB?** www.grassimuseum.de

**Zentrum**

# MORITZBASTEI

## KULTURZENTRUM

Früher Bastion, heute Mittelpunkt des Studentenlebens! Unmittelbar neben dem Campus der Universität Leipzig werden Studenten seit mehreren Generationen von vielfältigen kulturellen Prokrastinationsangeboten in die »Moritzbastei«, kurz »MB«, gelockt. Seit den 1980er-Jahren fungiert das historische Gewölbe aus dem Jahr 1553 als Kulturzentrum mitten in der Leipziger Innenstadt. Egal ob Konzerte, Theater, Open-Air-Kino, Lesungen, Ausstellungen oder die berüchtigte »All You Can Dance Party« jeden Mittwoch und Samstag; hier lohnt es sich, das eine oder andere Abendseminar für eine Veranstaltung oder ein kühles Getränk an der Bar sausen zu lassen und stattdessen Softskills mit den Kommilitonen zu trainieren. Du hast nicht in Leipzig studiert, wenn Du nicht hier gewesen bist!

→ **WO?** Universitätsstraße 9, 04109 Leipzig → **WANN?** Mo.–Fr. ab 10⁰⁰ Uhr, Sa. ab 12⁰⁰ Uhr
→ **WIE?** Tram 2, 4, 7, 8–12, 14–16 | Bus & S-Bahn s. Verzeichnis → **WEB?** www.moritzbastei.de

**Zentrum**

# PASSAGE KINOS

## PROGRAMMKINO

Abseits des klassischen Mainstream-Kinos können Cineasten mitten im Leipziger Zentrum anspruchsvolles Programmkino zu vernünftigen Preisen erleben. Im November 1915 wurde hier das erste Lichtspieltheater der Stadt eröffnet. Seitdem ist zwar mehrmals umgebaut, umbenannt und der Besitzer gewechselt worden, aber die Jägerhof-Passage konnte sich bis heute als traditioneller Kinostandort behaupten. In fünf Sälen werden dem Publikum – Jung und Alt, Groß und Klein – anspruchsvolle, auch kritische, aber stets anregende Filme vorgeführt. Viele thematische Filmreihen, Matineen und die Teilnahme an Filmfestivals wie dem »DOK Leipzig« und der »Filmkunstmesse« bieten ein kulturell abwechslungsreiches und unterhaltsames Programm.

➔ **WO?** Hainstraße 19 a, 04109 Leipzig ➔ **WANN?** Eine halbe Stunde vor Beginn der ersten Vorstellung bis eine halbe Stunde nach Beginn der letzten Vorstellung ➔ **WIE?** Tram 1, 3, 4, 7, 9, 12, 14, 15 | Bus 89
➔ **WEB?** www.passage-kinos.de

Zentrum

# OPER LEIPZIG

## KULTURRAUM

**Zentrum**

➜ **WO?** Augustusplatz 12, 04109 Leipzig  ➜ **WIE?** Tram 4, 7, 8, 10–12, 14–16 | Bus 89
➜ **WEB?** www.oper-leipzig.de

**STEVE UHLIG ÜBER:**

# KUNSTHALLEN IM ZENTRUM

Leipzigs Zentrum bietet seinen Besuchern ein vielfältiges Angebot an Museen, Galerien und alternativen Ausstellungsorten für bildende oder auch angewandte Kunst.

Sicherlich sollte man sich die großen Kunsthallen nicht entgehen lassen: das **MUSEUM DER BILDENDEN KÜNSTE LEIPZIG** in der Stadtmitte zeigt in seiner eindrucksvollen Architektur Werke vom Spätmittelalter bis zur Gegenwart. Die größte Sammlung von Werken der »Leipziger Schule« findet man in der **KUNSTHALLE DER SPARKASSE LEIPZIG**.

Genau dazwischen gibt es seit Neuestem eine ganz besondere Institution in Ergänzung zu den innerstädtischen Ausstellungsaktivitäten: Die **G2 KUNSTHALLE** als private gemeinnützige Einrichtung mit dem Schwerpunkt auf Gegenwartsmalerei präsentiert junge aufstrebende Künstler. Regelmäßig stattfindende Künstlergespräche bieten Besuchern den Dialog mit den ausstellenden Künstlern.

Doch auch noch genaueres Hinschauen lohnt sich: Zwischen all den großen Playern finden sich einige interessante innerstädtische Galerien, zum Teil versteckt in den Passagen, temporäre Pop-up-Ausstellungen und auch Künstlerateliers.

Wer hervorragende Einzelstücke und Antiquitäten sucht, kommt an einem Besuch im ↗ **HINRICHSINNDREISSIG** (S. 45) nicht vorbei. Der Laden im zauberhaften Innenhof des Fregehauses und die Dependance im Zentrum West bieten aparte Mobiliar mit Stil & Geschichte.

## Noch mehr Kunst & Kultur

### BACH ARCHIV LEIPZIG
Nicht nur für die ausgesprochenen Jünger des großen Johann S.! Forschungsstätte, Bibliothek und multimediales Museum über die weitverzweigte Musikerfamilie direkt am *Thomaskirchhof* bieten alles zum Thema Bach, was man sich nur denken kann.
*Thomaskirchhof 15/16, 04109 Leipzig, www.bach-leipzig.de*

### GEDENKSTÄTTE MUSEUM IN DER »RUNDEN ECKE«
Geschichte, Struktur und Arbeitsweise des Ministeriums für Staatssicherheit in der DDR in all seinen Facetten finden sich hier in der ehemaligen Leipziger Bezirksverwaltung für Staatssicherheit. Authentisch mit Linoleumboden und gelbbraunen Tapeten, greifbar und immer wieder erschreckend.
*Dittrichring 24, 04109 Leipzig, www.runde-ecke-leipzig.de*

### KRYSTALLPALAST VARIETÉ LEIPZIG
Eintauchen in eine andere Welt – ob Akrobatik, Jonglage oder Zauberei: Immer neue Weltklassekünstler, ganz nah, garantieren einen unvergesslichen Abend voller Staunen und Begeisterung.
*Magazingasse 4, 04109 Leipzig, www.krystallpalast.de*

### NATURKUNDEMUSEUM LEIPZIG
Es mag ein wenig antiquiert wirken, aber noch immer ist das Naturkundemuseum DER Anlaufpunkt für alle Leipziger, wenn es darum geht, Kindern die heimische Natur nahezubringen.
*Lortzingstraße 3, 04105 Leipzig, www.naturkundemuseum.leipzig.de*

### SCHAUSPIEL LEIPZIG
Auch wenn das in den 1950er Jahren umgebaute monumentale Gebäude an der *Gottschedstraße* die Hauptspielstätte des »Schauspiels Leipzig« ist – an vielen anderen Orten der Stadt verwandeln sich Säle und Plätze zu Bühnen und Performanceräumen.
*Eingang Bosestraße 1, Ecke Dittrichring, 04109 Leipzig, www.schauspiel-leipzig.de*

### ZEITGESCHICHTLICHES FORUM LEIPZIG
Ein Ort für die Auseinandersetzung mit Deutscher Geschichte bis heute und ein Erinnerungsort an die Friedliche Revolution und den Alltag in der Diktatur davor. Ein Muss für jeden, der die DDR nur aus Büchern kennt!
*Grimmaische Straße 6, 04109 Leipzig, www.hdg.de/leipzig*

Zentrum

# Entspannung zwischen den Highlights

In der Innenstadt könnt ihr Stunden mit Kunst, Kultur, Shopping oder einfach nur Schauen und Staunen verbringen, aber irgendwann dampft der Kopf und es ist Zeit für eine kurze Auszeit.

### BACHMUSEUM – GARTEN

Wer seinem vor Informationen und neuen Eindrücken rauchenden Kopf nach dem Besuch des Bachmuseums eine Pause gönnen möchte, der kann gleich an Ort und Stelle bleiben und im dazugehörigen Garten die stille Atmosphäre genießen.
*Thomaskirchhof 15/16, 04109 Leipzig*

### JOHANNAPARK

Einen Katzensprung von der Innenstadt entfernt liegt der beliebte Johannapark. Wenn man das Zentrum über den *Martin-Luther-Ring* auf südwestlicher Seite verlässt, gelangt man direkt zu der Grünanlage, die nahtlos in den größeren Clara-Zetkin-Park übergeht. Der Johannapark wurde zwischen 1858 und 1863 von dem Unternehmer Wilhelm Theodor Seyfferth angelegt. Er widmete ihn seiner Tochter Johanna, die er zur Heirat mit einem ungeliebten Mann drängte und die mit 21 Jahren todunglücklich verstarb. So traurig die Geschichte des Parks ist, so viel Freude hat er den Leipzigern aber seitdem bereitet. Besonders der idyllische Teich mit einer kleinen Insel und zwei Brücken ist nicht nur bei Touristen ein beliebtes Fotomotiv.

### TIEFENENTSPANNUNG

Ein Hauch von Fernost weht durch die *Gottschedstraße*! Im buddhistischen Ambiente von ↗ SAWADEE WELLNESS-MASSAGEN (S. 81) ist euch Entspannung pur garantiert. Vergesst einen Moment lang alle Pläne, die Stadt zu erobern, und genießt einen frisch gepressten Orangensaft und die anschließende Massage eurer Wahl. Egal, ob euch die Füße schmerzen oder der Rücken zwickt, die passende Behandlung befreit euch vom Schmerz und lässt euch Leipzig fit und relaxt weiterentdecken.

Zentrum

Natur pur mitten in der Stadt – der Johannapark

Entspannen mit Blick auf den Johannapark

# SAWADEE

## WELLNESSMASSAGEN

**Unser Tipp**

Um Blockaden zu lösen und den Körper zu harmonisieren, bucht man am besten die »Klassische Thaimassage«.

Wem der Trubel des Zentrums zu viel wird, der findet in der *Gottschedstraße*, mitten zwischen Künstlerkneipen und schicken Bars, eine unerwartete Oase der Entspannung. Sobald man das »sawadee« betritt, hat man das Gefühl, in wohlig-warmer und ruhiger Atmosphäre einen Kurzurlaub angetreten zu haben. Hier entspannt man sich von den Strapazen des Alltags bei einer klassischen schwedischen Massage, einer Hot-Stone-Massage oder einer beruhigenden Fußreflexzonenmassage. In den warm gestalteten, großzügigen Räumen fühlt man sich wohl und kann wieder zu sich selbst finden. Mit einem seligen Lächeln im Gesicht verlässt man dann den Wellnesstempel und ist gewappnet für das Treiben der Stadt.

➜ **WO?** Gottschedstraße 6, 04109 Leipzig ➜ **WANN?** Mo.–Sa. 12⁰⁰–21⁰⁰ Uhr ➜ **WIE?** Tram 1, 9, 14 | Bus 89
➜ **WEB?** www.sawadee-wellnessmassagen.de

**Zentrum**

# In den Federn mit George

Gäste aus aller Welt besuchen Leipzig und im Zentrum beginnt für viele die Erkundungstour. Da liegt es nahe, dass man hier auch übernachten und seine Zelte für den Aufenthalt in der Stadt aufschlagen möchte. Und Möglichkeiten dafür gibts so einige.

Wer in einer der edlen Herbergen im Zentrum absteigt, läuft zwar Gefahr, das schicke Hotel vor lauter Annehmlichkeiten nicht zu verlassen, dafür besteht aber auch die Möglichkeit, internationalen Größen wie Paul McCartney oder Elton John in der Lobby über den Weg zu laufen. Es soll schon Leute gegeben haben, die an der Bar des STEIGENBERGERS einen ganzen Abend lang Cocktails getrunken und auf George Clooney gewartet haben. Auch wenn der sich nicht blicken lässt, lohnt sich hier auch für Nicht-Übernachter ein Besuch. Oft wird ein wenig Livemusik gespielt, die Drinks kosten nicht mehr als anderswo und die Atmosphäre ist entspannt. Das Hotel FÜRSTENHOF zählt seit 1770 zu den renommiertesten Unterkünften der Stadt. Jeder, der den Glanz des Hotels erleben möchte, sollte zwischen 12.00 und 14.30 Uhr das Mittagsmenü »Quick Lunch« für 12,50 € in der VINOTHEK 1770 einnehmen. Wem das noch nicht genug ist, der speist am Abend im RESTAURANT VILLERS im neoklassizistischen Ambiente und à la carte. Aber auch abseits der großen Hotels hat die Innenstadt einiges zu bieten. In kleineren Häusern wie den ↗ ABITO SUITES (S. 85) und dem ↗ ARCONA LIVING BACH14 (S. 84) lässt es sich entspannt und individuell in unmittelbarer Nähe zu unzähligen Kunst-, Kultur- und Shoppingmöglichkeiten übernachten.

## HOSTELS

Gerade am Hauptbahnhof angekommen und keine Lust auf lange Wege oder ein teures Hotelzimmer? Dann ab in eines der Hostels, die sich in unmittelbarer Nähe befinden. Hier kann man ebenso unkompliziert ein paar Nächte unterkommen wie neue Kontakte knüpfen. WLAN-Zugang und ein ordentliches Frühstück sind im günstigen Preis oft schon inbegriffen. Zum Beispiel das A&O HOSTEL oder das CENTRAL GLOBETROTTER HOSTEL.

## APARTMENTS

Wer etwas mehr Privatsphäre schätzt, der kommt in einem der City Apartments mitten im pulsierenden Zentrum unter. Hier ist man sein eigener Herr und entscheidet selbst, wann geschlafen, gegessen oder die Stadt unsicher gemacht wird. Eine moderne Einrichtung und hochwertige Ausstattung gehören mittlerweile fast überall zum Standardprogramm der zentralen Apartments. Diese befinden sich in Leipzig übrigens nicht nur in normalen Häusern, sondern auch in ehemaligen Fabriken, Turnhallen oder Druckereien, zum Beispiel die ↗ STUDIO 44 APARTMENTS (S. 86).

Zentrum

Modernes Wohnen an außergewöhnlichen Orten
↗ **STUDIO 44 APARTMENTS** (S. 86)

# ARCONA LIVING BACH14

## HOTEL

Direkt gegenüber der berühmten ↗ **THOMASKIRCHE** (S. 85) finden alle musikalisch interessierten Gäste, die Wert auf modernes Design legen, ein ganz besonderes Hotel. Komponist Johann Sebastian Bach ist nicht nur Namensgeber, sondern diente auch als Inspiration für die gesamte Inneneinrichtung. Man nächtigt hier in Zimmern mit den klangvollen Namen »Motette«, »Fuge«, »Kantate« und Co., zusätzlich spiegeln zahlreiche Einrichtungselemente die musikalische Seite Leipzigs wider. Das »arcona LIVING Bach14« vereint die Atmosphäre vergangener Zeiten mit jungem Design und modernem Komfort. In der dazugehörigen **WEINWIRTSCHAFT** können Tapas und mediterrane Köstlichkeiten zusammen mit einem guten Glas Wein genossen werden.

→ **WO?** Thomaskirchhof 13/14, 04109 Leipzig → **WANN? Hotel** täglich | **Gastronomie** 7⁰⁰–23⁰⁰ Uhr (wochentags 16⁰⁰–23⁰⁰ Uhr) → **WIE? Tram 9 | Bus 89** → **WEB?** www.bach14.arcona.de

**Zentrum**

# Von Chören und Konzerten

Die **THOMASKIRCHE** am westlichen Rand des Leipziger Zentrums ist weltweit bekannt und stets gut besucht. Johann Sebastian Bach lebte von 1723 bis zu seinem Tod 1750 in Leipzig und wirkte hier in dieser Zeit als Thomaskantor. Im Jahr 1950, pünktlich zu seinem 200. Todestag, wurden Bachs Gebeine in die Kirche überführt, wo sie sich noch heute befinden. Die Thomaskirche ist die Heimat des

Thomaskirchhof und Thomaskirche

»Thomanerchors«, der 1212 gegründet wurde und somit zu den ältesten Knabenchören Deutschlands zählt. Wer nicht viel Zeit hat, den Thomanerchor aber trotzdem in Aktion erleben möchte, kann jeden Freitag um 18 Uhr und samstags um 15 Uhr zum einstündigen Motettenkonzert in die Thomaskirche kommen. Eine Kartenreservierung ist nicht notwendig, lediglich ein Programm für 2 € muss erworben werden. Einlass ist immer 45 Minuten vor Beginn, zeitiges Kommen sichert gute Plätze.

 **EASY 2 GO**  **THOMASKIRCHE**
*Thomaskirchhof 18, 04109 Leipzig*
*www.thomaskirche.org*

## ABITO SUITES
### SUITE HOTEL

Über den Dächern der Leipziger Innenstadt liegen die »abito suites«, 18 hochwertig und modern ausgestattete Designersuiten, perfekt für alle, die gern mittendrin sein wollen. Direkt am *Augustusplatz* kann man hier im 5-Sterne-Ambiente zu 4-Sterne-Preisen übernachten und wohnen. Dem Leitgedanken »Jeder betrachtet die Dinge auf seine Weise« entsprechend können Gäste den Aufenthalt ganz nach ihren Vorlieben gestalten: Aufstehen und frühstücken bei Tagesanbruch oder erst zur Mittagszeit, die ganze Nacht durcharbeiten oder bis morgens das Nachtleben von Leipzig genießen.

➜ **WO?** Grimmaische Straße 16, 04109 Leipzig ➜ **WANN?** tägl. Check-in ab 15⁰⁰ Uhr, Check-out bis 11⁰⁰ Uhr ➜ **WIE?** Tram 4, 7, 8, 10–12, 14–16 | Bus 89 ➜ **WEB?** www.abito.com

Zentrum

# STUDIO 44
## APARTMENTS

Eine echte Alternative zu den üblichen Hotels der Innenstadt sind die »Studio 44 Apartments«, die rund um den Stadtkern verteilt in wenigen Gehminuten vom Zentrum entfernt liegen. Die Apartments befinden sich in alten Schulgebäuden, Turnhallen, Buchdruckereien, Gründerzeithäusern oder ehemaligen Fabrikgebäuden, die saniert und hochwertig ausgestattet wurden. Jede der Wohnungen besticht nicht nur durch ihre hervorragende Lage und stilvolle zeitlose Einrichtung, sondern auch durch zahlreiche Inklusivleistungen wie WLAN, Fahrräder, einen Abholservice, Kaffee und Tee.

➔ **WO?** Unter anderem: Apartment »**Harkort**«, Harkortstraße 3, 04109 Leipzig | Apartment »**Riemann**«, Riemannstraße 54, 04107 Leipzig | Apartment »**Schreber**«, Schreberstraße 6a, 04109 Leipzig
➔ **WEB?** www.studio44-apartments.de

Zentrum

# Vielfältiger Norden

# Im Leipziger Norden

Beispiellose Architektur, eine große grüne Oase mitten in der Stadt, exotische Tiere und kulinarische Perlen. Auf gehts ins gründerzeitliche Waldstraßenviertel, zum Picknick ins Rosental oder in eine Gohliser Kunstgalerie!

Viele Leipziger schätzen Stadtteile wie Gohlis, Wahren, Möckern, Mockau und Eutritzsch besonders als ruhige Wohngebiete mit günstiger Verkehrsanbindung sowohl in das Zentrum hinein als auch aus der Stadt heraus. Vor allem in Gohlis und dem Zentrum-Nordwest, besser bekannt als Waldstraßenviertel, findet man beispiellose, gründerzeitliche Architektur und imposante Villen. Spaziert am *Kickerlingsberg*, dem *Poetenweg* oder der *Waldstraße* entlang und bekommt einen Eindruck, wie man in Leipzig mit

dem nötigen Kleingeld wohnen kann. Aufgrund der günstigen Lage ist der Norden der Stadt nicht nur beliebt zum Wohnen, auch zahlreiche Firmen und Dienstleister haben sich hier angesiedelt. Neben Branchengrößen wie DHL, BMW und Porsche findet man viele weitere große und kleine Betriebe, die das Stadtbild hier ebenso wie Wohnsiedlungen prägen.

### WALDSTRASSENVIERTEL

Wenn man den Norden Leipzigs erkunden möchte, bietet es sich an, zentrumsnah im beliebten Waldstraßenviertel zu starten, das nicht nur schöne Wohnungen, sondern auch individuelle Geschäfte und gemütliche

Cafés zu bieten hat. Ausgehend vom *Waldplatz* schlendert man die *Waldstraße* gen Norden entlang, und egal, wo man links oder rechts abbiegt, an jeder Ecke kann man über alte Häuser mit reich dekorierten Fassaden staunen. Das ist auch kein Wunder, denn die Gegend um die *Waldstraße* gehört zu einem der größten erhaltenen Gründerzeitviertel Europas und steht unter Denkmalschutz. Im Waldstraßenviertel westlich gelegen befindet sich die *Jacobstraße*, die ihren Namen einer im Mittelalter gut frequentierten Wallfahrtskapelle am Pilgerweg nach Santiago de Compostela zu verdanken hat. Darauf, dass Leipzig für Pilger früher ein beliebter Stopp auf dem Jakobsweg war, weisen heute kleine Muschelsymbole an zahlreichen Straßenschildern hin, unter anderem auch zu finden am Leipziger *Marktplatz*. Auch jüngere Geschichte kann im Norden Leipzigs nachvollzogen werden. Nachdem der Großteil der vor allem im Waldstraßenviertel ansässigen jüdischen Gemeinde während der NS-Zeit vertrieben wurde, ist hier nun wieder das Leipziger Zentrum jüdischer Kultur anzutreffen.

Norden

### GOHLIS

Wenn man der *Waldstraße* vorbei am Mückenschlösschen und durch den Auwald Richtung Nordosten folgt, gelangt man in den Stadtteil Gohlis. Sehenswert ist hier das im Rokokostil gehaltene ↗ GOHLISER SCHLÖSSCHEN (S. 116) in der *Menckestraße*, welches Mitte des 18. Jahrhunderts von dem Leipziger Ratsherrn Johann Caspar Richter als Sommerpalais erbaut wurde. Heute finden hier vor allem kulturelle Veranstaltungen statt. Sehr zu empfehlen ist das jährliche Open-Air-Sommertheater, bei dem das Schlösschen als traumhafte Kulisse für klassische, meist modern interpretierte Vorführungen dient. Einmal in Gohlis unterwegs, können alle Literaturliebhaber auch dem **SCHILLERHAUS** gleich um die Ecke einen Besuch abstatten. Der Dichter verbrachte hier den Sommer 1785 und schrieb unter anderem die erste Fassung des Gedichtes »An die Freude«. Das alte Bauernhaus, das wohl 1717 erbaut wurde, ist das älteste Gebäude des Stadtteils und wurde kaum verändert. Ein kleiner Garten wurde neu angelegt und erblüht jeden Sommer als farbenprächtiges Blumenmeer. Heute wird das Schillerhaus als Außenstelle des Stadtgeschichtlichen Museums genutzt.

### ROSENTAL

Das Waldstraßenviertel wird mit dem nördlicheren Gohlis durch das grüne Rosental, einen fast 120 Hektar großen Teil des Auwaldes, verbunden. Über die *Jacobstraße* gelangt man direkt zu Leipzigs ältester Grünfläche und kann beim Spazierengehen, Radfahren oder Picknicken eine Auszeit nehmen. Wer sich auf der Ostseite des Rosentals entspannt, darf sich nicht wundern, wenn durch Büsche und Hecken auf einmal der Hals einer Giraffe herauslugt oder ein Strauß seine Federn putzt. Durch das sogenannte Zooschaufenster kann man mit ein bisschen Glück auch ohne Eintrittskarte einen Blick auf das eine oder andere exotische Tier der Savanne erhaschen. Ein besonderer Höhepunkt im Rosental ist jeden Sommer die ↗ »Klassik airleben«-Konzertreihe (Abb. 0; S. 26 27) des Gewandhausorchesters. Unter freiem Himmel wird dabei musiziert und Hunderte Besucher pilgern in den Park, breiten Picknickdecken aus und lauschen den Klängen der Musik.

Dann geht es weiter Richtung Nordwesten zum **SCHERBELBERG**, einer künstlichen Erhöhung, die Ende des 19. Jahrhunderts aus Schutt entstand. Davon sieht man heute nichts mehr, denn die Anhöhe wurde begrünt und mit einem 20 Meter hohen Aussichtsturm aus Stahl bebaut, der seinem Spitznamen »Wackelturm« alle Ehre macht. Sobald sich mehr als zwei Personen darauf befinden oder der Wind ein wenig stärker weht, fängt

Norden

### AUENSEE

die Konstruktion an, mäßig bis stark zu schwanken. Wer sich dennoch hinauftraut, wird mit einem sagenhaften Rundblick über ganz Leipzig belohnt. Egal in welche Richtung man schaut, die grünen Ausmaße des Auwaldes werden einem von hier oben aus erst richtig bewusst. Wenn man Leipzigs Skyline mit »Uniriesen«, Neuem Rathaus, der Arena und dem Völkerschlachtdenkmal nicht sehen könnte, man würde nicht unbedingt vermuten, gerade mitten in einer Großstadt zu sein.

Wer nach dem schwankenden Abstieg vom Turm erst einmal eine Verschnaufpause braucht, kann mit dem Fahrrad über den Hochwasserschutzdeich am Elsterflutbett zum ca. vier Kilometer entfernten Auensee (Abb. u.) radeln, an dem man das Gefühl hat, dass sich hier die Welt ein bisschen langsamer dreht. Der ungefähr 18 Hektar große, lauschige See entstand ab 1907 aus einer Kiesgrube für den Bau des Leipziger Hauptbahnhofes. Ab 1913 entstand rundherum der »Luna-Park«, zu damaligen Zeiten einer der größten deutschen Vergnügungsparks. Für die Badegäste wurde echter Ostseesand aufgeschüttet und es gab zahlreiche Attraktionen wie Ausflugsdampfer, eine Schmalspurbahn oder Gondeln. 1921 wurden sogar die Deutschen Meisterschaften im Schwimmen im »Neptunbad« am Auensee ausgetragen. Heute existieren das Sportbad und der »Luna-Park« nicht mehr und auch das Baden ist seit den 1980er-Jahren nicht mehr ge-

stattet. Dafür kann man sich in dem kleinen Erholungsgebiet immer noch wunderbar entspannen und die Natur genießen. In nicht einmal fünf Minuten kann man mit dem Rad den Auensee umrunden und sich dann ein Boot ausleihen oder mit der historischen Parkeisenbahn, die es seit 1951 gibt, eine Runde drehen. Wem selbst das zu viel Aktion ist, der lässt sich einfach auf einer der vielen Bänke nieder und beobachtet die geduldigen Angler beim Warten auf Karpfen, Aale oder einen Barsch. Wenn es gen Abend wieder etwas lauter wird, nicht wundern: Im HAUS AUENSEE, direkt nebenan, finden regelmäßig Konzerte bekannter Bands und Musiker statt.

### SPORTFORUM

Nordwestlich des Zentrums findet ihr zwischen *Friedrich-Ebert-Straße*, *Jahnallee* und Elsterflutbett das Leipziger Sportforum, ein sehr traditionsreiches Sportgelände mit verschiedenen Anlagen und Spielstätten. Am Standort der heutigen ARENA LEIPZIG (Abb. S. 93 o.)

Vom Freizeit-park zur grünen Oase

befand sich einst Deutschlands größte Turnhalle, die 1944 jedoch zerstört wurde. Heute finden in der neuen Sport- und Mehrzweckhalle vor allem Handball-, Volleyball- und Leichtathletikwettkämpfe sowie Konzerte statt. Das ehemalige Zentralstadion wurde Mitte der 1950er-Jahre auf den Frankfurter Wiesen erbaut; bis Ende der 1960er-Jahre war es das größte Stadion Europas. Anfang der 2000er wurde innerhalb des alten Walls ein markanter Neubau als reines Fußballstadion errichtet. 2006 fanden hier Spiele der Fußballweltmeisterschaft statt und seit 2010 heißt das Stadion **RED BULL ARENA** und ist Heimat des jungen Vereins »RasenBallsport Leipzig e. V.«.

### LEIPZIGER MESSE

Der Stadtteil Seehausen liegt zwar etwas außerhalb, wird durch die dort ansässige Leipziger Messe (Abb. o. r.) jedoch häufig sowohl von Leipzigern als auch von Besuchern aus aller Welt frequentiert. Leipzig ist Handelsstadt und blickt nicht nur auf 1.000 Jahre Geschichte, sondern auch auf 850 Jahre Messe zurück. Auf dem Gelände des ehemaligen Agrarflughafens Mockau wurde von 1993 bis 1997 die neue Messe errichtet. Mittelpunkt ist die

250 Meter lange und 80 Meter breite Glashalle, die in ihren Ausmaßen einzigartig in Europa ist. Neben zahlreichen Messen und Kongressen zählt die ↗ Leipziger Buchmesse (S. 26), die jährlich im März stattfindet, zu einer der bekanntesten und beliebtesten Veranstaltungen Leipzigs.

### BMW UND PORSCHE

Unter anderem wegen seiner verkehrsgünstigen Lage hat sich der Leipziger Norden mittlerweile zum bedeutenden Produktionsstandort und Dreh- und Angelpunkt für Branchengrößen wie BMW und Porsche entwickelt, die gleichzeitig zu wichtigen Arbeitgebern in der Region geworden sind. Für den Entwurf des BMW-Zentralgebäudes gewann die Londoner Architektin Zaha Hadid 2005 sogar den deutschen Architekturpreis. Auch Porsche investierte in ein Werksgelände im Norden Leipzigs. Neben den Produktionshallen gibt es hier auch eine sechs Kilometer lange Geländestrecke, die zu Testfahrten einlädt. Wem das zu rasant ist, der lässt sich bei einer Fabrikführung die Produktion der Modelle zeigen.

### NÜTZLICHES

#### DER FLUGHAFEN LEIPZIG/HALLE

Wer mit dem Flieger in Leipzig landet, gelangt in gerade mal 20 Minuten vom Flughafen Leipzig/Halle mit der S-Bahn Linie 5, vorbei an der Messe, ins Zentrum zum Hauptbahnhof. Von dort aus geht es dann ganz unkompliziert per Bus, Bahn, Taxi oder Rad weiter ans Ziel eurer Wahl. Der Leipziger Flughafen befand sich ursprünglich übrigens auf dem heutigen Messegelände. Von dort aus starteten Anfang

des 20. Jahrhunderts alle 20 Minuten Sonderflugverbindungen nach Berlin. Die Strecke wurde so schnell die weltweit meistgeflogene Route.

### UNTERWEGS MIT KINDERN

#### KLETTERTURM MOCKAU

Die Kids wollen nicht nur auf Bäume, sondern auch mal richtig klettern? Dann besucht mit ihnen den »KletterTurm Mockau« und die dazugehörige Boulder- und Kletteranlage. Die Kinderklettergruppen sind offen für alle und werden von erfahrenen Trainern geleitet. Wer spontan selbst vom Kletterfieber gepackt wird, der kann sich beim »Houserunning« 40 m senkrecht vom Turm hinunter abseilen. Adrenalin und Nervenkitzel garantiert!
*Tauchaer Straße 14, 04357 Leipzig*

Jede Straße ein Highlight
Gustav-Adolf-Straße/Funkenburgstraße

In direkter Nachbarschaft zur Red Bull Arena
— das Waldstraßenviertel

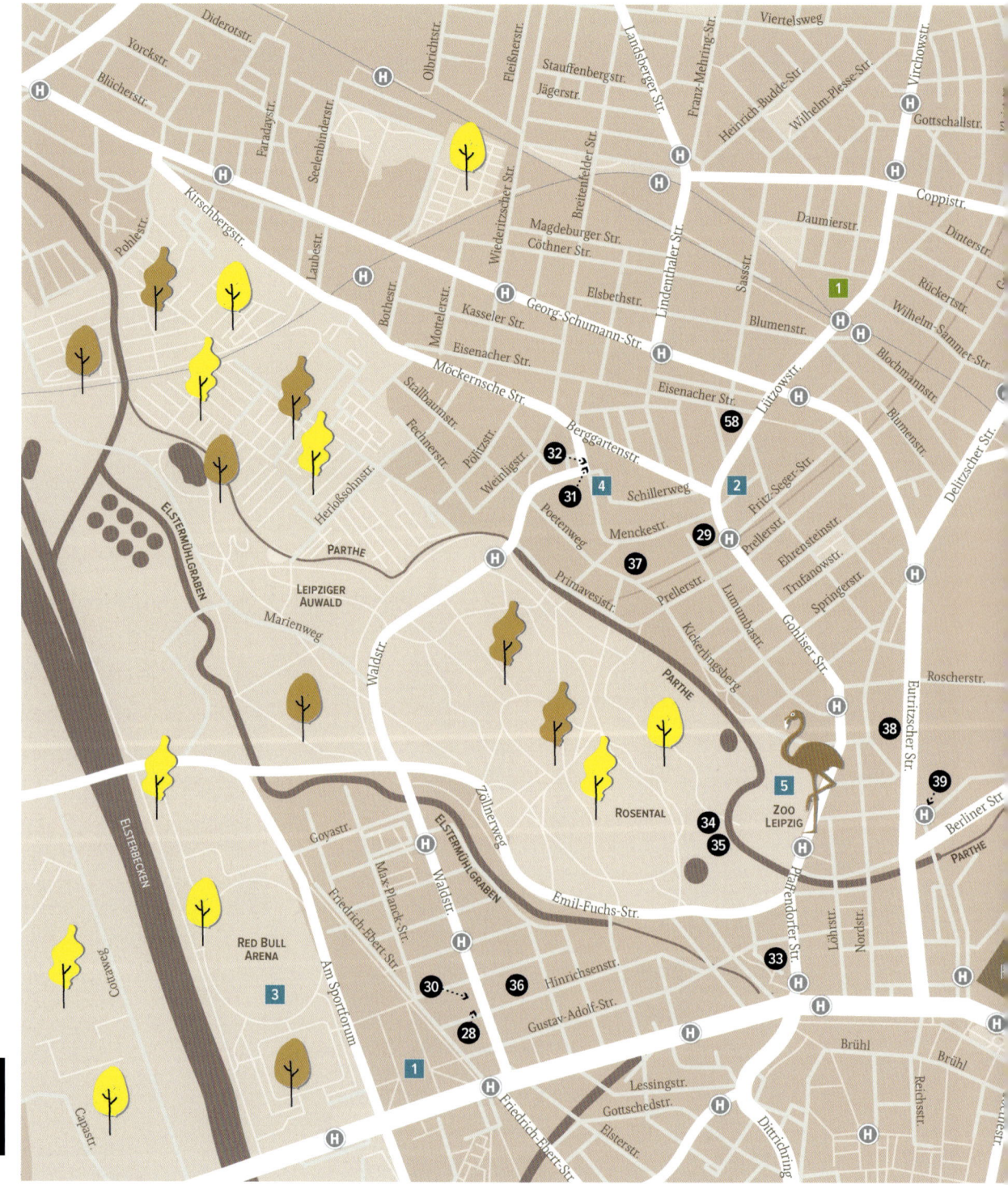

# Der Leipziger Norden

## SHOPPING
**28** Secret Closet
**29** Naturdrogerie Sturm
**30** Liseleje

## KULINARISCHES
**31** Restaurant & Weinlokal Drogerie
**32** Ma Petite Brasserie
**33** Mondschein Dunkelrestaurant & Lounge
**34** Café Hacienda
**35** Hacienda Las Casas
**36** BÖHM Biobäckerei & Delikatessen

**58** Seidels Klosterbäckerei Norden

## KUNST & KULTUR
**37** Gohliser Schlösschen
**38** Historisches Leipziger Stadtbad
**39** Atelier Nord
**1** Arena Leipzig
**2** Friedenskirche Leipzig Gohlis
**3** Red Bull Arena Leipzig
**4** Schillerhaus
**5** Zoo Leipzig

## LEIB & SEELE
**1** Heinrich-Budde-Haus

### Legende
**H** Haltestelle
**Entfernung zu Fuß**

0 min.  4 min.  8 min.  12 min.
0 m  200 m  400 m  600 m

MARIANNEN-PARK

STADTTEILPARK RABET

Thaerstr.
Werkstättenweg
Görlitzer Str.
Heinicke Str.
Schönefelder Str.
Bernburger Str.
Dortmunder Str.
Rosenowstr.
Wittenberger Str.
Theresienstr.
Hartstr.
Hamburger Str.
Hohmannstr.
Wittenberger Str.
Bitterfelder Str.
Berliner Str.
Schönfelder Allee
Paul-Heyse-Str.
Dimpfelstr.
Taubestr.
Plößtr.
Emil-Schubert-Str.
Kohlweg
Schulzweg
Poserstr.
Brandenburger Str.
Rosa-Luxemburg-Str.
Meißnerstr.
Mariannenstr.
Ludwigstr.
Schulze-Delitzsch-Str.
Mariannenstr.
Ludwigstr.
Torgauer Str.
Bülowstr.
Tulpenweg
Rosmarinweg
Portitzer Str.
Rosa-Luxemburg-Str.
Ludwig-Erhard-Str.
Eisenbahnstr.
Konradstr.
Zollikoferstr.
Eisenbahnstr.
Wurzner Str.
Konstantinstr.
Hermann-Liebmann-Str.
Hildegardstr.
Elisabethstr.
Chopinstr.
Büttnerstr.
Egelstr.
Lange Str.
Elsastr.
Kohlgartenstr.
Rabet
Bergstr.
Wurzner Str.
Bernhardstr.
Salomonstr.
Inselstr.
Kreuzstr.
Klasingstr.
Gabelsbergerstr.
Scheurstr.

Norden

# Exklusiv und nachhaltig

Haltet die Augen offen! Im Norden gibt es zwar keine großen Einkaufsmeilen, dafür ist er gespickt mit exquisiten Boutiquen und charmanten Läden, in denen sich besondere Fundstücke verstecken, die nur darauf warten, von euch entdeckt zu werden.

## WALDSTRASSENVIERTEL

Vor allem im zentrumsnahen und beliebten Waldstraßenviertel solltet ihr bei eurem Spaziergang Ausschau halten, hinter welchen gründerzeitlichen Fassaden sich kleine Shopping-Oasen verbergen. Lauft die *Waldstraße* einmal hoch und hinunter und stoßt zwischen allerlei Restaurants und Cafés auf schicke Mode, zum Beispiel bei ↗ SECRET CLOSET (S. 100) oder PERFECT STYLE, skandinavisches Interieur bei ↗ LISELEJE (S. 105) und bunte Kindersachen, zum Beispiel im MALU KINDERLADEN.

## GOHLISER STRASSE

Ein paar Straßen weiter in Gohlis empfiehlt sich ein Bummel auf der Hauptmagistrale, der *Gohliser Straße*. Zu Füßen der Friedenskirche findet ihr ausgewählte Naturkosmetik und Pflegeprodukte in der ↗ NATURDROGERIE STURM (S. 104). Während die Kids nebenan in der SPIELWARENHANDLUNG GOHLIS große Augen bekommen, könnt ihr bei HIGHFIELD HOLLIES Kunsthandwerk und feinste Papeterie eintüten oder euch wenige Meter weiter in der BLUMENBOUTIQUE GÄNSEBLÜMCHEN einen prächtigen Strauß binden lassen.

## GEORG-SCHUMANN-STRASSE

Zugegeben, im Gegensatz zur *Waldstraße* ist die *Georg-Schumann-Straße* nicht die größte Perle im Shopping-Schmuckkästchen des Nordens. Doch in Zukunft soll hier viel passieren: Einige schöne Läden und Konzepte, vor allem im kreativen Bereich, gibt es schon. Seit Mai 2015 findet ihr zum Beispiel bei HÜLLENREICH allerhand farbenfrohe genähte Kleinigkeiten, Stoffe, Nähanleitungen und Kurzwaren. Ein Paradies für alle, die ein Geschenk für die Schwester oder beste Freundin suchen oder selbst mal wieder die Nähmaschine rattern lassen wollen. In kleinen Kursen könnt ihr hier nämlich die Grundlagen lernen oder euer eingestaubtes Wissen auffrischen. Wer zwei linke Hände hat und das Schneidern lieber Profis überlässt, der ist wenige Hundert Meter weiter, bei Designerin MARIA SEIFERT in der *Kirschbergstraße*, an der richtigen Adresse. Für ihre zeitlosen und individuellen Entwürfe werden ausschließlich hochwertige Stoffe verwendet und auch das Design ist mit leicht kombinierbaren Basics und saisonalen Highlights nachhaltig ausgelegt.

Norden

Dänisches Design
↗ **LISELEJE** (S. 105)

# SECRET CLOSET

## DESIGNERMODE

Wer vom *Waldplatz* aus die *Waldstraße* entlangspaziert, der kommt nicht an der wunderschönen, historischen Holzfassade der Modeboutique »Secret Closet« vorbei. Seit 2012 bietet Inhaberin Kathleen Neumann in entspannter Atmosphäre hochwertige und individuelle Mode zu bezahlbaren Preisen an. Im »geheimen Kleiderschrank« sind überwiegend skandinavische, in Leipzig einzigartige Brands wie »mbym« und »J.Lindeberg« mit zeitlosen cleanen Styles und fokussierten Schnitten vertreten. Kathleen und ihr Team lieben die Mode und vor allem Qualität, was sich auch beim Service bemerkbar macht. Ein absolutes Muss für alle Fans skandinavischer Mode und individueller Beratung!

**Norden**

➜ **WO?** Waldstraße 21, 04105 Leipzig ➜ **WANN?** Mo.–Fr. 11⁰⁰–19⁰⁰ Uhr, Sa. 10⁰⁰–14⁰⁰ Uhr ➜ **WIE?** Tram 3, 4, 7, 8, 15 | Bus 131 ➜ **WEB?** www.secret-closet.de

# Leipzig wird definitiv immer noch unterschätzt.

Im Gespräch mit Kathleen Neumann, Inhaberin der Modeboutique »Secret Closet« in der Waldstraße

Kathleen Neumann ist gebürtige Leipzigerin, hat aber auch in Hamburg und Kopenhagen gelebt. Im Interview verrät die blonde Powerfrau, wie sich die Stadt in ihren Augen verändert hat, was überquellendes Handgepäck im Flugzeug mit ihrer Boutique zu tun hat und welche Leipziger Viertel sie Besuchern zeigt.

*Kathleen, was hat Leipzig, was es sonst nirgendwo gibt?*
Leipzig hat den Hang zum Neudenken, Umdenken und etwas sehr Dynamisches. Gute und hochwertige Konzepte, die keinesfalls steif wirken, sondern authentisch sind, machen Leipzig in meinen Augen aus. Nicht ohne Grund kommen so viele Menschen hierher, um sich selbstständig zu machen. Ich hoffe, das geht noch lange weiter so. Außerdem wird Leipzig definitiv immer noch unterschätzt von denen, die noch nicht hier waren.

*Wie ist deine Boutique »Secret Closet« entstanden?*
In Kopenhagen habe ich bei einem skandinavischen Label gearbeitet und immer einen Koffer voller Kollektionsteile für meine Freundinnen mitgebracht, wenn ich in Leipzig zu Besuch war. Das kam extrem gut an und hat sich herumgesprochen. Ich musste jedes Mal mehr mitbringen, sodass mein Handgepäck im Flugzeug immer randvoll war. Dadurch habe ich gemerkt, wie hoch die Nachfrage nach individueller und zugleich zeitloser Kleidung hier ist. Die Frauen waren richtig begeistert und begierig nach mehr. Zum Laden in der Waldstraße kam ich dann eher zufällig. Ich wohne in Gohlis und musste eine Zeit lang einen Umweg über die Waldstraße fahren. Die wunderschöne, originale Holzfassade fiel mir jedes Mal auf und hat mich so verzaubert, dass ich einfach anfragen musste, ob der Laden noch frei sei. Tatsächlich war er das auch und im Kopf hatte

ich sowieso schon länger ein Konzept, das ich gerne umsetzen wollte. Obwohl es eigentlich nicht geplant war, habe ich dann losgelegt und Secret Closet eröffnet.

*Was macht »Secret Closet« so besonders?*
Wir sehen uns als kleine Oase zum Entspannen vom Alltag. Viele hochwertige Geschäfte haben leider eine eher kühle Ausstrahlung, sodass sich die Menschen nicht hinein getrauen oder zumindest eine gewisse Berührungsangst haben. Mit Secret Closet wollte ich wieder Vertrautheit schaffen mit einem zeitlosen Stil, aber entspannt und nahbar. Wir sind mit unseren Kundinnen auf Augenhöhe und führen zum Beispiel auch Plus-Size-Größen, damit sich wirklich jede Frau wohl bei uns fühlt und etwas Schönes für sich findet.

*Du hast Besuch und 24 Stunden Zeit – wo geht ihr hin?*
Zuerst würde ich im Clara-Zetkin-Park spazieren gehen und dann zum Essen ins Münsters in Gohlis oder den Chinabrenner in Plagwitz besuchen. Einmal im Westen würde ich meinen Besuch den restlichen Tag dann wahrscheinlich nur noch durch alle Seitenstraßen dort schleppen! (lacht)

*Leipzig in 3 Worten ...*
Liebevoll, innovativ und herzlich.

*Was wünschst du dir für die nächsten Jahre?*
Ich wünsche mir, dass die Menschen hier noch offener werden und sich noch mehr trauen, individuelle Geschäftsideen und Konzepte umzusetzen. Das wird auch geschehen, da bin ich mir sicher. Die jungen Gründer sollen durchhalten und ein stabiles Netz an Innovationen etablieren.

Norden

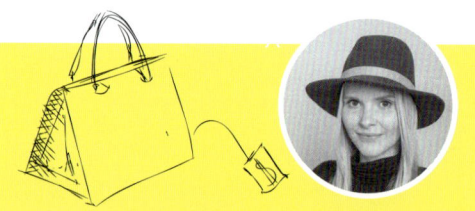

**DOREEN KNOPF ÜBER:**

# FLANIERMEILEN & MODISCHE LECKERBISSEN

Die Flaniermeile im Norden von Leipzig ist unser Waldstraßenviertel. Das Gründerzeitviertel ist gespickt mit allerlei Ladengeschäften. Man kennt sich, wünscht sich beim Feinkostbäcker einen Guten Morgen und bei der knusprigsten Pizza der Stadt einen Guten Abend. Genauso köstlich ist die Auswahl modischer Leckerbissen.

Das erste Schmankerl ↗ **SECRET CLOSET** (S. 100) lugt aus einer Holzfassade heraus. Hat man die kleine Treppe zum Mode-Olymp erklommen, fühlt man sich wie im Kleiderschrank der besten Freundin. Die Kleiderstangen sind gefüllt mit Premiummode von »Black Lily« oder »Tiger of Sweden Women«. Hier ist der Kunde König.

Nur ein paar Meter weiter fliegen Schmetterlinge im **BUTTERFLY CIRCUS** ihre Schleifen. Nehmt Kurs auf modische Leckerbissen von »Filippa K« oder »Kaffe Clothing«. Das Tüpfelchen auf dem i: Es gibt Modisches für die neunmonatige Kugelzeit, was auch danach noch tragbar ist.

Die »Fantastischen Drei« der *Waldstraße* macht das **PERFECT STYLE** komplett. Die vier Wände der Modeboutique sind Zuhause exklusiver Modeteilchen von »Guess«, »Liu Jo« & Co. Mit einem Glas Prosecco in der Hand prostet man sich zu, beantwortet Stilfragen, stellt Outfits zusammen, probiert an und geht freudestrahlend mit einer vollen Einkauftüte nach Hause.

# NATURDROGERIE STURM

## NACHHALTIGE DROGERIEPRODUKTE

Eine gesunde und nachhaltige Lebensweise nimmt in unserem Alltag einen immer höheren Stellenwert ein. Seit 2013 trägt Jeannette Sturm mit Leipzigs erster Naturdrogerie einen entscheidenden Teil dazu bei. Mitten in Gohlis erhält man hier ein ausgewähltes Sortiment an biozertifizierten Produkten ganz ohne Chemie, unter anderem Naturkosmetik, dekorative Kosmetik, Superfoods und Nahrungsergänzung. Bei regelmäßigen Vorträgen kann man sich außerdem über Themen wie Heilfasten, Entgiften und Säure-Basen-Haushalt informieren.

→ **WO?** Gohliser Straße 35/37, 04155 Leipzig
→ **WANN?** Mo.–Fr. 9³⁰–18⁰⁰ Uhr, Sa. 10⁰⁰–12⁰⁰ Uhr
→ **WIE?** Tram 12 → **WEB?** www.naturdrogerie-sturm.de

**Norden**

# LISELEJE

## DÄNISCHE WOHNACCESSOIRES

Wer schon mal in Dänemark Urlaub gemacht hat, dem ist die kleine Ortschaft Liseleje auf Seeland vielleicht ein Begriff. Nordischer Charme wird auch in der Leipziger *Waldstraße* fernab der dänischen Küste versprüht. Eine kleine Fundgrube für Wohnaccessoires aus Dänemark, zum Beispiel von den Marken »Green Gate«, »House Doctor« und »Rice«, gibt es in dem liebevoll gestalteten Laden zu entdecken. Ob Geschirr, Kerzenständer, Vasen, Lampen, Kissen, Kleinigkeiten für Kinder oder kunterbunter Tee von »Løv Organic« – hier findet jeder etwas, an dem er lange Freude hat!

➜ **WO?** Waldstraße 25, 04105 Leipzig ➜ **WANN?** Di.–Fr. 10⁰⁰–18⁰⁰ Uhr, Sa. 10⁰⁰–14⁰⁰ Uhr
➜ **WIE?** Tram 4 ➜ **WEB?** www.liseleje.de

**Norden**

# Der volle Geschmack

Wer es eine Nummer schicker und exklusiver mag, der diniert im Norden der Stadt. Dieser besticht durch feine ausgewählte Restaurants in ruhiger Atmosphäre.

### VON STERNEN UND HAUBEN

Bei aller Exklusivität geht die Vielfalt nicht verloren: Vom Franzosen über den Spanier bis hin zum Brasilianer und gutbürgerlicher deutscher Küche sind diverse internationale Gastronomien vertreten. Allerdings liegt hier nicht ein Restaurant neben dem nächsten, weshalb wir euch empfehlen, euch vorab für euren Favoriten zu entscheiden und zu reservieren. Gespeist wird dann ganz elegant im historischen MÜCKENSCHLÖSSCHEN, im Erdgeschoss einer gründerzeitlichen Villa oder im Sterne-Restaurant FALCO ganz oben über den Dächern der Stadt.

### PRÄMIERTE KNACKER UND FRISCHE SEMMELN

Die wohl besten frischen Wurstwaren bekommt ihr auf der *Georg-Schumann-Straße* in der FLEISCHEREI KNÖTZSCH. 2014 wurde diese vom Gourmet-Magazin »Der Feinschmecker« ausgezeichnet und gehört zu den besten Metzgereien in ganz Deutschland. In der ↗ BÖHM BIO-BÄCKEREI & DELIKATESSEN (S. 113) gibts neben frischen Semmeln und würzigen Broten auch Biokäse und Marmelade sowie bayrische und italienische Feinkost. Wer nicht im Norden unterwegs ist, schaut einfach Dienstag oder Freitag beim Marktstand im Zentrum vorbei.

### FLEISCHEREI OHNE WURST

Anstelle von Wurst und Fleischwaren bekommt man im CAFÉ FLEISCHEREI auf der *Jahnallee* mittlerweile hausgemachten Kuchen, Gebäck und andere Köstlichkeiten. Doch nicht nur der Name, sondern auch die alten Wursthaken und originalen Fliesen an den Wänden erinnern noch an die ehemalige Funktion des kleinen Ladens. Wer lieber Eis statt Kuchen möchte, der schleckt ein Softeis bei EUGEN HENDRICH auf der *Waldstraße*.

Norden

Exklusive Gaumenfreuden
↗ **RESTAURANT & WEINLOKAL DROGERIE** (S. 108)

**Unser Tipp**

In der exklusiven »Genuss-Lounge« können kleine Gruppen internationale Destillen und edle Brände verkosten.

# DROGERIE

## RESTAURANT & WEINLOKAL

Echte Genießer treffen sich zum Dinieren im »Restaurant & Weinlokal Drogerie« unweit des **SCHILLERHAUSES** im Leipziger Stadtteil Gohlis. Der Name des kleinen Lokals mit nur wenigen Tischen kommt nicht von ungefähr. Das Gebäude aus dem frühen 19. Jahrhundert wurde in den 30er-Jahren zur Drogerie umgestaltet und bis in die 90er-Jahre hinein als solche geführt. Der Name ist geblieben, doch das Konzept hat sich verändert – seit 1998 wird die »Drogerie« erfolgreich als Gastronomie betrieben. Im französischen Flair im Erdgeschoss, inklusive gemütlichem Kamin, genießen Feinschmecker abwechslungsreiche und frische Gerichte. So gibt es im Frühjahr zarten Spargel, im Herbst frische Pfifferlinge und im Winter weihnachtliche Gans und Ente.

➔ **WO?** Schillerweg 36, 04155 Leipzig ➔ **WANN?** Mo.–Sa. ab 18⁰⁰ Uhr ➔ **WIE?** Tram 4
➔ **WEB?** www.drogerie-leipzig.net

# MA PETITE BRASSERIE
## RESTAURANT

Wer nicht bis zum Abend warten möchte, um im ↗ RESTAURANT & WEINLOKAL DROGERIE (S. 108) zu schlemmen, der geht einfach um die Ecke und stattet »Ma Petite Brasserie« hinter der rosaroten Fassade einen Besuch ab. Im Lokal mit französischem Charme oder auf dem Freisitz lassen sich eine abwechslungsreiche Speisekarte und frische Küche genießen. Zum Frühstück bestellt man Ziegenkäse-Ciabatta, herzhaftes Rindertatar mit geschmortem Gemüse, Sardellen und geröstetes Brot oder eine süße Variation mit Croissants und Pancakes. Mittags lohnt es sich dann, nicht nur die Tageskarte zu beachten, sondern auch einen Blick auf die Auswahl an Flammkuchen zu werfen und zum Beispiel die Version mit hausgebeiztem Lachs und Babyspinat zu probieren – bon appétit!

➜ **WO?** Menckestraße 48–50, 04155 Leipzig ➜ **WANN?** Mo.–So. 9⁰⁰–22⁰⁰ Uhr ➜ **WIE?** Tram 4
➜ **WEB?** www.brasserie-leipzig.net

Norden

# MONDSCHEIN RESTAURANT

## DUNKELRESTAURANT & LOUNGE

Warm oder kalt? Weich oder hart? Salzig oder süß? Viel zu oft ist die tägliche Nahrungs-aufnahme nur noch eine schnelle Sache nebenbei und wird selten richtig genossen. Wer mal wieder seine vernachlässigten Sinne verwöhnen möchte, der besucht das »Mond-schein Dunkelrestaurant & Lounge«. Zwischen Zentrum und Zoo gelegen, steht hier vor allem das Schmecken, Tasten und Riechen im Vordergrund, denn auf eure Augen könnt ihr euch im abgedunkelten Raum nicht verlassen. Dafür kommen alle anderen Sinne umso mehr zum Einsatz und lassen euch das Abendessen einmal ganz anders wahrneh-men als sonst. Serviert werden die Gerichte von sehbehinderten Kellnern, die dabei be-hilflich sind, dass ihr euch trotz der Dunkelheit orientieren könnt.

→ **WO?** Pfaffendorfer Straße 1, 04105 Leipzig → **WANN?** Di.–So. ab 17⁰⁰ Uhr → **WIE?** Tram 12
→ **WEB?** www.leipzig-dunkelrestaurant.de

**Norden**

# Flamingos am Nachbartisch

Der **ZOO LEIPZIG** ist ein echtes Highlight und dessen Besuch Pflichtprogramm für jeden, der ein paar Tage länger in der Stadt ist. 1878 wurde er als Privatzoo einer Gastwirtschaft eröffnet und hat sich seitdem ständig vergrößert und weiterentwickelt. Heute ist er mit mehr als 850 Tierarten einer der artenreichsten

Zoos Europas und lockt jährlich fast 2 Millionen Besucher an. Im überdachten Gondwanaland könnt ihr einen Ausflug in die Tropen unternehmen und neben exotischen Tierarten eine beeindruckende Pflanzen- und Blütenvielfalt entdecken. In der Savanne leben Geparden hautnah und ohne Absperrung neben Nashörnern und Zebras neben Giraffen, Antilopen und Straußen in der »Zoo-WG« zusammen. Zieht eure Turnschuhe an, plant genug Zeit ein und folgt einen Tag lang den Spuren von Elefant, Flamingo und Co.

**ZOO LEIPZIG**
*Pfaffendorfer Str. 29, 04105 Leipzig*
*www.zoo-leipzig.de*

## CAFÉ HACIENDA
### FREISITZ IM ROSENTAL

Wer bei seinem Ausflug in das Leipziger Rosental im Norden der Stadt aus Versehen den Picknickkorb zu Hause vergessen hat, der wird mitten im Park im »Café Hacienda« versorgt. Auf dem Freisitz der kleinen Gastronomie könnt ihr euch mit einem großen Stück Kuchen, einer Tasse frisch gebrühtem Kaffee oder einem Erfrischungsgetränk stärken und unter den alten Bäumen gemütlich beieinandersitzen. Ganz ohne grummelnden Magen kann es dann weitergehen.

➔ **WO?** Pfaffendorfer Straße 29, 04105 Leipzig ➔ **WANN?** 1.1.–20.3. 9⁰⁰–17⁰⁰ Uhr | 21.3.–30.4. 9⁰⁰–18⁰⁰ Uhr | 1.5.–30.9. 9⁰⁰–19⁰⁰ Uhr | 1.10.–31.10. 9⁰⁰–18⁰⁰ Uhr | 1.11.–30.12. 9⁰⁰–17⁰⁰ Uhr ➔ **WIE?** Tram 12

# HACIENDA LAS CASAS
## RESTAURANT IM ZOO

# BÖHM
## BIO-BÄCKEREI & DELIKATESSEN

Ein Besuch im ↗ ZOO LEIPZIG (S. 112) ist ein Erlebnis und wem nach der Bootsfahrt im Gondwanaland oder dem Ausflug ins Pongoland nach einer kulinarischen Stärkung zumute ist, der folgt dem Rundgang und besucht das Restaurant »Hacienda Las Casas« zwischen Savanne und Flamingolagune. Im stilvollen Jugendstilambiente werden hier unter anderem südamerikanische Leckereien serviert, bei Sonnenschein genießt man die saisonal wechselnden Gerichte auf der Terrasse oder dem Freisitz.

Wer im Waldstraßenviertel unterwegs ist und plötzlich vom kleinen Hunger überrascht wird, dem empfehlen wir einen Stopp bei »BÖHM Bio-Bäckerei & Delikatessen«. Der zertifizierte Handwerksbetrieb stellt tagtäglich hochwertige und köstliche Biobackwaren her. Probiert eines der Bauernbrote aus hauseigenem Sauerteig, zum Beispiel den Bauernlaib oder den Gewürzlaib mit Koriander und Kümmel. Aber nicht nur Backwaren werden in eigener Produktion hergestellt, sondern auch Feinkost.

➜ **WO?** Pfaffendorfer Straße 29, 04105 Leipzig (Zugang über Zoo)
➜ **WANN?** 1.1.–20.3. 9⁰⁰–17⁰⁰ Uhr | 21.3.–30.4. 9⁰⁰–18⁰⁰ Uhr | 1.5.–30.9. 9⁰⁰–19⁰⁰ Uhr | 1.10.–31.10. 9⁰⁰–18⁰⁰ Uhr | 1.11.–30.12. 9⁰⁰–17⁰⁰ Uhr
➜ **WIE?** Tram 12

➜ **WO?** Hinrichsenstraße 30, 04105 Leipzig ➜ **WANN?** Mo.– Fr. 7⁰⁰–19⁰⁰ Uhr, Sa. 7⁰⁰–13⁰⁰ Uhr, So. 8⁰⁰–12⁰⁰ Uhr ➜ **WIE?** Tram 3, 4, 7, 8, 15 | Bus 131 ➜ **WEB?** www.bio-baeckerei-leipzig.de

Norden

# Schauen, lauschen, staunen

Im Norden der Stadt leben nicht nur viele Künstler, Schauspieler und Kreative, auch als Besucher kann man sich an so mancher Ecke inspirieren lassen. Schwärmt aus und entdeckt kleine Galerien, faszinierende Architektur und spannende Veranstaltungen.

### NACHT DER KUNST

Jedes Jahr Anfang September verwandelt sich die Gohliser *Georg-Schumann-Straße* einen Abend lang in ein großes Kunstfestival, bei dem zahlreiche Galerien, Läden, Cafés und öffentliche Einrichtungen ihre Türen öffnen und in der »Nacht der Kunst« zeigen, was der Norden alles zu bieten hat. Vertreten sind die unterschiedlichsten künstlerischen Bereiche, unbedingt vorbeischauen!
*www.blog.ndk-leipzig.de*

### DESIGNERS' OPEN

Einen Monat später treffen wir uns dann im Oktober bei den alljährlichen Designers' Open auf der Leipziger Messe. Seit über 10 Jahren findet das Designfestival in Leipzig statt und präsentiert sowohl in der Glashalle der Messe als auch verteilt an

Spots in der ganzen Stadt die neuesten Trends, innovative Produkte und spannende Konzepte. Ein Pflichttermin für die Designliebhaber und Trendscouts unter euch!
*www.designersopen.de*

### PARKBÜHNE GEYSERHAUS

Wer sich an Kunst und Design sattgesehen hat, der bekommt an der Parkbühne GeyserHaus im Stadtteil Eutritzsch was auf die Ohren! Bis zu 2.000 Personen feierten hier schon ausgelassen bei Konzerten von Gregor Meyle, Element of Crime oder Albert Hammond. Auch Theateraufführungen, Taschenlampenkonzerte oder Familienfeste finden hier regelmäßig statt. Ein Blick auf die Homepage verrät euch, wer als Nächstes auf der Parkbühne spielt.
*www.geyserhaus.de /parkbuehne*

Beeindruckendes Flair vergangener Zeiten
↗ **HISTORISCHES LEIPZIGER STADTBAD** (S. 119)

# GOHLISER SCHLÖSSCHEN

## KULTURRAUM

Wundert euch nicht, wenn ihr die Gohliser *Menckestraße* entlangspaziert und plötzlich das Gefühl habt, mitten in der Kulisse eines Märchenfilms gelandet zu sein. Der beeindruckende, gelb getünchte Rokokobau ist das »Gohliser Schlösschen«, das 1756 als Sommerpalais des Kaufmanns Johann Caspar Richter erbaut wurde und seit über 250 Jahren Leipziger und deren Gäste erfreut. In historischem Ambiente finden hier regelmäßig Konzerte, Ausstellungen, Theatervorführungen und diverse andere kulturelle Veranstaltungen statt. Bei einer Führung durch das Schlösschen könnt ihr euch dessen Geschichte erzählen lassen und kommt bei einem musikalischen Rundgang sogar in den Genuss kurzer Stücke von Bach, Schumann und Co., gespielt auf historischen Instrumenten wie Kabinettorgel, einem Zell-Cembalo oder Blüthner-Flügel.

Wer selbst einmal ganz herrschaftlich feiern möchte, der kann das »Gohliser Schlösschen« für private Feste wie Hochzeiten und Geburtstage mieten. Auch die Produktivität von Kongressen und Tagungen wurde in der stilvollen Atmosphäre der hellen Räume schon gesteigert. Bei wem keine Veranstaltung ansteht, der lustwandelt einfach durch den kleinen Park, setzt sich auf eine Bank und legt eine kurze Pause ein, bevor es aus der märchenhaften Kulisse wieder zurück in die Realität geht.

→ **WO?** Menckestraße 23, 04155 Leipzig → **WIE?** Tram 4
→ **WEB?** www.gohliser-schloss.de

# HISTORISCHES STADTBAD

## KULTURRAUM

Ein echter Schatz verbirgt sich hinter den Mauern des »Historischen Leipziger Stadtbads«, nicht weit entfernt vom Hauptbahnhof. Anfang des 20. Jahrhunderts als Europas erstes Wellenbad eröffnet, planschten hier viele Wassernixen bis zur Schließung 2004. Seit 2008 wird das ehemalige Schwimmbad nun als einer der schönsten Veranstaltungsorte für Tagungen, Theatervorführungen, Ausstellungen und Feste genutzt. Erbaut wurde das inzwischen denkmalgeschützte Gebäude von 1913 bis 1916 nach Plänen des Architekten Otto Wilhelm Scharenberg, der damit eine repräsentative und großzügige Oase mitten in der Stadt schuf. Unter anderem eine kleine und eine große Schwimmhalle sowie eine Frauensauna im orientalischen Stil luden zum Schwimmen, Entspannen und Wohlfühlen ein. Noch heute sind die historischen Schwimmbecken und die einzigartige, detailverliebte Saunalandschaft erhalten und bieten so ein ganz besonderes Ambiente.

→ **WO?** Eutritzscher Straße 21, 04105 Leipzig → **WIE?** Tram 9, 10, 11, 12, 16 → **WEB?** www.herz-leipzig.de

**Norden**

# ATELIER NORD

## KUNSTGALERIE

Schon von Weitem erkennt man die leuchtend rote Fassade der Galerie »Atelier Nord« mit ihrem Markenzeichen, dem Streichholz. Inhaber ist seit über 10 Jahren der Künstler und Galerist Michael Schreckenberger, der in seinem Ateliergeschäft am *Wilhelm-Liebknecht-Platz* eine vielfältige Auswahl an Kunst von modern bis klassisch anbietet. Echte Kunstliebhaber finden hier eine Bandbreite spannender Bilder und regionalen Kunsthandwerks zu fairen Preisen. Zusätzlich werden Auftragsarbeiten jeder Art angenommen: So entstehen Porträts, Fassadenmalereien, Installationen und Skulpturen. Regelmäßig werden neue Werke bei Vernissagen präsentiert und bei Workshops können Kunstinteressierte auch selbst tätig werden.

➜ **WO?** Eutritzscher Straße 12, 04105 Leipzig ➜ **WANN?** Mo.–Sa. 12⁰⁰–18⁰⁰ Uhr ➜ **WIE?** Tram 9, 10, 11, 16
➜ **WEB?** www.ateliernord-leipzig.de

**Norden**

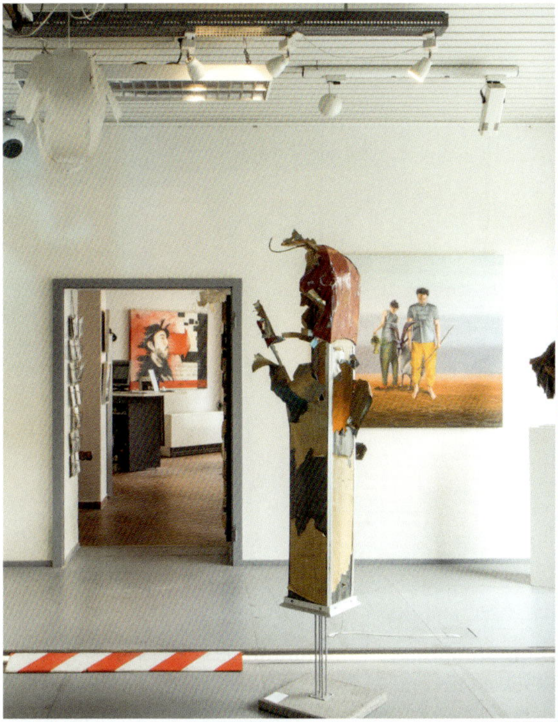

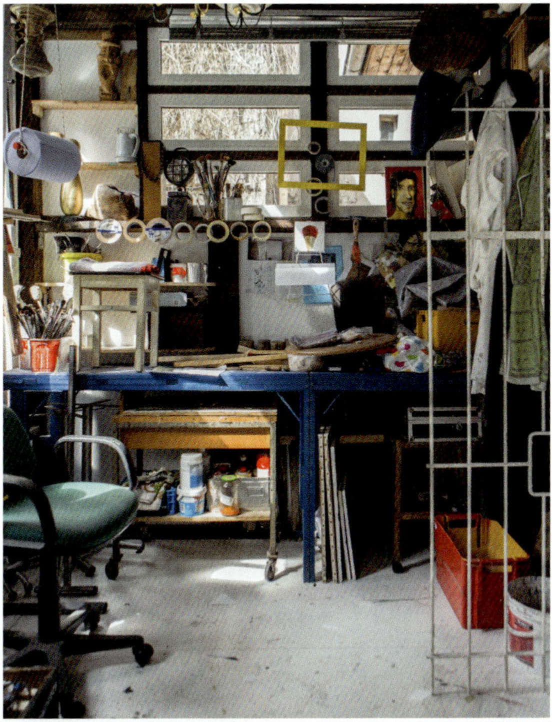

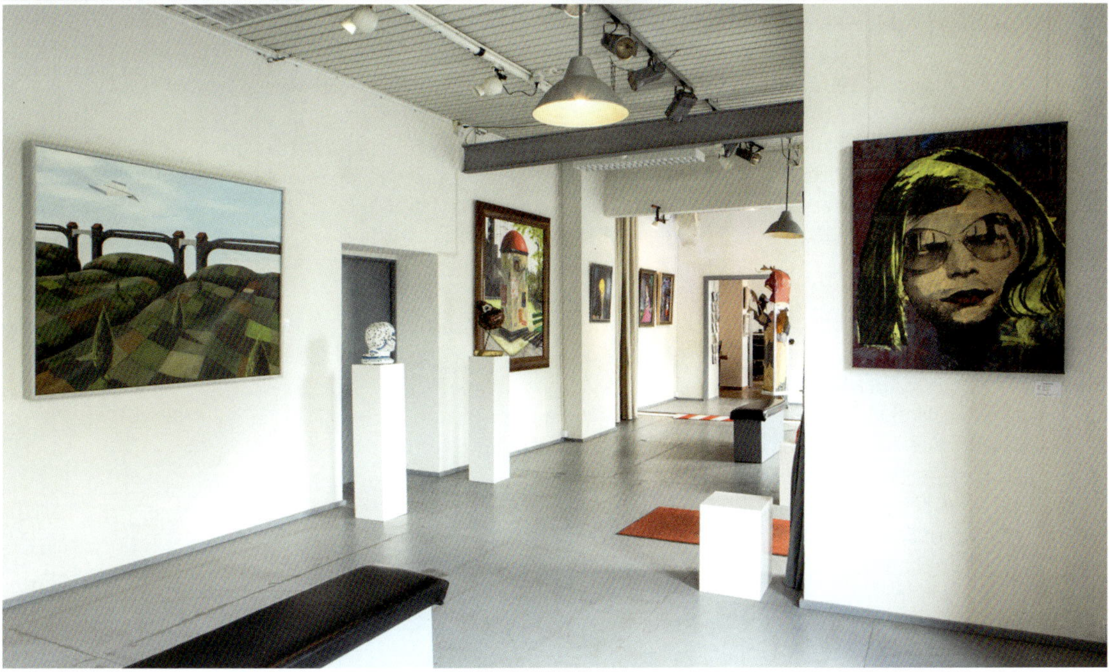

# Zwischen Kunst und Natur

Der ruhige Norden lädt an sich schon zum Schlendern, Genießen und Verweilen ein. Wer genug hat von Spaziergängen entlang beeindruckender Architektur, der macht einen Abstecher ins Grüne.

### SKULPTURENGARTEN

In der Gohliser *Lützowstraße* hinter dem denkmalgeschützten **HEINRICH-BUDDE-HAUS** befindet sich ein kleines Gartenhäuschen, in dem regelmäßig Kreativkurse stattfinden. Durch einen begrünten Torbogen gelangt ihr in den dazugehörigen Skulpturengarten, in dem sich wunderbar Kunst unter freiem Himmel bestaunen lässt. Zahlreiche Parkbänke laden zu einem Päuschen abseits des Alltagsstresses ein.
*Lützowstraße 19, 04157 Leipzig*

### SCHLOSSPARK LÜTZSCHENA

Im Nordwesten Leipzigs liegt der Schlosspark Lützschena. Vor allem im Herbst lohnt es sich, der weitläufigen Anlage einen Besuch abzustatten. Hinter dem Schloss, welches 1864 auf den Mauern eines mittelalterlichen Ritterguts von Alexander Speck von Sternburg errichtet wurde, führt eine hölzerne Brücke in den einst als Lustgarten angelegten Park. Eingebettet in den Auwald und umgeben vom Flusslauf der Weißen Elster, kann man sich hier bei einem Spaziergang in eine andere Zeit entführen lassen.
*Schloßweg 9e, 04159 Leipzig*

### SCHLADITZER SEE

Von wegen nur relaxen – auch bei einer ordentlichen Portion Action kann man im Norden der Stadt den Kopf freibekommen. Im Sportresort an der Schladitzer Bucht müsst ihr euch nur noch entscheiden, ob ihr Wind- oder Kitesurfen, Segeln, Tauchen oder Kanufahren wollt, und los gehts raus ins kühle Nass. Wer lieber an Land unterwegs ist, leiht sich ein Fahrrad aus, spielt Beachvolleyball oder trainiert auf dem Outdoorparcours. Natürlich dürft ihr auch einfach nur am Strand liegen, die Augen schließen und euch von der Sonne kitzeln lassen.
*Schladitzer Bucht, 04519 Leipzig*

Norden

Durchatmen im grünen Skulpturengarten

# Willkommen im Zuhause auf Zeit!

In ruhiger Umgebung gelegen, eignet sich der Leipziger Norden perfekt für Übernachtungsgäste, die es entspannt angehen wollen. Ob ihr dabei im schicken Hotel oder einem Hostel absteigt oder euch doch für das gemütliche Apartment entscheidet, ist ganz euch überlassen. Möglichkeiten gibts jedenfalls so einige.

## HOTELS

Das **WESTIN HOTEL LEIPZIG** ragt mit seinen 27 Etagen weit über die Stadt hinaus und bietet neben besten Aussichten auch die ideale Ausgangslage für Erkundungstouren, egal in welche Himmelsrichtung. Um in die Innenstadt zu gelangen, müsst ihr nur die Straße überqueren, alle anderen Ziele erreicht ihr per Tram vom Hauptbahnhof oder *Goerdelerring* aus. Wer nach der Stadterkundung noch Energie hat, kann im hoteleigenen Fitnesscenter nachlegen.

## HOSTELS

Durch seine unschlagbare Lage ist das **SLEEPY LION HOSTEL** bei Gästen aus aller Welt beliebt. Am Rande des Waldstraßenviertels könnt ihr hier in einem der gut ausgestatteten Zimmer nächtigen. Unschlagbare Preise schonen euer Portemonnaie und lassen Luft für einen Shoppingbummel durch die Stadt. Wer allein unterwegs ist, schließt beim Tischtennis oder Kickerspielen schnell neue Bekanntschaften – perfekt, um später gemeinsam die Stadt unsicher zu machen.

## APARTMENTS

Im **APARTMENTHAUS FEUERBACH** seid ihr mitten im schicken Waldstraßenviertel untergebracht und kommt in den Genuss aller Vorzüge, die dieses Viertel zu bieten hat. Um Parkplätze müsst ihr euch keine Gedanken machen, denn die gibt es für Gäste im Innenhof. Und auch WLAN, ein Badezimmer mit Wanne und eine Küche mit Geschirrspüler tragen zu einem sorgenfreien Aufenthalt in Leipzig bei.

Norden

Liviastraße im Leipziger Waldstraßenviertel

# Wild Wild West

# Im Leipziger Westen

Willkommen im Wilden Westen! Was hier auf euch zukommt? Eine perfekte Mischung: Je nachdem, in welche Straße ihr abbiegt, erwartet euch etwas anderes. Bitte alle anschnallen, denn hier kommen unsere geballten Tipps für den Westen der Stadt!

Künstlerateliers, kleine Produzentengalerien und raue Street-Art in alten Industriekomplexen, schicke Restaurants, herrschaftliche Jugendstilvillen mit parkähnlichen Gärten sowie naturumsäumte Kanäle zum Paddeln und Bootfahren – hier gibt es alles. Unser Lieblingsplatz im Leipziger Westen? Definitiv der Freisitz vom ↗ CAFÉ ALBERT (S. 160) mit einem großen Stück Zitronenkuchen und einem schaumigen Milchkaffee auf dem Tisch. Oder doch unten am Kanal? Am besten schaut ihr selbst, wo es euch gefällt. Wir garantieren euch, ihr werdet fündig.

## PLAGWITZ

Von der Innenstadt aus gelangt man am schnellsten über den *Westplatz* und die *Käthe-Kollwitz-Straße* nach Plagwitz, eines der jüngsten und kreativsten Viertel der Stadt. Plagwitz ist in aller Munde, die ganze Welt berichtet über diesen sich rasend schnell entwickelnden Stadtteil. Jede Woche sprießen neue Galerien, Läden und Lokale wie Pilze aus dem Boden. Innovativ, aufregend und mutig sind viele der hier entstehenden Konzepte. Als Wohn- und Arbeitsraum begehrter denn je, haben in dem ehemaligen

Arbeiterviertel vor allem Künstler, Studenten und Start-ups ihre Zelte aufgeschlagen und viele der Industriebauten für ihre Zwecke umgenutzt. Aufgrund der rasanten Entwicklung werden die Räume zum Wohnen und Arbeiten allerdings zunehmend knapper. Viele der heutigen Existenzgründer und vor allem Familien sind gezwungen, auf andere Stadtteile auszuweichen, da die Unterhaltskosten kaum noch zu bestreiten sind.

Das von der Industrie maßgeblich beeinflusste Erscheinungsbild verdankt Plagwitz vor allem einer Person: Der

Lebensader,
Kunstraum
und Café-
meile – die
Plagwitzer
Karl-Heine-
Straße

Leipziger Rechtsanwalt Karl E. Heine begann Mitte des 19. Jahrhunderts Grundstücke zu kaufen und legte den Grundstein für die systematische Ansiedlung zahlreicher Industrieunternehmen in der kleinen Gemeinde. Mit dem Bau von Straßen, Brücken und dem **KARL-HEINE-KANAL** (Abb. S. 131 u.) beeinflusste er entscheidend die Entwicklung der Infrastruktur und die Anbindung an die Stadt Leipzig. Unternehmen wie die Textilfabrik »Mey & Edlich«, in der Kragen und Manschetten gefertigt wurden, oder die Landmaschinenfabrik »Rudolph Sack« ließen sich in Plagwitz nieder und sorgten für einen wirtschaftlichen Aufschwung, der auch die Einwohnerzahlen ansteigen ließ. 1891 wurde Plagwitz eingemeindet und gehört seitdem zu Leipzig.

Die *Karl-Heine-Straße* (Abb. o.) führt als Magistrale durch Plagwitz und ist mit zahlreichen Cafés und kleinen Läden gespickt, die es zu entdecken gilt. Der erste Abschnitt der *Karl-Heine-Straße* wird von alten, prächtigen Villen gesäumt. Eine davon, nämlich Hausnummer 2, ist die **KLINGER VILLA**, in der der berühmte Leipziger Maler und Bildhauer Max Klinger mit seiner Familie lebte. Im Haus möchte der »Klinger Forum e. V.« die Salonkultur des 19. Jahrhunderts wieder aufleben lassen und Künstlern sowie Intellektuellen eine Plattform bieten: Es werden regelmäßig Ausstellungen, Lesungen und Konzerte veranstaltet. Weiter gehts die *Karl-Heine-Straße* entlang, vorbei an der Erziehungswissenschaftlichen Fakultät der Uni Leipzig und dem wachgeküssten ↗ **FELSENKELLER** (S. 176). Setzt euch in eines der unzähligen Lokale und Cafés oder genießt die Feierabendsonne mit einem kühlen Getränk vor der »Großen Halle« des ↗ **WESTWERKS** (S. 178).

Unser Tipp:
Wer einmal in Plagwitz ist, sollte unbedingt auch einen Abstecher in Nebenstraßen wie die *Merseburger Straße* wagen, denn dort kann man abseits der belebten Hauptstraße richtig tief in die Szene eintauchen.

Wer es auf der *Karl-Heine-Straße* bis zum ↗ **KARTOFFELFRÄULEIN** (S. 164) geschafft hat und nach dem ganzen Trubel erst mal durchatmen möchte, läuft am besten den Radweg vor der König-Albert-Brücke zum Karl-Heine-Kanal hinunter. Dem Wasserverlauf folgend, können Spaziergänger vor allem im Sommer die bunten Kanus und Boote beobachten. Am Kanal angekommen, geht es rechter Hand zum Lindenauer Hafen. Wir machen uns aber zunächst auf in die andere Richtung, und nach einigen Metern fällt die besondere Architektur eines Gebäudes auf. Die Rede ist

Westen

*Es lohnt sich, öfter mal nach oben zu blicken. Auch Plagwitz wartet mit üppiger Architektur auf.*

vom **STELZENHAUS**, das zwischen 1937 und 1939 nach Plänen des Architekten Hermann Böttcher für die »Wellblechfabrik Grohmann & Frosch« gebaut wurde. Um mehr Bauland für ihren Betrieb zu gewinnen, wurde einfach die Uferböschung unterhalb der Fabrik zugekauft und eine Plattform auf Stelzen errichtet. Die Planung verlief nicht reibungslos, aber das Vorhaben wurde umgesetzt und heute befindet sich im Stelzenhaus unter anderem ein Restaurant, in dem man über dem Karl-Heine-Kanal speisen kann.

Das östliche Ende des Kanals wird vom **RIVERBOAT** markiert, einem schiffsförmigen Veranstaltungsgebäude über dem Wasser, in dem von 2003 bis 2008 die gleichnamige MDR-Talkshow aufgezeichnet wurde. Heute finden hier regelmäßig Tanzveranstaltungen und Treffen der Leipziger Gründer- und Start-up-Szene statt. Wer mit dem Boot unterwegs ist, gelangt von hier aus auf die Weiße Elster.

Wer am Kanal den Karl-Heine-Bogen überquert, kann im Plagwitzer Stadtteilpark ein Päuschen einlegen und die Architektur der **KONSUMZENTRALE** in der *Industriestraße* bewundern. Der expressionistische Klinkerbau wurde zwischen 1928 und 1931 vom Architekten Fritz Höger für die Konsumgenossenschaft Leipzig gebaut und ist bis heute deren Sitz geblieben. Der eine oder andere erkennt das Gebäude vielleicht aus dem Leipziger »Tatort« wieder, in dem es als Kulisse für das Polizeipräsidium diente.

Pssst: Die schönsten Blicke habt ihr in Plagwitz von einer der vielen Brücken, zum Beispiel in der *Nonnenstraße* oder *Industriestraße*.

### LINDENAU

Oberhalb der *Karl-Heine-Straße* beginnt der Stadtteil Lindenau. Im Gemeinschaftsgarten **ANNALINDE** kann man nach Lust und Laune säen, ernten und gärtnern, wenn der eigene Balkon für die Tomatenaufzucht mal wieder zu klein geworden ist. Und auch im **WILDEN HEINZ** (Abb. r.) ist »Natur pur« angesagt. Auf dem unbebauten Fleckchen mitten im Wohnviertel könnt ihr es euch bequem machen und kleine Erfrischungen oder Stärkungen aus dem knallblauen Bauwagen zu euch nehmen. Aber vergesst nicht, vorher Ziegenbock Heinz, dem Namensgeber des Gartenlokals, »Hallo« zu sagen.

Von hier aus ist es dann nicht mehr weit bis zum *Lindenauer Markt*. In dessen Nähe befindet sich die 1881–1884 erbaute **NATHANAELKIRCHE**. Durch ihre weitgehend original erhaltene Innenausstattung mit Altar, Kanzel, Taufstein, Lesepult und Orgelprospekt wird ihr eine besondere Bedeutung unter den Leipziger Kirchen des Historismus zugeschrieben. Viele Jahre lang wurde sie als Lagerraum genutzt, mittlerweile kümmert sich eine aktive

Gemeinde wieder um den Erhalt und das Geschehen in der Kirche. Oft finden hier auch Ausstellungen oder Konzerte statt.

Wer noch mehr Kunst und Kultur entdecken möchte, läuft ca. 10 Minuten weiter nach Westen und erreicht auf der *Lützner Straße* das **TAPETENWERK**. In dem ehemaligen Fabrikgebäude sind seit 2006 kreative Mieter am Werkeln. Künstler, Fotografen, Architekten, Designer und Grafiker haben hier ihre Büros und Ateliers und sorgen mit ihren Aktionen für frischen Wind in Lindenau. Im Tapetenwerk findet ihr zum Beispiel auch die ↗ **SHREDDEREI** (S. 146) und die ↗ **GALERIE HIER + JETZT** (S. 172).

Interessant in Lindenau ist außerdem der **LINDENAUER HAFEN**. Lange Zeit war der über den Wasserweg zwar

nicht zu erreichen, aber seit 2015 gibt es einen Durchstich zum Karl-Heine-Kanal, der wiederum mit der Weißen Elster verbunden ist. 1938 begann der Bau des Hafens im Rahmen eines Kanalprojektes, das die Saale mit der

Westen

Weißen Elster verknüpfen und Leipzig an wichtige deutsche Wasserstraßen anbinden sollte. Doch 1943, als der Großteil des Hafens bereits fertig war, wurde das Projekt eingestellt. Ein Leipziger Förderverein arbeitet seit 2007 nun wieder an der Umsetzung der alten Pläne. Das Gebiet rund um den Hafen soll in Zukunft als Wohnviertel erschlossen werden.

### LEUTZSCH

Folgt der Lindenauer *Georg-Schwarz-Straße* (Abb. o. l.) Richtung Nordwesten (nicht ohne links und rechts nach frisch eröffneten Kunstgalerien oder Läden Ausschau zu halten) und findet im Stadtteil Leutzsch rund um die *Paul-Michael-Straße* die feinsten architektonischen Pralinen des Leipziger Westens. In dem ehemaligen Arbeiterviertel in der Nähe des Auwaldes ließen sich viele Industrielle in imposanten Gründerzeitvillen nieder, zum Beispiel Kofferfabrikant und Mäzen Anton Mädler, nach dem die berühmte Mädler-Passage in der Innenstadt benannt ist. Architekt Paul Möbius, einer der bedeutendsten Vertreter des Jugendstils in der Stadt, entwarf unter anderem die Villen in der *Paul-Michael-Straße 6*, *Laurentiusstraße 1* und die »Villa Buchheim« *Am langen Felde 7*. Wer zur richtigen Zeit da ist, erhält im Sommer bei einer Veranstaltung des »Leutzscher Kunstrasen e. V.« Zutritt zu einem der privaten Gärten und kann dort bei einem Glas Wein einen Abend lang Musik- und Theateraufführungen genießen.
*www.kunstrasen-ev.de*

### SCHLEUßIG

Die Gegend zwischen Elsterflutbett im Osten und Weißer Elster im Westen nennt sich Schleußig. In dem familienfreundlichen Viertel rund um die »Kö« (*Könneritzstraße*) gibt es mit viel Wasser und Wald vor allem eins: Natur. Die Annehmlichkeiten einer Großstadt sind dennoch direkt vor der Haustür. So geht im Sommer kein Weg an ↗ **TONIS** HANDMADE ORGANIC ICECREAM (S. 161) vorbei und auf dem Nachhauseweg nimmt man in der ↗ **FILMGALERIE WEST**END (S. 166) noch einen spannenden Streifen mit. Durch die unmittelbare Nähe zu Plagwitz hat auch in Schleußig Karl Heine

*Die Könneritzbrücke verbindet Plagwitz und Schleußig.*

*Wasser, marsch! Am Karl-Heine-Kanal gibts für Jung und Alt vielfältige Freizeitmöglichkeiten.*

seine Spuren hinterlassen. 1874 wurde in der *Könneritzstraße 1* eine Villa für ihn gebaut, in der er bis zu seinem Tod lebte. Wer es hier aus Kindermündern öfter mal englisch plappern hört, der befindet sich wahrscheinlich in der Nähe der »International School«, die sich seit 2001 in einem Gebäude auf der »Kö« befindet.

Aber in Schleußig lernt es sich nicht nur gut, auch das Freizeitangebot hat einiges zu bieten. Beim Wassersportexperten **HEROLD** könnt ihr in der *Antonienstraße* ins Boot steigen und euch ganz bequem durch den Leipziger Westen schippern lassen oder selbst das Ruder ergreifen. Wer sich im statt auf dem Wasser wohler fühlt und sich nach Erfrischung sehnt, dem legen wir einen Besuch im naheliegenden Freibad im Volkspark ans Herz. Auf dem Beachvolleyballplatz am *Klingerweg* kann auf mehreren Plätzen die perfekte Angabe geübt werden und direkt nebenan findet ihr einen weiteren Bootsverleih. Jetzt müsst ihr euch nur noch entscheiden, wie ihr euren Tag verbringen wollt.

Von Schleußig aus lässt sich auch der Clara-Zetkin-Park innerhalb weniger Minuten erreichen. Zu Fuß oder mit dem Fahrrad folgt man am südöstlichen Ende der *Industriestraße* dem dort beginnenden Waldweg und gelangt in wenigen Minuten zur Galopprennbahn oder der Sachsenbrücke. Von dort aus kann man seine Tour noch Richtung Südvorstadt oder Zentrum fortsetzen.

### NÜTZLICHES

#### RETRO-SPRIT

Im Westen unterwegs und keinen Sprit mehr im Tank? Dann legt einen Boxenstopp bei einer der vier »Minol«-Tankstellen Deutschlands ein. Zu DDR-Zeiten betankte »Minol« den Großteil der Leipziger, denn es gab über 1.300 Stationen. Nach der Wende wurden die meisten geschlossen und »Total« übernahm die Markenrechte. Anfang der 2000er eröffnete der neue Betreiber wieder einige wenige Tankstellen mit dem lila-gelben Logo.
*Lützner Straße 7, 04177 Leipzig*

### UNTERWEGS MIT KINDERN

#### SPIELPLATZ BRÜCKENPLATZ

Unterhalb der Gießerbrücke lädt am Karl-Heine-Kanal ein toller Wasserspielplatz (Abb. o.) zum Toben und Ausprobieren ein. Direkt aus dem Kanal kann Wasser in ein 25 Meter langes System mit Rinnen gepumpt und auf verschiedene Weise angestaut werden. Wasser, marsch!

#### UNIKATUM KINDERMUSEUM

Spielerisch die Welt entdecken können Kids im »UNIKATUM Kindermuseum«, das 2010 von der Künstlerin Annegret Hänsel gegründet wurde. Jedes Schuljahr gibts im »UNIKATUM« eine neue interaktive Ausstellung zu einem spannenden gesellschaftlichen Thema zu entdecken und mitzugestalten. Das Museum ist bei Klein und Groß beliebt und gewann 2014 sogar den 1. Platz beim »Familienfreundlichkeitspreis der Stadt Leipzig«.
*Zschochersche Straße 26, 04229 Leipzig*

Die Freizeit genießen an und auf dem Wasser des **Karl-Heine-Kanals**

Dinner in nachbarschaftlicher Atmosphäre
↗ **ANNALINDE** (S. 130)

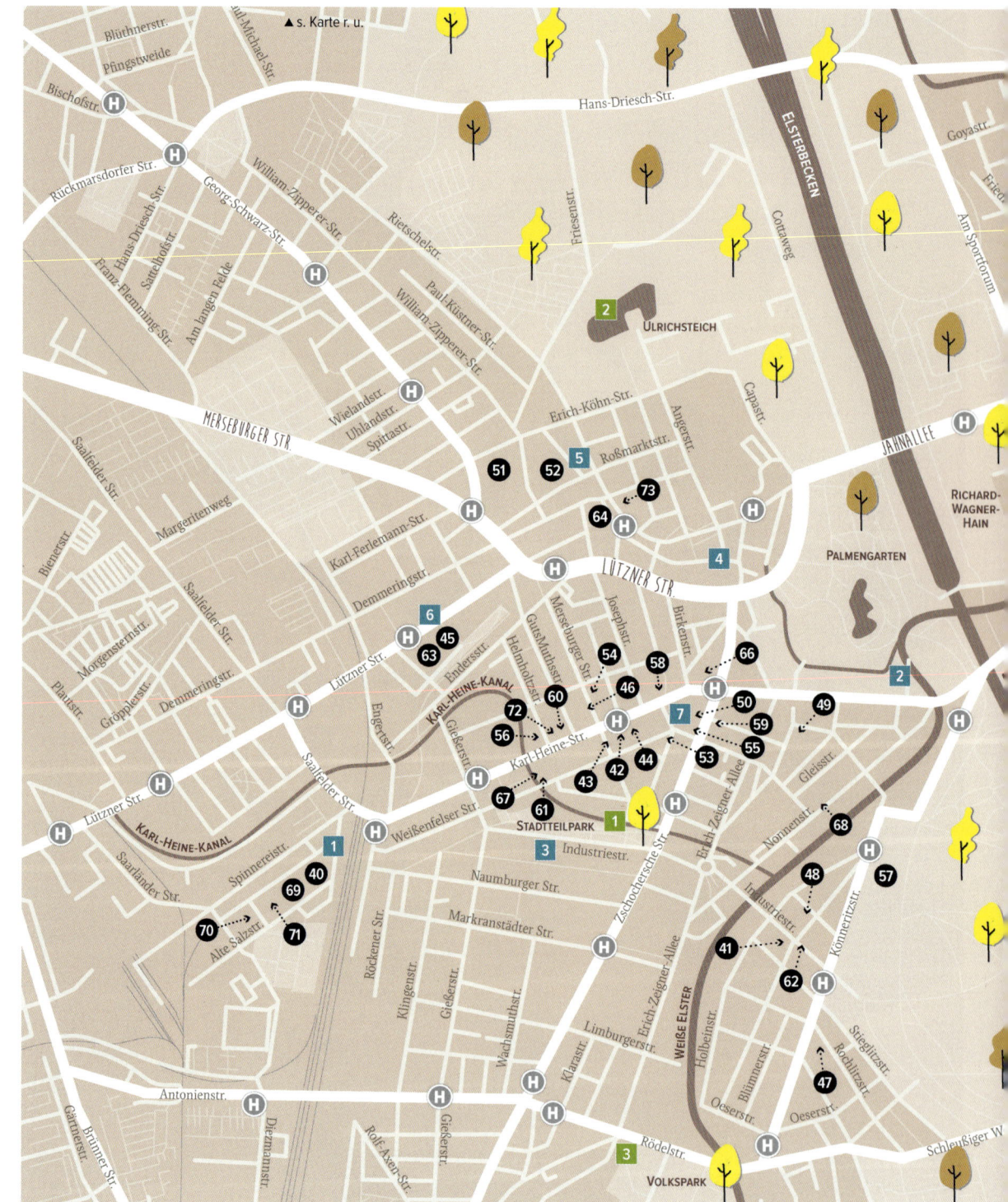

# Der Leipziger Westen

## SHOPPING

- **40** Salon 21_spinnerei
- **41** Schon Schön
- **42** Wildwechsel
- **43** HAFEN
- **44** Samtkind
- **45** Shredderei
- **46** WKR Kunst & Dinge
- **47** Beti Lue
- **48** Das Herbarium
- **49** Haiglück by Karin Sehnert
- **50** Buchhandlung Grümmer
- **51** schwarzwurzel

## KULINARISCHES

- **52** S Kultur
- **53** meins deins unser
- **54** süß + salzig
- **55** Brühbar
- **56** Café Albert
- **57** TONIS handmade organic icecream | Westen
- **58** Seidels Klosterbäckerei | Westen
- **59** Café Kater
- **60** Kartoffelfräulein
- **61** Kaiserbad
- **62** Jimmy Orpheus & Filmgalerie WestEnd

## KUNST & KULTUR

- **63** Galerie Hier + Jetzt
- **64** LOFFT – Das Theater
- **65** Villa Hasenholz
- **66** Felsenkeller
- **67** WESTWERK
- **68** Museum für Druckkunst Leipzig
- **69** Luru Kino
- **70** INTERSHOP Interdisciplinaire
- **71** HALLE 14
- **1** Baumwollspinnerei
- **2** Klinger Villa
- **3** Konsumzentrale
- **4** Musikalische Komödie
- **5** Nathanaelkirche
- **6** Tapetenwerk
- **7** UNIKATUM Kindermuseum

## LEIB & SEELE

- **72** Madame Käthe
- **1** Karl-Heine-Kanal
- **2** Ulrichsteich
- **3** Volkspark Kleinzschocher

## ÜBERNACHTEN

- **73** Hostel Blauer Stern

---

**Legende**

H  *Haltestelle*

🏃 *Entfernung zu Fuß*

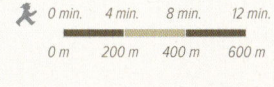

| 0 min. | 4 min. | 8 min. | 12 min. |
| 0 m | 200 m | 400 m | 600 m |

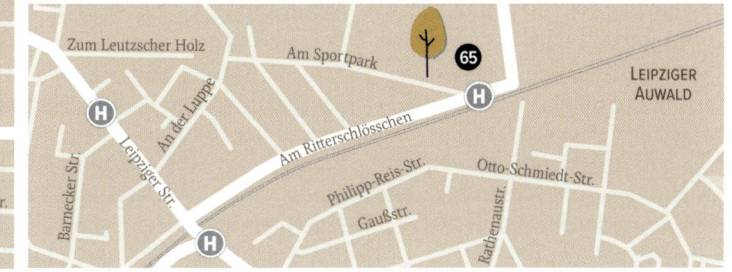

Westen

# Einzelstücke und eine große Portion Herzblut

Der Leipziger Westen verzaubert regelmäßig aufs Neue mit individuellen und spannenden Konzepten und ständig kommen weitere hinzu.

### IM WESTEN VIEL NEUES

In Plagwitz und Lindenau brodelt ein großer Kessel Kreativität. Bei jedem Spaziergang entdeckt man neue Läden, interessante Produkte und einzigartige Ideen. Einige Geschäfte wechseln saisonal den Besitzer und verwandeln sich von der sommerlichen Eisdiele in ein wintertaugliches Lokal mit warmen Speisen und heißen Getränken. Langweilig wirds hier sicher nie!

### HERZSTÜCKE

Kommt vom Weg ab stöbert in Secondhandläden nach einem neuen Lieblingsteil, schaut bei ↗ HAIGLÜCK (S. 150) der Porzellandesignerin Karin Sehnert über die Schulter oder hört im MODEATELIER ROSENTRETER im Hof des ↗ WESTWERKS (S. 178) die Nähmaschine rattern.

Wer im Leipziger Westen unterwegs ist, merkt schnell, dass hier Menschen mit Herzblut bei der Sache sind. Man findet hier vieles, nur konforme Massenware wird man vergeblich suchen. Welch ein Glück!

### BE GREEN

Auch nachhaltiges Einkaufen wird im Westen groß geschrieben. Im Bioladen ↗ SCHWARZWURZEL (S. 151) könnt ihr Mitglied werden und günstig hochwertige Produkte erstehen. Im Gemeinschaftsgarten ANNALINDE gibts frisch geerntetes Obst und Gemüse aus eigenem Anbau. Und wer jetzt immer noch nicht alle Punkte auf der Einkaufsliste abgehakt hat, wird spätestens beim Wochenmarkt am *Lindenauer Markt* fündig (Mi. & Fr. 9–16 Uhr). Wer braucht da noch einen Supermarkt?

Westen

Kreativität trifft auf Leidenschaft und Talent – eine gelungene Mischung
↗ SALON 21 (S. 142)

Stöbern zwischen Vasen, Kerzen und den schönsten Postkarten der Stadt
↗ **HAFEN** (S. 144)

Mutter, Vater oder Kind? Hier ist für jeden etwas dabei
↗ **SAMTKIND** (S. 145)

# SALON 21

## ATELIER, SCHAURAUM & SHOP

Immer dem Rattern der Nähmaschine nach! Im »Salon 21« auf dem Gelände der **LEIPZIGER BAUMWOLLSPINNEREI** befinden sich das Gemeinschaftsatelier und der Shop der beiden Labels »Saxony ducks« und »Gela Hüte«. Die Manufaktur der Designerin Heike Mueller und Modistin Angela Wandelt bietet Besuchern spannende Einblicke in den kreativen Entstehungsprozess von handgefertigter, zeitloser Mode mit anspruchsvollem Design und beeindruckenden Damen- und Herrenhüten, von denen jeder ein kleines Kunstwerk ist. Fair gehandelte Produkte und internationale Designklassiker wie »Ally Capellino«-Taschen oder Stricksachen von »John Smedley« vervollständigen das hochwertige Sortiment voller Herzstücke. Individualisten und modische Feinschmecker werden im »Salon 21« Stunden verbringen, ohne zu merken, wie die Zeit vergeht!

➡ **WO?** Spinnereistraße 7, Halle 21, EG, 04179 Leipzig ➡ **WANN?** Während der Arbeitszeit der Inhaberinnen & Fr. 11⁰⁰–18⁰⁰ Uhr ➡ **WIE?** Tram 14 | Bus 60 | S-Bahn S1 ➡ **WEB** www.saxonyducks.de, www.gela-huete.de

## *In imposanter Nachbarschaft*

An der Grenze von Plagwitz und Schleußig könnt ihr eines der größten deutschen Industriedenkmale bewundern, das sich auf beiden Seiten der Weißen Elster erstreckt und durch eine Gebäudebrücke verbunden ist. Die »Wollgarnfabrik Tittel & Krüger« baute den Komplex Ende des 19. Jahrhunderts als Dampffärberei. Die Backsteinbauten sollten nicht nur funktional sein, sondern sich von anderen Fabriken durch eine beeindruckende Architektur abheben. Bis 1990 wurde auf über 100.000 m² noch produziert.

Blick von der
*Industriestraße*

Heute sind hier begehrte Loftwohnungen zu finden, deren Umbau sogar Preise eingeheimst hat. Einen beeindruckenden Blick auf die **BUNTGARNWERKE** habt ihr von der Brücke auf der *Industriestraße* aus.

**EASY 2 GO** **BUNTGARNWERKE**
*Nonnenstraße, 04229 Leipzig*

# SCHON SCHÖN
## VINTAGE INTERIEUR

Ein wahres Paradies zum Trödeln und Stöbern ist der kleine Laden »Schon Schön« vis-à-vis des ↗ **JIMMY ORPHEUS** (S. 166) auf der anderen Seite der *Industriestraße*. Im bunten Stilmix der Roaring Twenties bis hin zu den wilden Siebzigern lassen sich hier qualitativ hochwertige Stücke genauso aufstöbern wie außergewöhnliche Kleinigkeiten und Krimskrams. Man taucht ab in das Flair vergangener Tage und stößt auf besondere Dinge, an denen Erinnerungen und Geschichten hängen. Einrichtungsfans werden ihre pure Freude haben!

→ **WO?** Industriestraße 21, 04229 Leipzig
→ **WANN?** Di.–Sa. 12⁰⁰–18⁰⁰ Uhr → **WIE?** Tram 1, 2 | Bus 74
→ **WEB** Facebook (SCHON SCHÖN Leipzig)

Westen

# WILDWECHSEL

## INDIVIDUELLE EINRICHTUNGSTEXTILIEN

Sobald man die Tür zum »Wildwechsel« öffnet, betritt man eine inspirierende Oase voller liebevoll gestalteter Kissen, Lampenschirme, Raffrollos und Gardinen. Stilvolle Accessoires und ausgewählte internationale Stoffe, die im üblichen Handel nicht erhältlich sind, ergänzen das Sortiment. In der hauseigenen Schneiderei und Stickerei werden individuelle Textilien ganz nach Kundenwunsch angefertigt: von bestickter Arbeitskleidung für Firmen bis hin zu personalisierten Kissen als kreative Geschenkidee. Ein Muss für alle Stoffliebhaber!

→ **WO?** Karl-Heine-Straße 69, 04229 Leipzig
→ **WANN?** Mo.–Fr. 10⁰⁰–18⁰⁰ Uhr  → **WIE?** Tram 14
→ **WEB?** www.wildwechsel-leipzig.de

# HAFEN

## LADEN FÜR SCHÖNE DINGE

Im »HAFEN«, einem winzigen Lädchen in der *Merseburger Straße*, gehen mit Vorliebe schöne Kleinigkeiten und individuelle Geschenke vor Anker. Hier kann man beim Stöbern zwischen all den bunten Platten, Postkarten und Vasen schon mal die Zeit vergessen. Das ist aber überhaupt nicht schlimm, denn die Zusammenstellung der inspirierenden Produkte mit Seele sorgt für frischen Wind im Viertel. Wer Massenware will, wird hier vergeblich suchen. Ob Papeterie, Siebdruck, Geschirr oder kleine Kunstwerke – alles einmal zum Mitnehmen, bitte!

→ **WO?** Merseburger Straße 38, 04229 Leipzig
→ **WANN?** Di.–Fr. 13⁰⁰–19⁰⁰ Uhr, Sa. 11⁰⁰–17⁰⁰ Uhr
→ **WIE?** Tram 14  → **WEB?** www.hafen-leipzig.de

# SAMTKIND

## MODEWERKSTATT

Wer Spaß an Mode hat und Wert auf Qualität und gute Beratung legt, ist bei der Modewerkstatt »Samtkind« bestens aufgehoben. Schon durch das große Schaufenster kann man von der *Karl-Heine-Straße* aus die beiden Maßschneiderinnen Sarah und Nadja, über die Nähmaschine gebeugt, beim Entstehen individueller Kleidungsstücke beobachten. Die alte Schneiderkunst wird bei den beiden noch großgeschrieben. Mit viel Liebe zum Handwerk und fachlicher Expertise entstehen handgefertigte Kollektionen, die sich durch zeitlose Schnitte und schlichte Eleganz auszeichnen, aber nie ohne ein schelmisches Detail oder ein kleines Augenzwinkern die Modewerkstatt verlassen. Mutter und Vater samt Kind können sich hier für den Alltag oder einen besonderen Anlass einkleiden lassen und wissen ganz genau, wo ihr Lieblingsstück gefertigt wurde.

➜ **WO?** Karl-Heine-Straße 61, 04229 Leipzig ➜ **WANN?** Di.–Fr. 10:00–18:00 Uhr, Sa. 12:00–15:00 Uhr und nach Vereinbarung ➜ **WIE?** Tram 14 ➜ **WEB?** www.samtkind.de

Westen

# SHREDDEREI

## SKATEBOARDGESCHÄFT & CAFÉ

Alle Skater und Longboarder der Stadt haben seit 2011 im Lindenauer **TAPETENWERK** ein zweites Wohnzimmer gefunden. In der »Shredderei« werden hochwertige Boards nicht nur verkauft und verliehen, sondern in der hauseigenen Werkstatt auch selbst gefertigt. Unter dem Namen »Bastl Boards« werden High-End-Long- und Skateboards in der »Shredderei« produziert und mittlerweile weltweit vertrieben. Wer vom Skaten Hunger bekommen hat, rollt ins familiäre Café im ruhigen Hinterhof des Tapetenwerkes. Hier bekommt man selbstgebackene Kleinigkeiten, süßes Gebäck und frische Kaffeespezialitäten aus lokal gerösteten Bohnen.

→ **WO?** Tapetenwerk, Lützner Straße 91, 04177 Leipzig → **WANN?** Di.– Sa. 13⁰⁰–19⁰⁰ Uhr → **WIE?** Tram 8, 15 | S-Bahn S1 → **WEB?** www.shredderei.com

DIE WELTZ IST EIN SPIEL PLATZ

**NEO KALISKE ÜBER:**

## KREATIVES POTENZIAL

Es gibt ihn noch, den Musikladen in der Nachbarschaft – **UNDERGROUND MUSIC SERVICE**, seit 2015 in der *Josefstraße*. Wenn dir wieder mal beim Jammen die Saite gerissen ist oder du deinen Verstärker geschrottet hast – hier findest du eine hervorragende Secondhandauswahl für fast alle Instrumente und deren Zubehör. Die Beratung ist sehr freundlich, cool und kompetent. Auch Verleih und Vermietung von Bühnenequipment werden dir hier angeboten. Für angebrochene Gitarrenhälse oder in Bier ersäufte Mischpulte erstellt man dir hier ein Gutachten und kümmert sich um fachgerechte Schadenbeseitigung.

Während auf der *Karl-Heine-Straße* ein Überangebot an sorgenfreien Kneipen und Spätis herrscht, lädt das Mittwochsrefugium, das auf den Namen »Midway« hört, zum »Tanz durch die Nacht« ins ↗ **WESTWERK** (S. 178) ein. Hier schlägt die »Midway« eisern Woche für Woche ein Loch in die Alltagstristesse. Mit gut gelauntem Electronica zwischen Tech und House und ein paar Anleihen beim D'n'B findest du hier das Sommer-Sonne-Strand-Gefühl für den magischen Tanzraum zwischen Mittwoch und Donnerstag. <u>Tipp:</u> Im Fotoautomaten vor der Tür kannst du coole Vorher-nachher-Fotostreifen in Schwarz-Weiß schießen.

Und auch musikalisch geht einiges im Westen der Stadt. Da Proberäume für Bands aber leider eher Mangelware sind, hat sich der »Bandcommunity Leipzig e.V.« zusammengeschlossen und 2010 ein Bandhaus gegründet. Knapp 45 Bands haben die Möglichkeit, hier ungestört zu proben.

**Westen**

**46**

## WKR

### KUNST & DINGE

In seinem Lindenauer Ladenatelier »WKR« restauriert und verkauft der Leipziger Künstler Wolf Konrad Roscher ausgewählte Industrieleuchten und historisches Interieur, fertigt Grafiken und baut Objekte. Bereits beim Blick durch die Schaufenster entdeckt man eine beachtliche Sammlung von hochwertigen Designklassikern und Mobiliar, Lampen und Leuchten, skurrilen Objekten und Kunstwerken. Zahlreiche Dinge entstammen der mitteldeutschen Industrie- und Arbeitskultur der vergangenen 100 Jahre und atmen Geschichte.

➜ **WO?** Merseburger Straße 35, 04177 Leipzig ➜ **WANN?** Mo.–Fr. 10⁰⁰–13⁰⁰ Uhr sowie 15⁰⁰–18⁰⁰ Uhr, Do.–Sa. 21⁰⁰–24⁰⁰ Uhr
➜ **WIE?** Tram 14 ➜ **WEB?** www.konradroscher.de

## BETI LUE
### SALBENMANUFAKTUR

Seit 2004 werden mit viel Achtsamkeit und Herzblut die Naturkosmetikprodukte von »Beti Lue« in einer Manufaktur in Leipzigs kleiner Schwester Chemnitz entwickelt und hergestellt. Die Kosmetika und Pflegeprodukte sind perfekt auf die verschiedenen Hauttypen abgestimmt und bei individueller und persönlicher Beratung im Lädchen auf der *Könneritzstraße* findet jeder das passende Tiegelchen für sich. Bei einem Kurs in der Salbenmanufaktur können Interessierte mit Ölen, Düften und Essenzen ihre ganz persönliche Pflege kreieren.

→ **WO?** Könneritzstraße 61, 04229 Leipzig
→ **WANN?** Di.–Fr. 10⁰⁰–18⁰⁰ Uhr → **WIE?** Tram 1, 2 | Bus 74
→ **WEB?** www.salbenmanufaktur.de

## DAS HERBARIUM
### BIOLANDGARTENBAU

Mitten in Schleußig erfüllen sich die wildesten Träume für Botaniker und Floristen im lebendig gewordenen »Herbarium«. Der kleine Laden in der *Brockhausstraße* bezieht alle Blumen und Pflanzen sowie saisonales Obst und Gemüse in Bioqualität aus dem eigenen Biolandgartenbetrieb. Verkauft werden neben Pflanzen mit passenden Gefäßen auch regionale Spezialitäten. Wer ein Geschenk sucht, ist hier an der richtigen Adresse, denn es werden natürlich auch schöne Sträuße und Gestecke aus Blumen und Blüten angefertigt.

→ **WO?** Brockhausstraße 22, 04229 Leipzig
→ **WANN?** Mo.–Fr. 11⁰⁰–19⁰⁰ Uhr, Sa. 9⁰⁰–16⁰⁰ Uhr
→ **WIE?** Tram 1, 2 | Bus 74 → **WEB?** www.herbarium-leipzig.de

**Westen**

# HAIGLÜCK

## PORZELLANWERKSTATT

Versteckt in einer unscheinbaren Straße voller Wohn-
häuser, zwischen *Erich-Zeigner-Allee* und *Nonnenstraße*,
entdeckt der aufmerksame Spaziergänger ein großes
Schaufenster mit allerlei interessanten Produkten. In der
Porzellanwerkstatt »Haiglück« entstehen handgefertigte
Porzellanobjekte, die sich als kleine Aufmerksamkeit für
Freunde oder einfach für einen selbst ganz hervorragend
eignen. Wer selbst mal Hand anlegen und Porzellan her-
stellen möchte, dem zeigt Produktdesignerin Karin Sehnert bei einem Workshop, wie das geht.

→ **WO?** Alte Straße 5, 04229 Leipzig → **WANN?** Aktuelle Öffnungszeiten unter www.haiglueck.de oder über Facebook (haiglueck)
→ **WIE?** Tram 3, 14 | Bus 74 → **WEB?** www.haiglueck.de

# BUCHHANDLUNG GRÜMMER

## BUCHHANDLUNG MIT HERZ

Seit 1991 ist die »Buchhandlung Grümmer« eine feste Adresse im Leipziger Westen. Diese befindet sich im
ältesten noch erhaltenen Haus des Stadtteils Plagwitz.
Der Großvater der jetzigen Besitzerin führte darin ein
Elektrogeschäft, zwischendurch befand sich der Konsum
hier, bis vor knapp 25 Jahren die Buchhandlung die Räume übernahm. Seitdem kommen die Plagwitzer hierher
und finden neben umfangreicher Belletristik, vielen an-
spruchsvollen Titeln, Kinder- und Jugendbüchern auch
einige exklusive signierte Ausgaben.

→ **WO?** Zschochersche Straße 18, 04229 Leipzig → **WANN?**
Mo.–Fr. 9⁰⁰–18⁰⁰ Uhr, Sa. 10⁰⁰–12⁰⁰ Uhr → **WIE?** Tram 3, 14 | Bus 74
→ **WEB?** www.buchhandlung-gruemmer.de

Westen

# SCHWARZWURZEL

## BIOLADENKOLLEKTIV

Am südlichen Ende der *Georg-Schwarz-Straße* in Lindenau findet ihr einen Bioladen mit einem ganz besonderen Konzept für eine nachhaltige Lebensweise: Mitglieder erhalten in der »schwarzwurzel« alle Einkäufe zu vergünstigten Konditionen. Aber auch ohne Mitgliedschaft könnt ihr euch hier mit ökologisch erzeugten Produkten eindecken, die zum großen Teil aus der Region stammen und saisonal ausgerichtet sind. Alle, die vegane Lebensmittel bevorzugen, finden die entsprechenden Waren ganz leicht, denn diese sind besonders gekennzeichnet.

➜ **WO?** Ecke Georg-Schwarz-Str. / Erich-Köhn-Str. 65, 04177 Leipzig
➜ **WANN?** Mo., Di., Do. & Fr. 9⁰⁰–19⁰⁰ Uhr, Mi. 12⁰⁰–19⁰⁰ sowie
Sa. 9⁰⁰–14⁰⁰ Uhr ➜ **WIE?** Tram 7 ➜ **WEB?** www.schwarzwurzel.org

## Noch mehr Shopping

### BUCHHANDLUNG DRIFT

Kleiner, alternativer Buchladen, in dem es Bücher, Zeitschriften und Kaffee gibt sowie das Versprechen, dass jedes lieferbare Buch bestellt wird. Regelmäßig finden Lesungen statt. Sehr interessant sind die Buchempfehlungen – auch für Kinderbücher!
*Karl-Heine-Straße 83, 04229 Leipzig, www.drift-books.de*

### GALERIE QUADRIGA

Beim Spinnereirundgang ein Gemälde erstanden? Den passenden Rahmen dafür lassen sich die Leipziger gern bei »Quadriga« anfertigen. Die Qualität ist einzigartig, die Beratung kompetent und freundlich, und sollte man doch einmal etwas warten müssen, kann man in einem Fundus von verkäuflichen Originalen stöbern.
*Markranstädter Straße 2, 04229 Leipzig,*
*www.galerie-quadriga.de*

### RISIRO GUITAR

Christian Ritz bekam mit 12 Jahren seine erste Gitarre – seitdem hält die Begeisterung für Zupfinstrumente bei ihm an. Er baut und repariert nun »hauptamtlich« Gitarren und Bässe, legt viel Wert auf Individualität und die besonderen Wünsche seiner Kunden sowie auf die Qualität von Verarbeitung und Material.
*Zschochersche Straße 2 c, 04177 Leipzig,*
*www.risiro-guitar.de*

### SABINE GRAF SHOES & BOOTS

Die Verbindung von schlichter Eleganz, Funktionalität, klassischem Design und traditionellem Handwerk ist das Credo von Sabine Graf. In einem Baukastensystem kann man das Modell, die Lederfarbe und den Sohlentyp auswählen und bekommt so ein individuelles langlebiges Unikat, das auch reparierbar und einfach schön ist!
*Tapetenwerk, Lützner Straße 91, Haus B, 04177 Leipzig,*
*www.sabinegraf.co.uk*

### WHODUNNIT

Eine kleine Buchhandlung nur für Kriminalliteratur! Den bezeichnenden Namen hat Inhaber Hans Kohlmann bewusst für sein Geschäft gewählt. Selbst Krimiliebhaber, gibt er gern Lesetipps und hilft auch bei der Beschaffung vergriffener oder antiquarischer Bücher. Sein Laden ist eine wahre Fundgrube – hier geht kein Krimifan ohne ein Buch heraus!
*Könneritzstraße 67, 04229 Leipzig,*
*Facebook (Krimibuchhandlung whodunnit)*

Westen

# Einmal um die Welt, bitte!

Wo fangen wir an, wo hören wir auf? Kulinarisches im Leipziger Westen aufzuzählen, kommt einer Sandkorn-Inventur in der Sahara gleich. Süße Cafés in Schleußig, hippe Lokale in Plagwitz und gemütliche Restaurants in Lindenau – die Liste ist lang und es lohnt sich, sie abzuarbeiten!

### VON BLUMEN UND BIENEN

Die Gastronomie im Leipziger Westen ist authentisch und »grün«. In den meisten Restaurants wird mit regionalen Zutaten gekocht. Getrunken wird die Leipziger »Lipz Schorle«, der Honig im Tee kommt von der »Plagwitzer Wanderimkerei« und Obst und Gemüse werden direkt vom Stadtteilgarten eine Querstraße weiter bezogen. Auch Veganer und Vegetarier müssen sich selbstverständlich keine Sorgen machen, dass der Magen knurrt. Die Auswahl ist groß, bunt und köstlich.

### ZU TISCH BEI KARL

Apropos knurrender Magen. Wo steht man mittags am besten, wenn derselbige schon in den Kniekehlen hängt? Natürlich mitten auf der *Karl-Heine-Straße*. Fast alle Lokale haben hier schon zwischen 11.00 und 14.30 Uhr geöffnet und von der gefüllten Kartoffel über Reisvariationen und orientalische Tajines bis hin zu Hotdogs, Paninis und Thai Curry bekommt man hier alles, was man gerne mag oder schon immer einmal probieren wollte.

### KAFFEE UND KUCHEN

Und ehe die Süßen unter euch sich beschweren: Auch ihr kommt ganz gewiss auf eure Kosten! In Plagwitz esst ihr eine Zimtschnecke in ↗ SEIDELS KLOSTERBÄCKEREI (S. 163), in Schleußig gibts Himbeertorte in der KLEINEN LECKEREI und wer es dann noch bis nach Lindenau schafft, bekommt im CAFÉ WESTEN den wohlverdienten und dringend benötigten Espresso.

Westen

Kuchen, Quiche oder Kaffee?
↗ CAFÉ KATER (S. 164)

Westen

Groß, rund und gesund: die Knollen beim
↗ **KARTOFFELFRÄULEIN** (S. 164)

Hier gibts den wohl besten Zitronenkuchen der Stadt
↗ **CAFÉ ALBERT** (S. 160)

# S KULTUR

## RESTAURANT

Eine Querstraße vom *Lindenauer Markt* entfernt wartet auf alle Feinschmecker und Freunde gehobener internationaler Küche ein kulinarisches Kleinod! Im Restaurant »S Kultur« wird man von einem offenen, hellen Ambiente begrüßt und Inhaber Malte de Moll sorgt für lockeres, niederländisch-familiäres Flair, in dem man sich sofort willkommen fühlt. Aufgetischt werden zahlreiche hausgemachte Gerichte. Ob Fleisch oder Fisch, vegetarisch oder vegan, alles wird mit viel Liebe, Sorgfalt und Bewusstsein für Nachhaltigkeit zubereitet, und das schmeckt man. Die Weinkarte steht den Speisen selbstverständlich in nichts nach. Wir bestellen als Hauptgang Züricher Geschnetzeltes und zum Dessert ein Zitronen-Basilikum-Sorbet und entschweben in den 7. Kulinarik-Himmel! Wer jetzt Appetit bekommen hat, kennt ja die Adresse.

➜ **WO?** Nathanaelstraße 1, 04177 Leipzig ➜ **WANN?** Mi.–Sa. 17⁰⁰–23⁰⁰ Uhr, So. 17⁰⁰–22⁰⁰ Uhr
➜ **WIE?** Tram 7, 8, 15 | Bus 74, 130, 131 ➜ **WEB?** www.s-kultur.restaurant

**Westen**

## 53

# MEINS DEINS UNSER
## RESTAURANT

Wer wie zu Hause bei Mutti essen möchte, sollte diese Adresse kennen! Versteckt hinter der *Karl-Heine-Straße* kommen im »meins deins unser« gute traditionelle Gerichte zu erschwinglichen Preisen auf den Tisch. Im Sommer trifft man sich draußen auf dem urigen Freisitz und im Winter drinnen an einem rustikalen Tisch oder der Bar. Uneingeschränkt zu empfehlen ist die Boulette mit Kartoffelbrei und Zwiebelringen. Alle Süßen bestellen Quarkkeulchen!

→ **WO?** Weißenfelser Straße 25, 04229 Leipzig
→ **WANN?** täglich ab 9⁰⁰ Uhr → **WIE?** Tram 3, 14 | Bus 74
→ **WEB?** www.meins-leipzig.de

## 54

# SÜSS + SALZIG
## CAFÉ UND RESTAURANT

Ein Abstecher von der *Karl-Heine-Straße* in die *Merseburger Straße* lohnt sich nicht nur aufgrund der kleinen Geschäfte, die es zu entdecken gibt. Wer hier etwas essen möchte, besucht das »süß + salzig«. Wer es süß mag, bekommt hausgebackene Kuchen in allerlei Sorten und Freunde herzhafter Gerichte werden mit Flammkuchen oder Aufläufen aus saisonalen Zutaten bestens versorgt. Beim Frühstück die selbstgemachten veganen Brotaufstriche unbedingt probieren.

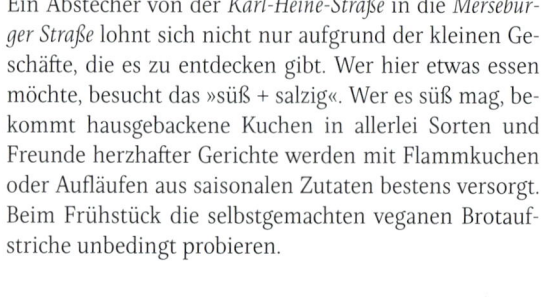

→ **WO?** Merseburger Straße 44, 04177 Leipzig
→ **WANN?** Di.–So. 10⁰⁰ Uhr bis spät → **WIE?** Tram 14
→ **WEB?** www.SuessSalzig.de

# BRÜHBAR

## KAFFEERÖSTEREI & EVENTS

Was haben fast alle unsere Leipziger Lieblingscafés gemeinsam? Eine eigene Kaffeemischung aus der Plagwitzer »Brühbar«! In der biozertifizierten Kaffeerösterei kann man das schwarze Lebenselixier hautnah erleben und aus 14 Möglichkeiten eine Zubereitungsform wählen. Es werden qualitativ hochwertige Arabica-Rohkaffees veredelt und aromatische und bekömmliche Kaffees entstehen. Alle, die tiefer in die Materie eintauchen wollen, können bei Events ihr Wissen rund um die schwarze Bohne und die Röstverfahren auffrischen und vom Röstmeister, einem ausgebildeten Diplom-Kaffee-Sommelier, lernen. Ein Fest für die Sinne! Der Lieblingskaffee des Röstmeisters ist übrigens ein sonnengetrockneter Spitzenkaffee aus Äthiopien, Region Yirgacheffe, mit Aromen von Blaubeeren, Pfirsichen, Karamell und Schokolade. Ein wahres Gaumenfeuerwerk!

➙ **WO?** Ecke Weißenfelser Straße 24 / Zschochersche Straße, 04229 Leipzig ➙ **WANN?** Mo. & Di. 12⁰⁰–18⁰⁰ Uhr, Mi. 12⁰⁰–20⁰⁰ Uhr, Do. & Fr. 12⁰⁰–18⁰⁰ Uhr, Sa. 11⁰⁰–16⁰⁰ Uhr, So. & feiertags geschlossen
➙ **WIE?** Tram 3, 14 | Bus 74 ➙ **WEB?** www.bruehbar.de

Westen

# CAFÉ ALBERT

## KAFFEE & KUCHEN

Gemütlich frühstücken gehen oder am Nachmittag ein Stück Kuchen naschen – dafür gibt es im Leipziger Westen vor allem eine gute Adresse: das »Café Albert« auf der *Karl-Heine-Straße*, direkt gegenüber vom ↗ **WESTWERK** (S. 178). In dem kleinen Café im Eckhaus bekommt man in lauschiger Atmosphäre hausgemachte Kuchen und Torten in Bioqualität, verschiedene warme Paninis und andere kleine Köstlichkeiten und Getränke. Neben fair gehandeltem Kaffee gibt es im »Café Albert«, das übrigens nach König Albert von Sachsen benannt wurde, auch verschiedene Frühstücksvariationen. Ganz Plagwitz trifft sich hier zum Plaudern, Arbeiten oder Entspannen. Im Winter lohnt es sich zu reservieren, da jeder hier eine heiße Schokolade trinken möchte. Lang lebe der König!

➜ **WO?** Karl-Heine-Straße 74, 04229 Leipzig ➜ **WANN?** Mo.–So. 9⁰⁰–18⁰⁰ Uhr ➜ **WIE?** Tram 14

**Westen**

# TONIS EISLADEN

## HANDMADE ORGANIC ICECREAM

Kein Sommer in Schleußig ohne Eis von »TONIS«! Wer hier einmal an einem heißen Sommertag eine erfrischende Kugel genossen hat, wird unverzüglich Wiederholungstäter und kehrt immer wieder an den Ort der süßen Verführung zurück. Ganz ohne künstliche oder natürliche Aromen gibt es bei »TONIS« traditionell hergestelltes Eis in Bioqualität. Jede Sorte wird in der kleinen Küche hinter der Theke selbst ausgetüftelt, und dabei legt das »TONIS«-Team eine ordentliche Portion Kreativität und Experimentierfreude an den Tag. Wem Bourbonvanille oder Schokolade auf Dauer zu langweilig sind, der hat die Qual der Wahl und kann sich zwischen verlockenden Sorten wie Avocado-Limette, Honig-Wildblume oder Himbeere-Rote Bete entscheiden. Auch in der Innenstadt am *Thomaskirchhof 17* könnt ihr euch TONIS Eiskreationen schmecken lassen.

➔ **WO?** Könneritzstraße 21, 04229 Leipzig ➔ **WANN?** Di.–Fr. 14⁰⁰–18⁰⁰ Uhr, Sa.–So. 13⁰⁰–19⁰⁰ Uhr, bei schönem Wetter auch eher und länger ➔ **WIE?** Tram 1, 2 ➔ **WEB?** www.tonis-icecream.com

Westen

# SEIDELS KLOSTERBÄCKEREI

## SLOW BAKERY

»Seidels Klosterbäckerei« gibt es seit 1903 und gehört zu den traditionsreichsten Bäckereien der Stadt. Spezialisiert auf die rein natürliche Herstellung von Backwaren, ganz ohne Konservierungsstoffe und Geschmacksverstärker oder Fertigbackmischungen, sind alle Produkte einzigartig und werden noch heute mit viel Liebe nach sehr alten Rezepturen hergestellt. Unter Anwendung von traditionellen Backverfahren mit Langzeit-Teigführungen bis zu 48 Stunden entstehen täglich frische Backwaren in bestmöglicher Qualität. Fragen rund um die Produktion werden beim Einkauf gern beantwortet, zu jedem Brot und Gebäck gibt es eine eigene Geschichte zu erzählen. Wer nicht im Westen unterwegs ist, kann auch die Gohliser Filiale in der *Eisenacher Straße 17* besuchen.

➡ **WO?** Karl-Heine-Straße 40, 04229 Leipzig ➡ **WANN?** Mo.–Fr. 7⁰⁰–19⁰⁰ Uhr, Sa. 7⁰⁰–18⁰⁰ Uhr, So. 8⁰⁰–13⁰⁰ Uhr ➡ **WIE?** Tram 3, 14 | Bus 74 ➡ **WEB?** www.baeckerei-seidel.de

Westen

# CAFÉ KATER
## KAFFEE & KUCHEN

Seit das hippe »Café Kater« im Februar 2015 eröffnet hat, schwört ganz Leipzig auf die Köstlichkeiten, die die beiden jungen Inhaberinnen in gemütlicher Atmosphäre anbieten. Die Rezepte für Kuchen, Quiche und Co. haben sie auf Reisen gesammelt oder direkt von Oma stibitzt. Bei guter Musik sollte man regionale Produkte wie die »Lipz Schorle« oder die hauseigene Kaffeemarke »Schwarzer Kater« testen. Zum Frühstück das frische Rührei und nachmittags den himmlischen Cheesecake bestellen!

➔ **WO?** Rudolph-Sack-Straße 2 (Eingang ü. Zschochersche Straße), 04229 Leipzig ➔ **WANN?** Mo.–Fr. 9⁰⁰–18³⁰ Uhr, Sa. 10⁰⁰–18³⁰ Uhr, So. 10⁰⁰–22⁰⁰ Uhr ➔ **WIE?** Tram 3, 14 | Bus 74 ➔ **WEB?** Facebook (Café Kater Leipzig)

# KARTOFFELFRÄULEIN
## GEFÜLLTE OFENKARTOFFELN

Wen beim Streifzug durch den Leipziger Westen der Hunger packt, dem empfehlen wir dringend einen Stopp im »Kartoffelfräulein« einzulegen. In dem kleinen Lädchen werden umso größere Kartoffeln angeboten, prall gefüllt mit frischen und regionalen Zutaten. Je nach Saison ändert sich die Auswahl, natürlich kann man seine Knolle auch selbst ganz nach eigenen Vorlieben zusammenstellen und mitnehmen. Groß, rund und gesund – wer hier nicht zuschlägt, verpasst etwas.

➔ **WO?** Karl-Heine-Straße 68, 04229 Leipzig ➔ **WANN?** Sommer Mo.–Fr. 11³⁰–20⁰⁰ Uhr, Sa. 12⁰⁰–18⁰⁰ | Winter Mo.–Fr. 11³⁰–19⁰⁰ Uhr, Sa. 12⁰⁰–18⁰⁰ ➔ **WIE?** Tram 14 ➔ **WEB?** www.kartoffelfraeulein.de

**Westen**

# KAISERBAD

## RESTAURANT & BAR

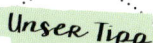

**Unser Tipp**

Ein Gang zur gut ausgestatteten Bar lohnt sich definitiv! Ordert den Hauscocktail und lasst euch überraschen.

Seit Sommer 2015 findet ihr auf dem Gelände des Plagwitzer ↗ **WESTWERKES** (S. 178) das moderne Restaurant »Kaiserbad«, das innerhalb kürzester Zeit zu einem der beliebtesten Lokale im Viertel avancierte. Auf dem großen Freisitz kann man direkt am Karl-Heine-Kanal Burger, Salate und neu interpretierte Klassiker zu moderaten Preisen verputzen. Im Inneren des historischen Baus treffen rote Backsteine auf petrolfarbene Fliesen, leuchtend gelbe Bänke und industriellen Charme. Hier läuten wir gerne Samstagvormittag das Wochenende ein oder treffen uns nach der Arbeit mit Freunden auf ein Glas Wein.

➜ **WO?** Karl-Heine-Straße 93, 04229 Leipzig ➜ **WANN?** Täglich 10⁰⁰ Uhr bis open end ➜ **WIE?** Tram 14
➜ **WEB?** Facebook (Kaiserbad Leipzig)

Westen

# JIMMY ORPHEUS & WESTEND
## CAFÉ & PROGRAMMVIDEOTHEK

In der *Industriestraße* in Schleußig kommen alle Cineasten in einer der letzten Programmvideotheken Leipzigs noch voll auf ihre Kosten. Im Filmarchiv kann aus mehr als 10.000 DVDs und Blu-Rays unterschiedlichster Genres gewählt werden. Neben internationalen Klassikern trudeln regelmäßig Neuerscheinungen ein, sodass Freunde der Filmkunst stets aufs Neue fündig werden. Die Leidenschaft für alte Filme führt sich auch im dazugehörigen Café direkt nebenan fort. Das »Jimmy Orpheus« wurde nach einem deutschen Schwarz-Weiß-Film aus dem Jahre 1966 benannt und ist konsequent nachhaltig ausgerichtet. Die kleine, aber feine Auswahl ist hausgemacht aus lokalen und meist ökologischen Produkten in Bioqualität. Die Schleußiger lieben diese Kombination aus cineastischen und gastronomischen Leckerbissen mitten im Kiez!

➤ **WO?** Industriestraße 18, 04229 Leipzig ➤ **WANN? Café** Mo.–Sa. 9⁰⁰–22⁰⁰ Uhr, So. 10⁰⁰–17⁰⁰ Uhr
**Filmgalerie** Mo.–Sa. 15⁰⁰–22⁰⁰ Uhr, So. 15⁰⁰–20⁰⁰ Uhr ➤ **WIE?** Tram 1, 2 | Bus 74
➤ **WEB?** www.westend-leipzig.de

**Westen**

# Vom Industrieviertel zum kreativen Hotspot

Lust auf Kunst und Kulturelles? Dann begebt euch auch mal abseits von Augustusplatz und Bildermuseum auf Spurensuche und mischt euch im Westen der Stadt unter die junge kreative Szene.

## IRGENDWIE …

Bedingt durch günstige Mieten und leerstehende Industriebauten haben sich in Plagwitz und Lindenau zahlreiche Künstlerateliers, Werkstätten und kleine Galerien niedergelassen. Die ↗ SPINNEREI (S. 182) fungiert als künstlerisches Epizentrum, aber auch im ↗ WESTWERK (S. 178), TAPETENWERK und den kleinen Nebenstraßen ringsherum steht der Pinsel nicht still. Sowohl bekannte und international gefeierte Künstler wie Neo Rauch haben ihre Ateliers im Leipziger Westen als auch junge Kunststudenten von der HGB, Fotografen, kreative Agenturen und Modedesigner. Oft verschwimmen die Grenzen zwischen den einzelnen Disziplinen und es entstehen individuelle und experimentelle Konzepte und Projekte. Auch Cineasten werden fündig: im Stadtteil Kleinzschocher findet ihr am *Adler* die SCHAUBURG, eines der kleinsten Kinos der Stadt. Das denkmalgeschütz-

te Art-déco-Gebäude wurde 1928 für den Rudolf-Film-Verlag gebaut. Nach einem umfassenden Umbau gibt es hier seit 2008 einen großen und zwei kleinere Säle, in denen Programmfilme sowie ausgewählte kommerzielle Streifen gezeigt werden.

## IRGENDWO …

Im ↗ FELSENKELLER (S. 176) besucht man frivole Burlesqueshows und dekadente Sommernachtsbälle, in der SCHAUBÜHNE LINDENFELS gibts Kino, Theater und Lesungen und die MUSIKALISCHE KOMÖDIE in Lindenau hält, was ihr Name verspricht. Im TÄUBCHENTHAL hört man Konzerte der angesagtesten Newcomer-Bands oder schlendert am Sonntagnachmittag über »The Market«, bei dem Leipziger Künstler und Designer ihre Produkte verkaufen und Foodtrucks fürs leibliche Wohl sorgen. Als neue Veranstaltungslocation wurde die ehemalige WESTBAD-Schwimmhalle in der Leipziger Kulturszene begrüßt.

Im einstigen Schwimmbecken des 1928 bis 1930 gebauten klassischmodernen Gebäudes kann heute nach Herzenslust getanzt und gefeiert werden.

## IRGENDWANN …

Wichtigster Termin: der halbjährliche »Spinnereirundgang« im Mai und September, der seit über 10 Jahren Tausende Besucher in die geöffneten Galerien lockt und in dessen Rahmen die Künstler ihre neuen Werke präsentieren. Auch das »Tapetenwerkfest« lädt jedes Jahr zum Frühjahrs- und Herbstrundgang ein, und wer Anfang Oktober in Leipzig ist, lässt sich beim »Lindenow« Kunstfestival inspirieren. Beim »Mersefest« tun sich die Anwohner und Gewerke der *Merseburger Straße* zusammen und feiern meist im Juni oder Juli ein Straßenfest. Ebenfalls im Sommer findet die »Leipziger Jahresausstellung« im WESTWERK statt.

Kunst trifft Design

↗ **INTERSHOP INTERDISCIPLINAIRE** (S. 184)

Lauscher auf beim
»Hörspielsommer« am Richard-Wagner-Hain

Unbedingt rot im Kalender markieren:
Rundgang in der ↗ **BAUMWOLLSPINNEREI** (S. 182)

**STEVE UHLIG ÜBER:**

# STUDIO SECRETS

Im Westen nichts Neues? Nun, die westlichen Stadtteile Leipzigs sind seit geraumer Zeit im Kontext von Kunst und Kultur international angesehen. Doch zwischen einschlägig bekannten Zentren für Kunst- und Kreativschaffende wie beispielsweise **SPINNEREI** und **TAPETEN-WERK** oder der zunehmend prosperierenden *Karl-Heine-Straße* existieren unglaublich viele Keimzellen kreativen Potentials.

Die **KUNSTANSTALT** ist ein Ateliergebäude in der *Könneritzstraße* und beherbergt in zahlreichen Räumen neben Handwerkern, Musikern und Tonstudios im Wesentlichen viele Künstlerinnen und Künstler. Einer davon ist Georg Kleefass. Seinen ruhigen und sachlichen Arbeiten wohnt ein dunkles Geheimnis inne, das den Betrachter fesselt und zugleich befremdet. Der Künstler zeigt kunst- und kulturinteressierten Besuchern seines Ateliers nach Absprache gern Arbeitsproben aus seinem Portfolio und gibt somit einen nahen Einblick in die Welt der »Neuen Leipziger Schule«.

Wer noch mehr dieser persönlichen »Studio Secrets« entdecken möchte, dem sei Heiko Mattausch ans Herz gelegt. Der Leipziger Künstler öffnet meist zu den Jahresrundgängen die Türen seines Ateliers in Lindenau. Er lädt Besucher zum persönlichen Gespräch ein und zeigt seine mit gekonntem Strich geschaffene Malerei.

Neu erworbene Werke sollte der geneigte Sammler selbstverständlich professionell rahmen lassen. In seiner Werkstatt in Schleußig berät der Inhaber des **BILDERBOGENS** Stephan Völkner seine Kundschaft fabelhaft individuell und fertigt viele Rahmen auch selbst an.

**Westen**

# HIER + JETZT
## KUNSTGALERIE

Seit vielen Jahren sind im Lindenauer **TAPETENWERK** Künstler mit ihren Ateliers ansässig, da war es nur logisch, dass Ivo Zibulla und Maxi Kretzschmar ihre gemeinsame Galerie im August 2015 hier eröffneten. In kreativer Nachbarschaft zeigen sie regelmäßig wechselnde Ausstellungen rund um den Schwerpunkt urbane Kunst. Sowohl junge Talente als auch etablierte internationale Künstler präsentieren hier ihre Werke, vor allem aus den Bereichen Malerei, Fotografie und Grafik.

→ **WO?** Tapetenwerk, Haus F im Innenhof, Lützner Straße 91, 04177 Leipzig → **WANN?** Mi.–Do. & Sa. 14⁰⁰–20⁰⁰ Uhr → **WIE?** Tram 8, 15 S-Bahn S1 → **WEB?** www.galerie-hierundjetzt.de

# LOFFT
## THEATER

Direkt am *Lindenauer Markt* liegt das freie Theaterhaus »LOFFT«. Ein kultureller Impulsgeber und Förderer mit einem quergedachten, intelligenten und abwechslungsreichen Programm: über 500 Künstler aus aller Welt stehen hier jedes Jahr auf der Bühne. Seit 1997 überrascht das Haus mit zeitgenössischem Tanz, post-dramatischem Theater und Performance-Kunst. Vor allem junges Publikum schaut im »LOFFT« regelmäßig vorbei, denn neben den Aufführungen bietet das Theater seinen Besuchern ein vielfältiges Veranstaltungsprogramm. Viele Besucher schätzen die Nähe zu den Künstlern bei Workshops und Gesprächsrunden in lockerer Atmosphäre. Alle zwei Jahre richtet das »LOFFT« Leipzigs größtes Tanzfestival, die »TANZOFFENSIVE« aus und ist auch Partner und Veranstaltungsort des populären Festivals »euro-scene Leipzig«.

→ **WO?** Lindenauer Markt 21, 04177 Leipzig → **WIE?** Tram 7, 8, 15 | Bus 74, 130, 131 → **WEB?** www.lofft.de

**Westen**

# VILLA HASENHOLZ

## KULTURRAUM, BIERGARTEN & PENSION

Am Rande des nördlichen Auwaldes steht eine betagte Gründerzeitvilla, die als Ausflugslokal schon um die Jahrhundertwende ein beliebtes sonntägliches Ziel war. Seitdem hat sich viel getan und heute pilgern viele Künstler, Freidenker sowie Kunst- und Kulturinteressierte wieder regelmäßig ins »Hasenholz«. Das Besondere: Der Charme der Vergangenheit wurde bewahrt und das ursprüngliche Nutzungskonzept von ca. 1890 als Ausflugslokal mit Biergarten und alternativem Veranstaltungsort mit Pension wurde wiederbelebt. Im Sommer trifft man sich auf der großen Wiese hinter der Villa und genießt den Sonntag in den Hängematten und Liegestühlen des romantischen Biergartens. Die »Villa Hasenholz« hat schon so einiges erlebt und wenn sie Geschichten erzählen könnte, würden wir alle gespannt zuhören! Schaut vorbei und lasst euch vom Zauber vergangener Tage in den Bann ziehen!

➜ **WO?** Gustav-Esche-Straße 1, 04179 Leipzig ➜ **WANN? Biergarten** Mi.–Fr. von 15⁰⁰–20⁰⁰ Uhr, Sa., So. & feiertags 10⁰⁰–20⁰⁰ Uhr ➜ **WIE?** Tram 7 | Bus 80 | S-Bahn S1 ➜ **WEB?** www.villahasenholz.de

**Westen**

**MAMA ULITA ÜBER:**

## VILLA HASENHOLZ

Die ↗ **VILLA HASENHOLZ** (S. 175) ist ein verwunschener Ort, an dem es meiner Meinung nach einen Geist gibt, der sich all denen zeigt, die mit offenen Augen vorbeikommen. Hier offenbart sich, dass es doch eine Zwischenwelt gibt, in der alles möglich ist, was man sich erträumt. Diese alte Villa mit einer langen Geschichte wilder Partys und gepflegter Tanzveranstaltungen befindet sich am Rand des Leutzscher Holzes und steht inmitten eines liebevoll gestalteten und weitläufigen Gartens. Marion Salzmann hält den Betrieb am Laufen und hat in den letzten sechs Jahren in einem Kraftakt – den nur Leipziger Pioniere schaffen können – der damals fast verfallenen Villa wieder buntes Leben eingehaucht.

Heute beherbergt sie Künstler, die sich mal eine Auszeit gönnen wollen oder kreative Ruhe brauchen. Diese revanchieren sich mit Ausstellungen oder Konzerten. Im Biergarten gibt es zur Sommerzeit DJs, Live-Acts und modernes Hippietum mit romantischen Lagerfeuerabenden und Gitarrenmusik. Die Cocktails sind kreativ und lecker, am Grill gibt es regionale Köstlichkeiten und für den Biergarten backt Marion den Kuchen selber. Vor allem kann man dort feiern! Die »Villa Hasenholz« ist eine beliebte Location für Hochzeitsgesellschaften, die für ihre Liebesbezeugung nach wilder Romantik suchen. Der »Salon Noir – An exotic Night of Burlesque« hat an diesem zauberhaften Ort seine Leipziger Heimat gefunden und findet dort mehrmals im Jahr statt. Die »Villa Hasenholz« ist in Leipzig immer noch ein Geheimtipp, der meines Erachtens weniger geheim sein könnte. Ein Besuch lohnt sich immer!

# FELSENKELLER
## VERANSTALTUNGSSTÄTTE

Wer zum ersten Mal im Leipziger Westen unterwegs ist, dem fällt vor allem ein Gebäude sofort auf: der »Felsenkeller« an der Kreuzung *Karl-Heine-Straße/Zschochersche Straße*. Seinem Namen macht er alle Ehre, denn seit über 100 Jahren thront er wie ein Fels in der Brandung über Plagwitz.

1890 eröffnet als Konzert- und Ballsaal, wurde das Gebäude mit der imposanten, neobarocken Architektur später auch für Versammlungen der Arbeiterbewegung genutzt. Hier sprachen unter anderem Karl Liebknecht, Rosa Luxemburg und Clara Zetkin. Von den Auswirkungen des Zweiten Weltkrieges blieb der Bau verschont und wurde weiter als Kulturstätte und Eventlocation genutzt. In den vergangenen Jahren wurde es dann ruhig um den »Felsenkeller«, bis ein junges Team antrat, um ihn gemeinsam mit dem Eigentümer Schritt für Schritt zu sanieren, kulturell zu entwickeln, und ihn so aus dem Dornröschenschlaf mitten in Leipzigs kreative Szene beförderte. Bisher fanden schon zahlreiche Veranstaltungen wie Konzerte, Bälle und Märkte statt. Wer selbst ein Event der Extraklasse plant, kann den wachgeküssten Saal des »Felsenkellers« mieten und zwischen Parkettboden, Kronleuchtern und Bühnenmuschel sein eigenes Konzept in einmaliger Atmosphäre umsetzen. Seit 2015 könnt ihr es euch auch im neu gestalteten Biergarten inklusive Hollywoodschaukeln gemütlich machen.

<u>Unser Tipp:</u> Lasst euch auf keinen Fall eine der spektakulären Dinnershows entgehen oder besucht die augenzwinkernd-frivolen Burlesque-Shows der Leipziger »Lipsi Lillies«, bei denen auch unser Local Hero Mama Ulita das Publikum verführt.

➜ **WO?** Karl-Heine-Straße 32, 04229 Leipzig ➜ **WIE?** Tram 3, 14 Bus 74 ➜ **WEB?** www.felsenkeller-leipzig.com

# WESTWERK

## KULTURELLES ZENTRUM

Wer die *Karl-Heine-Straße* entlangschlendert und sich dem imposanten Industriebau des »WESTWERKS« nähert, spürt: Die Dichte an Kreativität, Freiraum und Kultur ist hier besonders hoch. 1882 als Metallgießerei gegründet, wurden in den Produktionsstätten während des Zweiten Weltkrieges Armaturen für U-Boote und später Industriearmaturen hergestellt. Nach der Wende stand das Werk, wie so viele volkseigene Betriebe, jahrelang leer und drohte zu verfallen, bis sich kreative Köpfe dazu entschlossen, es wiederzubeleben. Heute findet man in den verschiedenen Hallen und Gebäuden zahllose Ateliers, Proberäume, Büros, Werkstätten und Läden. Wer noch tiefer in die Leipziger Kunstszene abtauchen möchte, dem empfehlen wir die Jahresausstellung in der »Großen Halle«. Einmal im Jahr werden hier für knapp drei Wochen die Werke verschiedenster Leipziger Künstler präsentiert.

➜ **WO?** Karl-Heine-Straße 85–93, 04229 Leipzig ➜ **WIE?** Tram 14 ➜ **WEB?** www.westwerk-leipzig.de

Westen

# Es gibt viele große Pläne für die Zukunft.

Peter Sterzing wurde in Leipzig geboren, wuchs in Erfurt auf und kehrte 1998 für sein Jurastudium zurück. Seit Herbst 2009 ist der Anwalt Geschäftsführer des WESTWERKS und hat seither mit der Sanierung und Belebung des alten Industriegeländes maßgeblich zur Aufwertung der Gegend rund um die Karl-Heine-Straße beigetragen.

*Peter, worin besteht Deine persönliche Motivation, das WEST-WERK voranzubringen?*

Generell ist die Gestaltung des WESTWERKS eine riesige Herausforderung, da hier sehr viele unterschiedliche Menschen und unterschiedliche Gegebenheiten zusammenkommen. Als ich 2009 anfing, war Plagwitz noch kein attraktiver Standort in Leipzig. Seitdem hat sich der Westen eigentlich erst entpuppt und ist zu einem kleinen Schmetterling geworden. 2009/10 war diese Bewegung, die im Moment hier herrscht, noch nicht spürbar. Meine Motivation ist sicherlich sehr persönlich. Das WESTWERK ist mir ans Herz gewachsen. Ich habe es unter ziemlich hoffnungslosen Bedingungen übernommen und wir sind mittlerweile in fast jeder Hinsicht gut aufgestellt. Sehr viele Leute interessieren sich für das WESTWERK, viele arbeiten hier, es kommen jede Menge Touristen. Auch baulich haben wir einiges geschafft und wir sind in den schwarzen Zahlen. Wenn ich das alles sehe, dann weiß ich, dass sich die Arbeit lohnt. Außerdem kann ich aktiv in die Atmosphäre des Viertels eingreifen und es mitgestalten. Ich selbst habe kein Haus oder Grundbesitz, hier kann ich mich ausleben. (lacht)

*Du hast Besuch und 24 Stunden Zeit – wo geht ihr hin?*

Ins WESTWERK! (lacht) Nein, nicht nur. Ich würde den Leipziger Süden zeigen, vom See über das Conne Island, die Karl-Liebknecht-Straße und den Fockeberg bis hin zum Völkerschlachtdenkmal. Diese Ecke kenne ich gut und sie gefällt mir sehr. Da würde ich die Leute hinführen. Plagwitz ist auch immer eine Reise wert, weil es durch die Industriebrachen und entstandenen Schneisen nicht so eingeengt ist. Plagwitz hat auf jeden Fall seinen eigenen Charme, und der ist sehenswert. Außerdem muss man den Wackelturm im Rosental gesehen haben und hinaufsteigen. Generell ist man mit dem Fahrrad so schnell in ganz Leipzig, daher muss man auch überall hin.

*Welche Pläne gibt es für die Zukunft?*

Das große Aushängeschild, das ich in meinem Kopf schon über das WESTWERK gehängt habe, ist das Stadtteilzentrum. Meine Philosophie ist, dass wir hier mitten in Plagwitz groß vertreten sind und ein absolut lokales Business machen. Diesen Bezug zum unmittelbar Lokalen und Urbanen dürfen wir nie verlieren. Wir sollten bestimmte Lücken für Dinge, die es hier noch gar nicht gibt, ausfüllen und versuchen, attraktiv für die Umgebung zu sein. Außerdem möchten wir gern weitere Arbeitsräume für die Plagwitzer schaffen. Die Nachfrage ist groß und die Menschen sollen hier, wo sie sich wohlfühlen, auch arbeiten können. Familien sollen die Möglichkeit haben, sich in ihrer Wohnumgebung zu verwurzeln. Zeit bringt Veränderung mit sich und man muss auch mal etwas Neues wagen. Es gibt viele große Pläne für die Zukunft. Allein der Gedanke, an historischer Stelle – die ersten Gebäude hier wurden 1872 gebaut – mitzugestalten, ist sehr schön und macht immer wieder Freude!

*Leipzig in 3 Worten ...*

Lebenswert, offen, unterhaltsam.

# MUSEUM FÜR DRUCKKUNST

## WERKSTATT & MUSEUM

Eine der letzten historischen Druckereien der Stadt könnt ihr in Plagwitz in der *Nonnenstraße* besuchen. In dem alten Industriebau, der auf eine knapp 100-jährige Vergangenheit als Druckereibetrieb zurückblickt, findet ihr eine umfangreiche Sammlung zur Druck- und Mediengeschichte mit funktionierenden Geräten und Maschinen. Noch immer wird hier produziert und ihr könnt alle Prozesse des Druckens anschauen und einige selbst ausprobieren – perfekt geeignet für einen verregneten Nachmittag in Plagwitz!

→ **WO?** Nonnenstraße 38, 04229 Leipzig
→ **WANN?** Mo.–Fr. 10⁰⁰–17⁰⁰ Uhr, So. 11⁰⁰–17⁰⁰ Uhr
→ **WIE?** Tram 1, 2 → **WEB?** www.druckkunst-museum.de

# Spinnerei früher und heute

In der einst größten Spinnerei Europas bekommt ihr heute die geballte Ladung Kunst und Kultur! Doch angefangen hat alles mit der Baumwolle. Im 19. Jahrhundert war der Bedarf so stark gestiegen, dass ein paar findige Industrielle auf dem weitläufigen Gelände massive Backsteingebäude errichten ließen. Innerhalb weniger Jahre wuchs der Betrieb rasant und etablierte sich als größter des Kontinents. Erst nach der Wende wurde die Produktion eingestellt, und während die industrielle

**Kunst und Kultur in der Baumwollspinnerei**

Nutzung der 20 Backsteinbauten langsam versiegte, entstanden nur wenige Jahre später die ersten Künstlerateliers auf dem Spinnereigelände. Unter dem Motto »From Cotton to Culture« beherbergt die ehemalige **BAUMWOLLSPINNEREI** heutzutage vor allem unzählbare Ateliers, Werkstätten und Galerien. Beim Frühjahrs- und Herbstrundgang öffnen alle Galerien ihre Türen und ihr könnt sogar in einige der Ateliers einen Blick werfen.

 **LEIPZIGER BAUMWOLLSPINNEREI**
*Spinnereistraße 7, 04179 Leipzig*
*www.spinnerei.de*

**Westen**

# LURU KINO

## KINOSAAL & OPEN AIR KINO

Zwischen Dutzenden Künstlerateliers und Galerien findet ihr auf dem Gelände der ↗ **BAUMWOLLSPINNEREI** (S. 182) auch ein uriges Programmkino mit industriellem Flair. Das »Luru Kino« zeigt in einem kleinen, gemütlichen Saal ausgewählte Arthouse- und Independent-Streifen. Im Sommer gehts dann raus ins Open-Air-Kino. Wer sich schon immer mal eine Privatvorstellung gewünscht hat oder einfach mit seinen 50 besten Freunden einen Kinoabend verbringen möchte, der kann den Saal sogar mieten und seinen Lieblingsfilm laufen lassen. Wem das nicht reicht, der kauft sich seinen eigenen Kinosessel – der kostet gar nicht mal so viel und gehört einem dann ein Leben lang.

➜ **WO?** Spinnereistraße 7, 04179 Leipzig ➜ **WANN?** Di.–So. ab 17⁰⁰ Uhr ➜ **WIE?** Tram 14 | Bus 60 S-Bahn S1 ➜ **WEB?** www.luru-kino.de

**Westen**

# INTERSHOP INTERDISCIPLINAIRE

## PRODUZENTENGALERIE

Wer das Gelände der ↗ **BAUMWOLLSPINNEREI** (S. 182) erkundet und sich auf dem holprigen Kopfsteinpflaster auch mal vom Hauptweg abbringen lässt, der entdeckt in der Halle 10 den »INTERSHOP«, eine interdisziplinäre Produzentengalerie für Hybridprojekte. Hier tüfteln internationale Designer und Künstler gemeinsam an innovativen und nachhaltigen Projekten, die angewandte und bildende Künste mit verschiedenen Wissenschaftsbereichen verknüpfen. Das Team rund um Art-Directorin Louise Walleneit kuratiert und gestaltet die Ausstellungen, bei denen die Grenzen zwischen Kunst, Textil und Produktdesign oft ganz bewusst verwischt werden. Ein Blick auf die Homepage lohnt sich, denn so lässt sich leicht die nächste Ausstellung finden. Einfach vorbeischauen und inspirieren lassen!

➜ **WO?** Halle 10, Spinnereistraße 7, 04179 Leipzig ➜ **WANN?** Fr.–Sa. 11⁰⁰–18⁰⁰ Uhr und nach Vereinbarung
➜ **WIE?** Tram 14 | Bus 60 | S-Bahn S1 ➜ **WEB?** www.inter-disciplinary-shop.org

# HALLE 14

## ZENTRUM FÜR ZEITGENÖSSISCHE KUNST

Ein Dreh- und Angelpunkt innerhalb der ↗ **BAUMWOLLSPINNEREI** (S. 182) und wichtige Haltestelle für alle, die sich für zeitgenössische Kunst interessieren, ist die »HALLE 14«. In dem 20.000 m² großen, denkmalgeschützten Industriegebäude zeigt das Kunstzentrum seit 2002 aktuelle und internationale Ausstellungen. Im multifunktionalen Besucherzentrum könnt ihr in einer umfangreichen Kunstbibliothek stöbern und euch informieren. Mit ein bisschen Glück habt ihr sogar die Möglichkeit, nationalen und internationalen Künstlern beim Arbeiten zuzuschauen, denn neben der Ausstellungsfläche gibt es hier auch Ateliers und Werkstätten. Regelmäßig finden Künstlergespräche, Workshops, Vorträge und natürlich Ausstellungen statt.

→ **WO?** Spinnereistraße 7, 04179 Leipzig → **WANN?** Mai–Okt. Di.–So. 11⁰⁰–18⁰⁰ Uhr | Nov.–April Di.–Sa. 11⁰⁰–18⁰⁰ Uhr → **WIE?** Tram 14 | Bus 60 | S-Bahn S1 → **WEB?** www.halle14.org

Westen

# Energie tanken am Wasser

Euch raucht der Kopf vom Galerienrundgang, aber ihr habt keine Zeit für einen Kurztrip ins Spa? Kein Problem, denn zum Glück hat der Leipziger Westen neben Kunst, Kultur und Gastronomie auch viel Natur zu bieten.

### KARL-HEINE-KANAL IN PLAGWITZ

Je weiter die Uhr Richtung Feierabend voranschreitet, desto mehr füllen sich die Steinstufen am Ufer des Karl-Heine-Kanals mit Menschen, die hier direkt am Wasser ihre freien Stunden genießen, ein Bierchen trinken oder Eis essen. Andere fahren weit weg, um sich zu erholen, wir machen einen Spaziergang am Kanal entlang oder erkunden den Westen der Stadt vom Wasser aus und kehren mit neuer Energie und frischen Gedanken in den Alltag zurück.

### ULRICHSTEICH IN LINDENAU

Am nördlichen Ende der Lindenauer *Angerstraße* findet ihr hinter einer winzigen kastanienumsäumten Allee eine alte Villa, hinter der sich der Ulrichsteich versteckt. Knorrige Bäume ringsherum spenden Schatten, meist ist man allein auf dem kleinen Rundweg und kann von einer Bank aus den Blick auf den idyllischen Teich genießen.

<u>Unser Tipp:</u> Beim »Kaos-Kultursommer« finden vor der romantischen Kulisse Musik-, Theater- und Literaturveranstaltungen statt. *www.kaos-kultursommer.blogspot.de*

### VOLKSPARK KLEINZSCHOCHER

Über die Schleußiger *Antonienstraße* gelangt ihr in den Volkspark Kleinzschocher. Hier gibt es das Freibad zum Erfrischen, Sportplätze zum Auspowern und große Wiesenflächen zum Picknicken. Der ehemalige Gutspark wurde 1928 für die Öffentlichkeit freigegeben und besticht heute durch eine Vielzahl seltener Baumarten, großer Wiesen und farbenprächtiger Beete. Hinkommen, durchatmen und verweilen!

Unbedingt einplanen: einen Ausflug an den Karl-Heine-Kanal

# MADAME KÄTHE

## VINTAGE-FRISEUR

*Unser Tipp*

Die Künste vom »Madame Käthe«-Team sind begehrt! Unbedingt rechtzeitig einen Termin vereinbaren!

Schon von außen erkennt man, dass einen bei »Madame Käthe« kein üblicher Friseursalon erwartet. Als würde man ein gemütliches Wohnzimmer betreten, fühlt man sich im liebevoll gestalteten Laden mit Einrichtung aus den 1940er-Jahren sofort heimisch und herzlich empfangen. Seit 2008 kann man sich vom Team rund um Friseurmeisterin Katja mit Haarschnitten und Stylings der 20er- bis 50er-Jahre, aber auch mit modernen Schnitten und Frisuren aufhübschen lassen. Zudem finden regelmäßig Workshops statt, bei denen die Herren den richtigen Umgang mit Pomade lernen und die Damen in die Geheimnisse von Vintage-Accessoires und Schmuck fürs Haar eingeweiht werden. Vorbeischauen lohnt sich hier also doppelt!

➜ **WO?** Karl-Heine-Straße 68, 04229 Leipzig ➜ **WANN?** Mo. 9⁰⁰–18⁰⁰ Uhr, Di.–Fr. 9⁰⁰–20⁰⁰ Uhr und nach Vereinbarung ➜ **WIE?** Tram 14 ➜ **WEB?** www.madame-kaethe.de

**Westen**

# Mittendrin statt nur dabei

Wenn der Rest der Stadt schon friedlich schlummert, kann in Plagwitz oder Lindenau die Nacht zum Tag gemacht werden. Hier sitzt man abends nicht nur in Restaurants, sondern auch in Biergärten, Freisitzen, am Kanal oder auch mal direkt auf der Straße.

Da, wo es sich gut anfühlt und einem die letzten Sonnenstrahlen des Tages auf der Nase kitzeln, lässt man sich nieder und schlürft seine Limo aus dem Späti nebenan. Zu später Stunde gehts dann weiter ins ↗ **ELIPAMANOKE** (S. 18) oder die **ALTE DAMENHANDSCHUHFABRIK**, wo bis zum Morgengrauen getanzt wird. Dann ist es natürlich praktisch, wenn die Unterkunft nicht weit entfernt ist und man sich am nächsten Morgen zum »Katerfrühstück« im ↗ **CAFÉ KATER** (S. 164) treffen kann.

## HOTELS

Mitten in Plagwitz könnt ihr gut und günstig im **MCDREAMS HOTEL** übernachten. Die Zimmer befinden sich in der 3. und 4. Etage der Elsterpassage. Die Tram 3 hält direkt vor der Haustür und bringt euch in wenigen Minuten ins Zentrum. Wer den Westen der Stadt erkunden möchte, kann fußläufig alles erreichen. Zum ↗ **FELSENKELLER** (S. 176) ist es ein Katzensprung und auch zu allen Zielen in Schleußig und Lindenau kommt ihr per pedes oder mit dem Rad. Zurück im Hotel könnt ihr euch dann unter der Wellnessbrause und in den gemütlichen Boxspringbetten von eurer Tour durch Leipzig erholen.

## HOSTELS

Da gerade ein junges Publikum mit Vorliebe den Leipziger Westen unsicher macht, sind Hostels hier stark gefragt. Seit 2015 gibt es in Lindenau das **HOSTEL & GARTEN EDEN**, in dem jedes Zimmer von einem anderen Künstler konzipiert und gestaltet wurde. In Eigenregie haben vier junge Damen das ehemalige Lehrlingswohnheim renoviert und in einen echten Wohlfühlort verwandelt.

## APARTMENTS

Auf der ↗ **SPINNEREI** (S. 182) kann man in den lichtdurchfluteten **MEISTERZIMMERN** mitten in Leipzigs Künstlerszene wohnen und übernachten. Dort, wo früher Baumwolle gesponnen wurde, sind heute meisterhafte Lofts zu finden, in denen man vielleicht sogar selbst von der Muse geküsst wird.

Unser Tipp:

Wer schon hier übernachtet, sollte auf alle Fälle auch an einer geführten Tour über das Spinnereigelände teilnehmen und mehr über die Geschichte der heutigen Künstlerresidenz erfahren.

Westen

Schlafen in farbenfroher Retro-Atmosphäre
↗ **HOSTEL BLAUER STERN** (S. 192)

# BLAUER STERN

## HOSTEL

Gut und günstig übernachten könnt ihr seit 2014 direkt am *Lindenauer Markt* im Hostel mit dem blauen Stern über der Tür. Der sanierte Altbau wurde 1892 gebaut und blickt auf eine bewegte Geschichte zurück: Buchbinderei, Bank, Stasi-Zentrale und Ärztehaus; all diese Stationen hat das Haus schon mitgenommen und beherbergt nun in gemütlicher Retro-Atmosphäre junge Gäste aus aller Welt. Auf drei Etagen gibt es zwar nur elf Zimmer, dafür sind diese alle in unterschiedlichen Farben gestaltet und ihr müsst euch nur für eure liebste entscheiden. Wenn es warm ist, lädt der grüne Innenhof zum Verweilen und der riesige Aufenthaltsraum mit Küche zum gemeinsamen Kochen und Kennenlernen der anderen Gäste ein. Ansonsten sind sämtliche Kultur- und Gastroziele in Lindenau und Plagwitz nur einen Katzensprung entfernt. Wer also nach einem langen Tag hungrig den Heimweg ins Hostel antritt, sollte unbedingt dem wenige Gehminuten entfernten Restaurant ↗ **S KULTUR** (S. 157) einen Besuch abstatten.

➜ **WO?** Lindenauer Markt 20, 04177 Leipzig ➜ **WANN?** Mo.–So. 14⁰⁰–21⁰⁰ Uhr ➜ **WIE?** Tram 7, 8, 15 | Bus 74, 130, 131 ➜ **WEB?** www.hostel-blauer-stern.de

Westen

# Nummer-sicher-Süden

# Im Leipziger Süden

Urgemütliche Kneipen, junge Mode, kleine Clubs und ganz viel Kultur – ohne den Süden wäre Leipzig nur halb so bunt! Viertel wie die Südvorstadt und Connewitz zählen schon lange zu den angesagtesten der Stadt, denn hier lockt das pure Leben.

### KARL-LIEBKNECHT-STRASSE

Wir starten unseren Trip durch den Süden wieder vom Zentrum aus und laufen über den *Wilhelm-LeuschnerPlatz* und den *Petersssteinweg*, vorbei am ↗ **CAFÉ WALDI** (S. 18) und dem Hauptsitz der »Leipziger Volkszeitung« (LVZ), direkt auf die *Karl-Liebknecht-Straße*. Die von den Leipzigern liebevoll *Karli* genannte Straße ist eine der beliebtesten der ganzen Stadt und führt schnurgerade durch den Süden. Hier reiht sich Kneipe an Kneipe und Geschäft an Geschäft. Einfach einmal vom *Südplatz* aus hinunter Richtung *Connewitzer Kreuz* laufen und da einkehren, wo es gut aussieht. Viel verkehrt machen

kann man nicht. Apropos *Südplatz*. Im Sommer trifft man sich hier nach Feierabend auf der Straße und trinkt zusammen ein kühles Bier oder isst etwas Deftiges vom Grill des **BURGER-MEISTER** (Abb l.). 2010 wurde der ehemalige gründerzeitliche Lokus von 1887, der übrigens nie in Benutzung war, zu einem Imbiss umgebaut.

Unser Tipp:
Eine große Portion Süßkartoffelpommes bestellen und dem Treiben auf der Straße zuschauen!

### MUSIKVIERTEL & GALOPPRENN-BAHN SCHEIBENHOLZ

Bevor ihr euch weiter stadtauswärts begebt, solltet ihr noch einen Spaziergang durchs Musikviertel, Leipzigs ehemaliges gesellschaftliches und geistiges Zentrum, einplanen. Das Areal südwestlich der Innenstadt ist zwischen der *Harkortstraße* im Osten, der *Wundtstraße* im Süden und der *Karl-Tauchnitz-Straße* im Norden und Westen gelegen. Dank der prunkvollen, oft denkmalgeschützten Historismus-Architektur springt der Funke

## Im Galopp durchs Scheibenholz

hier sofort über. Wer einmal die *Beethovenstraße* (Abb. u.) entlangschlendert, weiß, was wir meinen. Am besten eine kurze Pause im ↗ **B10** (S. 232) einlegen und die wuseligen Studenten auf dem Weg ins Geisteswissenschaftliche Zentrum ein paar Meter weiter beobachten. Seinen Namen verdankt das Viertel übrigens dem zweiten Gewandhaus und dem Königlichen Konservatorium, die beide hier verortet waren. Noch heute sind viele Straßen nach berühmten Komponisten benannt. Unbedingt einen kurzen Abstecher zur ↗ **ALBERTINA** (S. 233) und dem ↗ **BUNDESVERWALTUNGSGERICHT** (S. 233; Abb. S. 196 u.) machen und die beeindruckende Sandstein-Architektur bestaunen.

Wer die *Karl-Tauchnitz-Straße* an ihrem südlichen Ende überquert, landet direkt an der **GALOPPRENNBAHN SCHEIBENHOLZ** (Abb. o.). Jedes Jahr pünktlich zum 1. Mai holen die Leipziger ihre extravagantesten Hüte aus dem Schrank, um sie beim traditionellen Aufgalopp auszuführen. Seit 1867 werden zwischen Elsterflutbett und Clara-Zetkin-Park die Pferde gesattelt. Der Leipziger Rennclub ist der viertälteste Deutschlands und erfreut sich seit über 150 Jahren großer Beliebtheit. In den 50er-Jahren gingen beim Rennen »Rund um das Scheibenholz« statt Pferden Autos sowie Motorräder an den Start und drehten ihre Runden durch den Clara-Zetkin-Park. Aus Sicherheitsgründen hat man diese Rennen nach einer Weile aber nicht mehr veranstaltet. Das schicke Tribünengebäude wurde frisch saniert und 2012 eingeweiht. Neben den mindestens vier Renntagen pro Jahr finden auf der Galopprennbahn auch ↗ **FLOHMÄRKTE** (S. 24) und Familienfeste statt. Im hauseigenen Restaurant kann zudem gut gespeist werden.

### FOCKEBERG

Wenn ihr euer Geld lieber auf Zuckerguss als auf wiehernde Vierbeiner setzt, gelangt ihr von der Galopprennbahn über die *Mahlmannstraße* direkt zur Cupcake Bakery ↗ **MARSHALLS MUM** (S. 236), wo ihr in knallbunte Törtchen, veganen Cheesecake und saftige Brownies investieren könnt. Proportional zu eurem Blutzuckerspiegel steigt die gute Laune und es geht frohen Mutes weiter durch den Leipziger Süden. Flaniert die prächtige *August-Bebel-Straße* entlang und biegt rechts in die *Hardenbergstraße* ab,

um die Leipziger Skyline vom Fockeberg aus zu betrachten. Auf den zwischen 1947 und 1950 aus Trümmern aufgeschütteten, 45 Meter hohen Berg schlängelt sich ein asphaltierter Weg. Er ist ein beliebtes Ziel für Spaziergänge, Gassirunden oder anspruchsvollere Joggingstrecken in der Südvorstadt.

## CONNEWITZ

Vom Fockeberg aus ist es nun nicht mehr weit bis in den Stadtteil Connewitz, in dem vor allem die alternative Szene Leipzigs zu Hause ist. Am *Connewitzer Kreuz* führten einst wichtige Handelsrouten in die Stadt, schon seit 1536 weist ein steinernes Denkmal darauf hin, und auch heute noch treffen hier die unterschiedlichsten Menschen aufeinander. Die heutige **SÜDBRAUSE** am »Kreuz« entstand Ende des 19. Jahrhunderts als öffentliches Volksbrausebad, in dem die Leipziger regelmäßig ihrer Körperpflege nachkommen konnten. Seit 2000 befindet sich in dem quadratischen Gebäude, das auf der Liste der Kulturdenkmale steht, ein Restaurant, auf dessen Terasse man im Sommer seinen Blick über das gesamte *Connewitzer Kreuz* schweifen lassen kann.

Neben Lokalen, Geschäften und zahlreichen Kultureinrichtungen gibt es im Süden Leipzigs auch mehrere Gotteshäuser. Eine Kirche, die hier heraussticht, ist die denkmalgeschützte **ST. BONIFATIUS-KIRCHE** in der *Biedermannstraße*, die 1929/30 zum Gedenken der im Ersten Weltkrieg gefallenen katholischen Kaufleute gebaut wurde. Die Kirche wurde als moderner Zentralbau mit klaren sachlichen Formen errichtet und zählt zu den bedeutendsten katholischen Bau

ten Sachsens. Von außen eher zurückhaltend, entdeckt man im Inneren eine expressive und intensive dunkelblaue Farbigkeit sowie beeindruckende Farbfenster, von denen viele im Krieg zerstört, aber mittlerweile wieder rekonstruiert wurden. Ein Besuch lohnt sich!

## COSPUDENER SEE

Von hier aus könnt ihr nun in südöstlicher Richtung den Stadtteil Lößnig mit dem ↗ **ERHOLUNGSPARK LÖSSNIG-DÖLITZ** (S. 256) erreichen. Bevor wir uns hier umschauen, steigen wir aber erst mal aufs Fahrrad und machen eine kleine Tour durch den Auwald nach Markkleeberg. Vorbei am Wild

park, erreicht ihr den ↗ **COSPUDENER SEE** (S. 16; Abb. u.) in nicht mal 15 Minuten. Wer dann noch Puste hat, sollte auch den knapp 11 km langen asphaltierten Rundweg mit dem Rad abfahren und dort ins Wasser hüpfen, wo es einem am besten gefällt. Wem weniger nach eiskalter Erfrischung als nach wohlig-warmer Entspannung zumute ist, der schiebt einfach einen Wellnesstag in der ↗ **SAUNA IM SEE** (S. 259) ein.

## LÖSSNIG

Wie versprochen zeigen wir euch nun auch den Stadtteil Lößnig. Hier findet man den sogenannten **RUNDLING**, eine Wohnsiedlung, die ihren Namen der kreisförmigen Anordnung ihrer Gebäude zu verdanken hat. Erbaut wurden die 24 Häuser im Stil der Neuen Sachlichkeit 1929/30 vom Leipziger Architekten Hubert Ritter, der sie in drei konzentrischen Kreisen anlegte. Es entstanden über 600 Wohnungen in unterschiedlichen Größen und mit den verschiedensten Grundrisslösungen – alle auf optimale Lichtverhältnisse ausgelegt. Der Zweite Weltkrieg zerstörte große Teile der Bebauung. Bis 1997 wurde die denkmalgeschützte Siedlung wieder komplett saniert, wofür die Leipziger Wohnungsbaugesellschaft den Deutschen Bauherrenpreis erhielt. Noch heute werden die Wohnungen dank der intelligenten Grundrisse gern angemietet. Ein Grund dafür ist neben der einmaligen Architektur auch der naheliegende Erholungspark Lößnig-Dölitz, den man von hier aus gut erreicht. Mit einer Fläche von 95 Hektar ist er einer der größten Parks der Stadt und bietet viele Möglichkeiten zum Spazierengehen und Entspannen.

Süden

## Genießt den fantastischen Ausblick

### VÖLKERSCHLACHTDENKMAL & SÜDFRIEDHOF

Nach so viel Entspannung seid ihr nun hoffentlich wieder aufnahmefähig für die geballte Ladung Kultur! Wir verlassen den Erholungspark an der nördlichen Seite, überqueren die *Connewitzer Straße* in der Nähe des Bruno-Plache-Stadions und finden uns auf einem Friedhof wieder. Wa-

rum wir euch hierhin führen? Nun, der **SÜDFRIEDHOF** (Abb. u.) ist einer der größten parkähnlichen Friedhöfe Deutschlands und beheimatet die imposant gestalteten Gräber vieler bedeutender Persönlichkeiten. So liegen hier unter anderem Christian Fürchtegott Gellert, Lene Voigt, Hugo Licht und Max Klinger begraben. In den Abteilungen 1 bis 14 findet ihr die meisten historischen und reich verzierten Grabstätten. Wer im Frühjahr hier ist, wird außerdem über die Pracht der über 10.000 Rhododendronsträucher staunen, die den Friedhof in ein unvergleichlich schönes und farbenfrohes Blütenmeer verwandeln.

Unmittelbar an den Südfriedhof schließt sich das mächtige **VÖLKER-SCHLACHTDENKMAL** (Abb. o.) an, das seit 1913 über die Stadt ragt und zum Gedenken an die Völkerschlacht 1813

Das Herz des Mitteldeutschen Rundfunks schlägt im Leipziger Süden.

bei Leipzig erbaut wurde. Es ist 91 Meter hoch und hat mehrere Aussichtsplattformen, die man bei guter Kondition über ca. 500 Treppenstufen erklimmen oder mit einem Aufzug erreichen kann. Oben angekommen wird man mit einem unschlagbaren Blick über die Stadt belohnt. Wer eher musikalisch denn sportlich interessiert ist, dem empfehlen wir, ein Konzert des »Denkmalchores Leipzig« in der Krypta des »Völkis«, wie es liebevoll von den Leipzigern genannt wird, zu besuchen und die einmalige Akustik zu erleben.

### MEDIA CITY & BAYERISCHER BAHNHOF
Über die *Richard-Lehmann-Straße* gelangen wir, vorbei am ↗ **PANOMETER** (S. 250), auf direktem Wege wieder

in die Südvorstadt. Weiter geht es hier in der *Altenburger Straße*. Wo heute Journalisten über aktuelles Tagesgeschehen berichten und Serien wie »In aller Freundschaft« entstehen, wurde früher die Leipziger Fleisch- und Wurstversorgung sichergestellt. Auf dem Gelände des alten Vieh- und Schlachthofes, der im 19. Jahrhundert nach Plänen des Architekten Hugo Licht errichtet wurde, entstand zwischen 1992 und 2000 die Zentrale des Mitteldeutschen Rundfunks, kurz »MDR«, sowie die **MEDIA CITY** (Abb. o.), in der zahlreiche Unternehmen aus der Film- und Fernsehbranche tätig sind. Einige Ställe wurden saniert und werden heute als Lager oder Kantine genutzt. Alle Neubauten orientieren sich farblich an den alten Gebäuden des Schlachthofes.

Unser Tipp:
Bei einer Studiotour hinter die Kulissen des Fernsehsenders schauen. *www.mdr-die-studiotour.de*

Auf der *Arthur-Hoffmann-Straße* machen wir uns nun wieder auf in Richtung Zentrum und beenden unseren Erkundungstrip durch den Süden am **BAYERISCHEN BAHNHOF** (Abb. S. 201 u.). Die erste Lok verließ diesen im Jahr 1842 und fast 160 Jahre später nahm 2001 hier der letzte Zug Fahrt auf. Heute markiert das prägnante Eingangsportal, das früher in die Bahnhofshallen führte, die neue City-Tunnel-Haltestelle. Für den Bau des neuen Verkehrsweges wurde der 20 Meter hohe Portikus, der übrigens ein Denkmal der Verkehrsgeschichte ist, im April 2006 angehoben und

von speziellen Gleitlagern um 30 Meter verschoben. Seit 2009 ist er wieder an seiner ursprünglichen Stelle zu finden. Im Biergarten des Gasthauses **BAYERISCHER BAHNHOF** stoßen wir mit einem Glas original »Leipziger Gose«, einer obergärigen Bierspezialität, an und lassen die Erlebnisse und Eindrücke des Tages Revue passieren.

### NÜTZLICHES

#### SCHUHMACHEREI FÜR MAßSCHUHE

Wer vom vielen Laufen durch die Stadt langsam Löcher in seinen Siebenmeilenstiefeln bekommt, der sollte sich an den Schuhmacher seines Vertrauens wenden. Für viele Leipziger ist das Peter Hartwig, der in seinem Werkstattladen **FUßGÄNGER** auf dem ↗ **FEINKOST**-Gelände (S. 220) seit vielen Jahren hochwertiges Schuhwerk verkauft und auf Wunsch individuelle Maßanfertigungen umsetzt.
*Karl-Liebknecht-Straße 36, 04107 Leipzig*

### UNTERWEGS MIT KINDERN

#### OFFENE RADIOWERKSTATT

Alle Nachwuchsjournalisten können jeden Dienstag zwischen 14.30 und 16 Uhr in der offenen Radiowerkstatt ans Mikro und ausprobieren, wie Hörfunk funktioniert. Wer möchte, nimmt ein eigenes Hörspiel auf oder produzieren eine CD für Freunde und Familie. Eine kurze Anmeldung wird gern gesehen, ist aber nicht zwingend nötig.
*Paul-Gruner-Straße 62, 04107 Leipzig*

#### WILDPARK

Im Wildpark (Abb. o.) mit Kindern auf tierische Entdeckungstour gehen! Im Haustierzoo und den freien Gehegen werden knapp 25 Tierarten wie Wildschweine, Rehe, Luchse und Vögel gehalten. Auf dem Märchenspielplatz können sich die Kids im Anschluss prima austoben.
*Koburger Straße 12 a, 04277 Leipzig*

*Das Portal des Bayerischen Bahnhofes ergänzt heute die neue S-Bahn-Station.*

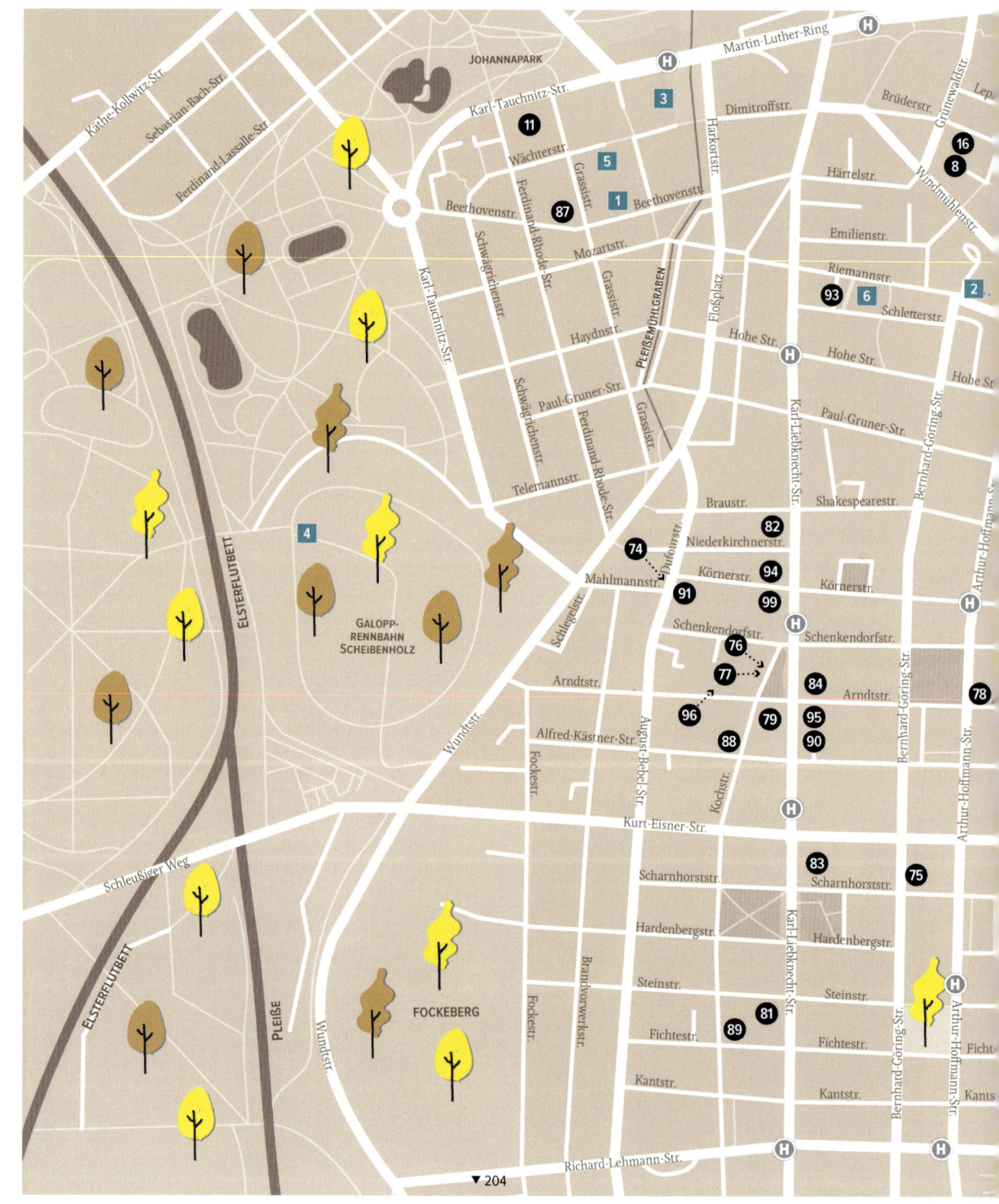

# Der Leipziger Süden | Teil 1

● ● ● ● ● ● ● ● ● ● ● ● ● ● ● ● ● ● ● ● ● ● ● ● ● ● ●

## SHOPPING

**74** BALLOON FANTASY
**75** Die Kaufbar
**76** herMAN
**77** pussyGALORE
**78** Zimmerblick
**79** VIELFACH
**81** Stretchcat
**82** Feinkost
**83** Whispers Records
**84** LUISE NEUGEBAUER

## KULINARISCHES

**87** B10
**88** Eisdiele Pfeifer
**89** MEIN LIEBES FROLLEIN
**90** Curry & Co. Leipzig | Südvorstadt

**91** Marshalls Mum
**93** Sankt Benno
**94** Killiwilly
**95** MeetFreude

## KUNST & KULTUR

**96** Horns Erben
**99** naTo

**1** Bayerischer Bahnhof
**2** Bibliotheca Albertina
**3** Bundesverwaltungsgericht
**4** Galopprennbahn Scheibenholz
**5** Hochschule für Grafik- und
   Buchkunst Leipzig (HGB)
**6** Peterskirche Leipzig

---

**Legende**

Ⓗ  *Haltestelle*

🚶 *Entfernung zu Fuß*

🚶 0 min.  2 min.  4 min.  6 min.

0 m  100 m  200 m  300 m

Süden

▼ S. 205

**Cospudener See | Nordstrand**

**Markkleeberg | Kees'scher Park**

**Markkleeberg | Zöbigker**

COSPUDENER SEE

KEESSCHER PARK

COSPUDENER SEE

▲ S. 202

MÜHLPLEIßE

ELSTERFLUTBETT

WILDPARK

MÜHLPLEIßE

▼ s. Karten links

Süden

▲ S. 203

WILHELM-KÜLZ-
PARK

9

8 SÜDFRIEDHOF

## Der Leipziger Süden | Teil 2

### SHOPPING
80  Mad Flava Ink.

### KULINARISCHES
85  Hacienda Cospuden
86  BROT & KEES natürlich lecker
92  Waldfrieden

### KUNST & KULTUR
97  Conne Island
98  UT Connewitz

100  Panometer Leipzig
101  WERK 2 Kulturfabrik Leipzig e.V.
7  St. Bonifatius-Kirche
8  Südfriedhof
9  Völkerschlachtdenkmal

### LEIB & SEELE
102  Sauna im See

### ÜBERNACHTEN
103  Villa Dohna

### Legenda
H  *Haltestelle*          ◎  *Hafen*

🚶 *Entfernung zu Fuß*

🚶 0 min.   2 min.   4 min.   6 min.

0 m   100 m   200 m   300 m

Buntes Treiben auf der *Karli*, hier vor dem französischen **CAFÉ MAÎTRE**

Herrschaftliches Wohnen in der *August-Bebel-Straße*

# Eine große Schachtel Pralinen

Ob Schmuckatelier, Buchladen, Möbelgeschäft oder Modeboutique: Der Süden steht dem Rest der Stadt in Sachen Shopping in nichts nach und der eine oder andere Samstagnachmittag kann hier ideal verbummelt werden.

### AM PULS DER ZEIT

Auf der *Karli* treffen skandinavische Konzepte, urige Plattenläden, moderne Streetstyles für Mädels und Jungs, Secondhandshops und nostalgische Einrichtungsgeschäfte aufeinander. Wie in einer großen bunten Schachtel Pralinen muss man einfach seine persönlichen Leckerbissen finden und entdeckt dabei immer wieder Neues. Beachtet, dass es aufgrund der Vielfalt und individuellen Eigentümer oft auch unterschiedliche Öffnungszeiten gibt. Ein kurzer Vorab-Blick ins Internet auf die Homepage oder Facebook-Seite lohnt sich. Einige Läden und Ateliers öffnen allerdings auch nach Vereinbarung.

### SAVE THE DATE

Bei Veranstaltungen wie den Flohmärkten auf der ↗ FEINKOST (S. 220) oder in der KINOBAR PRAGER FRÜHLING kann nach Herzenslust nach Trödel und verborgenen Schätzen gestöbert werden. Unbedingt vormerken solltet ihr euch den Weihnachtsmarkt im ↗ WERK 2 (S. 252). Hier präsentieren sich Leipziger Künstler, Handwerker und Designer, die euch passende Weihnachtsgeschenke servieren. Musikliebhaber sollten sich die nächsten Termine der »CD- und Plattenbörse« im Kalender markieren. Der eine oder andere Kenner hat hier schon eine Rarität gefunden oder zumindest ein Schnäppchen ergattert.

Süden

Aufgemöbelte Industrieleuchten, so weit das Auge reicht

↗ **GOLDSTEIN & CO.** (S. 220)

Tierisch gut, dieser Graffitishop
↗ **MAD FLAVA INK.** (S. 219)

Porzellan und Schmuck im Ladenatelier von

↗ **LUISE NEUGEBAUER** (S. 223)

# BALLOON FANTASY

## PARTYBOUTIQUE

Was wäre ein Kindergeburtstag ohne bunte Luftballons, eine Hochzeit ohne aufsteigende Herzen mit lieben Wünschen oder eine Sommerparty ohne flatternde Girlanden und leuchtende Lampions? Von Ballons jeder Farbe und Form über handgemachte Piñatas bis hin zu kreativen Tischdekorationen, Konfettikanonen und hübscher Papeterie bekommt ihr hier alles, was eine Party besonders macht und für gute Laune sorgt! Ihr steht im Laden, habt die Qual der Wahl und könnt euch zwischen Fächern, Pompoms und Wabenbällen nicht entscheiden? Lasst euch von dem kreativen Team beraten und plant gemeinsam eine unvergessliche Party. Nicht vergessen: Den Laden nicht ohne einen heliumgefüllten Ballon in eurer Lieblingsfarbe verlassen und einem lieben Menschen oder euch selbst eine Freude bereiten!

➜ **WO?** Dufourstraße 38, 04107 Leipzig ➜ **WANN?** Mo.–Do. 10⁰⁰–18⁰⁰ Uhr, Fr. 10⁰⁰–19⁰⁰ Uhr, Sa. 10⁰⁰–14⁰⁰ Uhr
➜ **WIE?** Tram 10, 11 | Bus 89 ➜ **WEB?** www.balloon-fantasy.de

Süden

# DIE KAUFBAR
## RETRO-MODESALON

Fernab von kurzlebigen Trends lädt »Die Kaufbar« zum Aufstöbern von zeitlosen Stücken ein, die das Potenzial haben, zu echten Lieblingen und Klassikern im Kleiderschrank zu avancieren. Der kleine Modesalon in der Südvorstadt wird von Inhaberin Manja mit viel Liebe geführt. Die femininen und eleganten Kleidungsstücke sind eine Hommage an die Frau der 30er- bis 50er-Jahre. Accessoires aus Plauener Spitze und eine feine Auswahl an Produkten für die Herren der Schöpfung runden das hochwertige Angebot ab.

→ **WO?** Bernhard-Göring-Straße 95, 04275 Leipzig
→ **WANN?** Mi. 17⁰⁰–20⁰⁰ Uhr, Fr. 17⁰⁰–20⁰⁰ Uhr, Sa. 11⁰⁰–17⁰⁰ Uhr
→ **WIE?** Tram 9 | Bus 60, 74 → **WEB?** www.die-kaufbar.de

# HERMAN
## HERRENBEKLEIDUNG

Nicht nur die startbereite »Carrera«-Bahn mitten im übersichtlich aufgeteilten Laden ist für Männer ein unschlagbares Argument für einen Besuch im »herMAN« am *Südplatz*. Als aufregend, aber nicht aufgeregt kann die Kleidung von Labels wie »Ben Sherman«, »Samsøe & Samsøe« und »Armedangels« beschrieben werden. In unkonventionellen Stücken fühlt man(n) sich wohl und kann diese auch länger als eine Saison ausführen. Durch individuelle Beratung in entspannter Atmosphäre finden Herren jeden Alters hier ein passendes Outfit mit Stil.

→ **WO?** Karl-Liebknecht-Straße 52, 04275 Leipzig
→ **WANN?** Mo.–Fr. 12⁰⁰–20⁰⁰ Uhr, Sa. 11⁰⁰–15⁰⁰ Uhr
→ **WIE?** Tram 10, 11 → **WEB?** www.herman-leipzig.de

Süden

# PUSSYGALORE
## MODE & ACCESSOIRES

Im bunten Paradies von »pussyGALORE« wird die modische Grundversorgung aller trendbewussten Ladies gesichert. Im vielfältigen Sortiment werdet ihr zwischen zeitgenössischen und zeitlosen Kollektionen fündig. So bietet das baskische Label »SkunkFunk« multifunktionale Stücke, während die Dänen von »Minimum« auf minimalistisch-klare Linien setzen. Für welchen Stil sich die James-Bond-Gespielin, mit der der Ladenname kokettiert, entschieden hätte, wissen wir nicht, aber sie hätte den Store sicher nicht ohne große Einkaufstasche verlassen.

→ **WO?** Karl-Liebknecht-Straße 52, 04275 Leipzig
→ **WANN?** Mo.–Fr. 11⁰⁰–20⁰⁰ Uhr, Sa. 11⁰⁰–18⁰⁰ Uhr
→ **WIE?** Tram 10, 11 → **WEB?** www.pussy-galore.biz

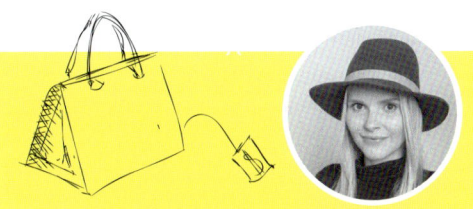

**DOREEN KNOPF ÜBER:**

## HIPPE STREETSTYLES

Los gehts mit einem modischen Streifzug durch die *Karl-Liebknecht-Straße*. Herzstück des Leipziger Südens und Eintrittskarte in die szenige Modewelt. Die Kneipenmeile ist gespickt mit einer handverlesenen Auswahl trendiger Boutiquen. Hier ist es urban, laut und schrill.

Hippe Streetstyles gibt es im **24COLOURS**. Hier bin ich unique (Teile auf je 300 Stück limitiert). Hier kauf ich ein. Danach hab ich sogar noch Geld für ein großes Eis im Portemonnaie und stolpere in den nächsten Laden hinein.

Auf Entdeckungsreise durch Leipzigs Süden sollte man einen Boxenstopp in einem der 2nd-Hand-Läden einlegen. Anlaufstelle Nummer 1 ist wohl die stadtbekannte ↗ **MRS. HIPPIE** (S. 220). Wen das Stöberfieber gepackt hat, findet sein Glück im **HUMANA** oder **RESALES**. Nicht nur bei schlechtem Wetter ein Tipp, um das Shoppingherz höher schlagen zu lassen.

Wer keinen Bock auf die Klamotte von der Stange hat, fühlt sich im **HIVYOHIVYO** pudelwohl. Hier zieht das fleißige Schneiderlein den Faden noch selbst durchs Nadelöhr. Daumen hoch für coole Streetwear aus der eigenen Feder.

Mein Geheimtipp: Haltet Augen und Ohren nach Plakaten an den Stadtlaternen offen, die zum nächsten Flohmarkt einladen. »Feinkost Flohmarkt«, »LadyFashionSunday« oder der »Nachtflohmarkt« sind nur ein paar Hausnummern.

Das Modequartett spielt mit **ŻANETA MODE** all jenen in die Hand, die perfekt bekleidet sein wollen. Hier dreht sich alles um das Kleid. Sei es für den Leipziger Opernball, den schönsten Tag im Leben oder die Abschlussfeier.

Süden

# ZIMMERBLICK

## AUFGEARBEITETE MÖBEL

Christoph Sommerfeld und Christoph Kortung lieben es, auf der Suche nach dem Besonderen zu sein. Überall dort, wo sich interessante Sachen verstecken könnten, auf Dachböden oder in Kellern, entdecken sie verborgene Schätze, die sie mit viel Herzblut und Fachkenntnis aufarbeiten. Im hellen »Zimmerblick«-Laden im Eckhaus der *Arthur-Hoffmann-Straße* ist für jedes Zimmer und jeden Geschmack ein passendes Stück dabei: Kommoden im Landhausstil, Wohnaccessoires mit Industriecharakter oder Schränkchen mit typisch nordischer Designnote. Jedes der nachhaltig aufgearbeiteten Unikate erzählt seine eigene Geschichte, die vom Team stets beachtet und hervorgehoben wird, ganz egal, wie lange es unentdeckt im Verborgenen schlummerte. Kunden werden in diesen Prozess oft eingebunden und dürfen mitentscheiden, wie sich das künftige Lieblingsmöbel verwandeln soll.

**Süden**

➜ **WO?** Arthur-Hoffmann-Straße 69, 04275 Leipzig ➜ **WANN?** Di.–Fr. 15⁰⁰–18³⁰ Uhr, Sa. 11⁰⁰–14⁰⁰ Uhr und nach Vereinbarung ➜ **WIE?** Tram 9 | Bus 60 ➜ **WEB?** www.zimmerblick.net

# VIELFACH

## MÖBEL & ACCESSOIRES

Kleine Geschenke erhalten die Freundschaft. Woher man individuelle Aufmerksamkeiten bekommt, weiß »VIELFACH«-Inhaberin Simone Stephan am besten. Die Regalfächer ihres Ladens mitten auf der *Karli* vermietet sie seit 2013 an kreative Künstler und Designer, die so, zum Teil erstmalig, die Chance haben, ihre Produkte der Öffentlichkeit zu präsentieren. Vertreten sind unter anderem erlesene Möbel, Wohnaccessoires, Schmuck, Kleidung und Kunstwerke. Rund 100 verschiedene Labels und Manufakturen findet man in den großen und kleinen Fächern des »VIELFACHS«. Das Sortiment wird ständig ergänzt und erneuert, sodass man jedes Mal einen neuen Schatz entdecken kann und garantiert das richtige Geschenk für seine Liebsten oder auch sich selbst findet.

➜ **WO?** Karl-Liebknecht-Straße 66, 04275 Leipzig ➜ **WANN?** Mo.–Fr. 11⁰⁰–19⁰⁰ Uhr, Sa. 11⁰⁰–16⁰⁰ Uhr
➜ **WIE?** Tram 10, 11 ➜ **WEB?** www.vielfach-leipzig.de

Süden

# MAD FLAVA INK.
## GRAFFITISHOP

# STRETCHCAT
## LAMPEN & INTERIEUR

Graffitis sind ein fester Bestandteil der Leipziger Kunst- und Streetart-Szene. Wenn auch nicht überall ganz legal, so sind sie aus dem Stadtbild nicht mehr wegzudenken, ebenso wenig wie »Mad Flava Ink.«, Leipzigs erster Graffitishop. Seit 1995 gibts in dem kleinen Fachgeschäft auf dem Gelände der ↗ **WERK 2 KULTURFABRIK** (S. 252) die größte Auswahl an Sprühfarben, Stiften und Zubehör. DVDs, Bücher, Magazine und T-Shirts rund um das Thema Graffiti ergänzen das Sortiment des Ladens, der mittlerweile Kultstatus genießt!

Spezialisiert auf originale Leuchten des vorigen Jahrhunderts, wimmelt es im Laden »Stretchcat« nur so von unzähligen Schreibtischlampen, Wand- und Hängeleuchten, Stehlampen und Stimmungslichtern. Bevor die antiken Originale und Designklassiker ihren Weg in den Verkaufsraum finden, werden sie liebevoll und fachmännisch aufgearbeitet. Passende Kleinmöbel und kuriose Dekoartikel runden das Sortiment ab. Warum man vorbeischauen muss? Allein das Umsehen in dem skurrilen Laden macht Spaß!

→ **WO?** Kochstraße 132, 04277 Leipzig
→ **WANN?** Mo.–Fr. 12⁰⁰–20⁰⁰ Uhr, Sa. 12⁰⁰–18⁰⁰ Uhr
→ **WIE?** Tram 9, 10, 11 | Bus 70, 89, 107, 412 → **WEB?** www.madflava.de

→ **WO?** Karl-Liebknecht-Straße 102, 04275 Leipzig
→ **WANN?** Di.–Sa. 13⁰⁰–19⁰⁰ Uhr → **WIE?** Tram 9, 10, 11 | Bus 70
→ **WEB?** www.stretchcat.de

Süden

# FEINKOST

## KUNST- UND GEWERBEGENOSSENSCHAFT

Wer den Leipziger Süden erkundet, für den ist ein Besuch auf dem »Feinkost«-Gelände Pflicht! Im 19. Jahrhundert wurde das Gebäude als Brauerei gebaut, ab den 1920er-Jahren wurden hier dann erstmals Nahrungsmittel produziert. Nach Ende des Krieges war das Gelände im Besitz des »VEB Feinkost«, der es bis 1990 zur Konservenproduktion nutzte.

In dem leerstehenden Areal haben sich nach der Wende Künstler, kleine Läden, Clubs und andere alternative Gewerke angesiedelt, die bis heute das bunte Treiben auf der *Karli* maßgeblich mit beeinflusst haben. So findet man am Ende des Hofes zum Beispiel den Modeladen **MRS. HIPPIE** (Abb. S. 221 o.l.), in dem man nach Lust und Laune stöbern und allerhand farbenfrohe und individuelle Stücke entdecken kann. Vom »Mrs. Hippie«-Team selbst werden eigene Labels designt und produziert, unter anderem »The Famous Potatoes« sowie »Adrett«. Von beiden Marken gibt es auch eine Linie, für die ausschließlich Biobaumwolle verwendet wird. Unbedingt etwas mehr Zeit zum Stöbern einplanen! Auch das **ATELIER GOLDSTEIN & CO.** (Abb. S. 221 o. r.) ist einen Besuch wert. Hier werden alte Industrielampen und -möbel wieder vorzeigbar gemacht, außerdem werden Möbelstücke nach Maß gefertigt und Objekte im industriellen Stil komplett eingerichtet.

Nach Eintritt der Dämmerung kann die als »Löffelfamilie« bekannt gewordene Leuchtreklame des »VEB Feinkost« in blinkender Aktion erlebt werden. Eine Astro-Uhr schaltet die 1973 errichtete Installation für 90 Minuten ein. Wer früher oder später kommt, der kann sie auch per Anruf oder SMS leuchten lassen.

→ **WO?** Karl-Liebknecht-Straße 36, 04107 Leipzig
→ **WIE?** Tram 10, 11 → **WEB?** www.feinkostgenossenschaft.de

Süden

# WHISPERS RECORDS

## PLATTENLADEN

Bei wem das Knistern von Vinyl nostalgische Gefühle weckt, der wird sich bei »Whispers Records«, einem der letzten Leipziger Plattenläden, pudelwohl fühlen. Im gut sortierten und gewaschenen Bestand sind Schallplatten und CDs unterschiedlichster Genres. Ob Hip-Hop-Classics aus den 80ern, »Black Sabbath« und die »Stones« live oder die neue Platte von »Clueso«, die Chancen stehen gut, dass ihr hier eine Rarität, längst vergessene Lieblingsplatte oder die aktuellste Neuerscheinung findet. Wir garantieren euch, das »Whispers« verlässt niemand ohne einen neuen Ohrwurm! Kleiner Tipp: Auf der Facebook-Seite werden Neuzugänge und US-Importe oft gepostet.

➜ **WO?** Karl-Liebknecht-Straße 109, 04275 Leipzig ➜ **WANN?** Mo.–Fr. 11⁰⁰–19⁰⁰ Uhr, Sa. 11⁰⁰–18⁰⁰ Uhr
➜ **WIE?** Tram 10, 11 | Bus 60, 74 ➜ **WEB?** www.whispers-records.com

**Süden**

# LUISE NEUGEBAUER

## ATELIER FÜR SCHMUCK

Schmuck-Elstern aufgepasst: im Ladenatelier von Luise Neugebauer findet ihr handgefertigte Schmuckkollektionen und besondere Einzelstücke zum Schwachwerden. Die ausgebildete Goldschmiedin und Diplom-Schmuckdesignerin geht bei der Anfertigung auf eure Wünsche ein und kreiert für den schönsten Tag auch einzigartige Trauringe. Im Laden gibt es außerdem ausgewählte Produkte anderer Designer aus dem Schmuck- und Porzellanbereich, alle stammen aus kleinen, meist regionalen Manufakturen und Ateliers.

➜ **WO?** Karl-Liebknecht-Straße 79, 04275 Leipzig ➜ **WANN?** Di., Do. & Fr. 12⁰⁰–18⁰⁰ Uhr, Mi. 12⁰⁰–16⁰⁰ Uhr, Sa. 11⁰⁰–15⁰⁰ Uhr
➜ **WIE?** Tram 10, 11 ➜ **WEB?** www.luiseneugebauer.de

## Noch mehr Shopping

### FRISLIV

Für alle, die beim Städtetrip von einer Kaltfront überrascht werden – oder die sich ohnehin bei Wind und Wetter lieber draußen als drinnen aufhalten – bietet dieser Laden am Eingang der Südvorstadt eine große Auswahl skandinavischer, oft farbenfroher Kleidung und Accessoires.
*Ecke Härtelstraße 27 / Peterssteinweg, 04107 Leipzig, www.frisliv.de*

### KAPITALDRUCK

Ein kritisch sortierter, alternativer Buchladen, der zusätzlich DVDs, Blue-Rays, CDs und auch Vinyl anbietet, außerdem regelmäßig Lesungen und immer guten Kaffee! Optimal ergänzt wird das Angebot durch die Kollegen des Kinderbuchladens »Serifee« in den gleichen Räumen.
*Feinkost, Karl-Liebknecht-Straße 36, 04107 Leipzig, www.kapitaldruck.de*

### PATIPERRO

Auf der Suche nach einem außergewöhnlichen Geschenk? Im »Patiperro« werdet ihr bestimmt fündig. Neben ganz viel Weiter-Welt-Gefühl gibt es hier handgearbeitete Holzfiguren, Ledertaschen, Wolljacken sowie Holz- und Silberschmuck.
*Feinkost, Karl-Liebknecht-Straße 36, 04107 Leipzig*

### PECCATO LEIPZIG

Individuelle Mode und Accessoires, die man nicht so schnell wiederfindet, in einem charmanten Laden mit sehr netter Beratung. In Wohnzimmeratmosphäre findet man außergewöhnliche Stücke und auch das eine oder andere Schnäppchen. Unser Tipp: Es steht ein besonderes Event an? Auch nach Ladenschluss oder am Wochenende öffnen die Eigentümer für euch die Türen, sodass ihr ganz in Ruhe stöbern könnt.
*Karl-Liebknecht-Straße 67, 04275 Leipzig, www.peccato.de*

### SUGAR BABY

Ladies and Gentleman – in diesem Rockabilly-Fashion-Store gibt es vom Petticoat bis zur Pomade alles, was ein stilechtes Rock'n'Roll-Outfit ausmacht. Bekleidung und Accessoires für Sie und Ihn werden ergänzt durch Bücher zum Thema und herzliche Beratung. Let's twist again!
*Arthur-Hoffmann-Straße 55, 04275 Leipzig, www.sugarbaby-leipzig.de*

**Süden**

# Die Welt zu Gast auf der Karli

Ihr seid zum ersten Mal in Leipzig und wisst nicht, wo ihr essen gehen sollt? In der Südvorstadt könnt ihr rund um die *Karli* dutzende Restaurants, Cafés und Bars entdecken.

### EIN BLICK HINTER DIE KULISSEN

Auch wenn sich im Sommer vor den Kneipen Freisitz an Freisitz reiht, lohnt sich ein Blick hinter die Fassaden, denn oft verbergen sich gemütliche Terrassen und grüne Innenhöfe hinter den Restaurants. Reservieren ist nicht erforderlich, denn es gibt einfach so viele unterschiedliche Lokale, dass jeder ein Plätzchen findet.

### VOM BESTEN SCHNITZEL UND GEMÜTLICHEN DACKELN

Im CAFÉ GRUNDMANN, das seit fast 100 Jahren eine gastronomische Institution in Leipzig ist, wird das beste Schnitzel überhaupt serviert. Eine große Portion »Joie de vivre« gibts im CAFÉ MAÎTRE auf der *Karli* zu französischen Spezialitäten im Jugendstil-Ambiente gratis dazu. In der hauseigenen Patisserie nebenan müssen sich süße Zähne zwischen den köstlichsten Tartes, Petits Fours und Macarons entscheiden. Rustikaler gehts im CAFÉ WALDI zu. Benannt nach Opas Dackel ist dieses zwar eingerichtet wie eine gemütliche Jägerhütte, aber dennoch (oder gerade deswegen) Treffpunkt vieler junger Leute.

### FUSSBALL UND FAULE HUNDE

Wen in Connewitz der kleine Hunger zwischendurch plagt, der holt sich im Späti LAZY DOG (S. 21) einen schnellen Hotdog auf die Hand. Auf der *Wolfgang-Heinze-Straße* gehts dann weiter auf einen Cuba Libre ins KÖNICH HEINZ, wo man an der Bar nicht nur Fußball schauen kann, sondern oft auch Spieler und Freunde des Connewitzer Fußballvereins »Roter Stern« trifft. Wer vorhat, sich mehr als einen Cuba zu gönnen und vorher doch lieber etwas Richtiges essen möchte, der kehrt im ↗ WALDFRIEDEN (S. 238) auf der *Bornaischen Straße* ein.

Süden

So könnte jeder Tag starten

↗ Café **MEIN LIEBES FROLLEIN** (S. 234)

Cocktails im Musikviertel
↗ **B10** (S. 232)

Unbedingt probieren: »Bibimbab«
↗ **MeetFreude** (S. 241)

Für Strandnixen und Beachboys
↗ HACIENDA COSPUDEN (S. 230)

# Kulinarische Stadtführungen

Abseits der bekannten Sehenswürdigkeiten und roten Doppeldeckerbusse könnt ihr mit »eat-the-world Leipzig« die Südvorstadt oder auch Plagwitz im Westen ganz individuell erkunden. Bei kulinarisch-kulturellen Stadtführungen wird seit 2012 ein Blick hinter die Kulissen von kleinen, inhabergeführten Geschäften geboten. In den Vierteln besucht man bis zu sieben aus-

Unterwegs mit »eat-the-world Leipzig«

gewählte Locations, wo jeweils eine kleine Kostprobe zur Stärkung wartet. Zwischendurch erfährt man beim Streifzug durch den gewählten Stadtteil allerhand Interessantes über die Geschichte und die Gesichter der Stadt. Eine super Alternative für alle, die sich die typische Touritour sparen und das echte Leipzig kennenlernen wollen.

**EASY 2 GO** **EAT-THE-WORLD LEIPZIG,**
Touren immer freitags und samstags nach Voranmeldung
*www.eat-the-world.com/leipzig*

Süden

# HACIENDA COSPUDEN
## BEACH CLUB AM COSPUDENER SEE

Blaumachen für Fortgeschrittene! An der »Hacienda« kommen alle Wassernixen und Wellenreiter nach dem Sprung in die kühlen Fluten des Cospudener Sees bei Currywurst, Pommes und Eis wieder zu Kräften. Getränke und Bikinifigur-freundliche Snacks sind natürlich auch im Angebot. Die »Hacienda Cospuden« ist außerdem eine exklusive Eventlocation mit großem In- und Outdoorbereich samt Panoramaterrasse für alle Arten von Veranstaltungen.

➜ **WO?** Nordstrand Cospudener See, Lauerscher Weg, 04249 Leipzig
➜ **WANN?** Beach-Club <u>April–Okt.</u> tägl. ab 10⁰⁰ Uhr bis open end
➜ **WIE?** Bus 65 ➜ **WEB?** www.hacienda-cospuden.de

**CHRISTIAN GEYER ÜBER:**

## EVERGREENS & SUPPE SATT

Der Süden ist der Inbegriff von kulinarischer Vielfalt. Hier erlebt man viel Leipzig. Hier spürt man die Seele der Stadt. Wenn ich was anderes suche, dann suche ich als Erstes hier.

Es sind aber dann doch die einfachen Dinge, die mich im Süden inspirieren. Die Nudeln 1985 im **LULU LOTTENSTEIN**. Einfache Makkaroni mit Jagdwurst und Tomatensoße. Welches Kind hat es nicht geliebt? Das geht immer!

Wenn man auf der *Karli* bleibt, dann ist ein Cocktail im **BARFLY** ein Muss. Hier gibt es verrauchtes, gebrauchtes Open-End-Barflair gepaart mit überdurchschnittlichen Drinks und guten Snacks. Perfekt für Situationen, in denen man »etwas Hartes« braucht!

Aber der Süden ist mehr als die *Karli*. Für ein gemütliches Bier zum Feierabend ist der Biergarten des **BAYERISCHEN BAHNHOFS** im Sommer ideal. Selbst gebrautes Bier und zünftiges Essen in bayerischer Atmosphäre tun dort einfach gut. An kalten Tagen empfehle ich eher zum Aufwärmen das All-you-can-eat-Suppenbuffet in der **SOUPBAR SUMMARUM** in der *Münzgasse*. Wechselnde, absolut leckere Suppen gibt es hier für kleines Geld, so viel wie man will. Großartig!

Für alle Texas-Fans gibt es ein paar Meter weiter das **TEXAS INN**. Top-Service! Top-Fleisch! Top-Atmosphäre! Reservierung ist hier definitiv notwendig.

Seit Jahren gibt es für mich eine Großstadt-Perle in der *Ferdinand-Rhode-Straße*: Das **CAFÉ KOWALSKI**. In der vielfältigen Karte finde ich immer wieder Neues und es ist einer meiner Lieblingsorte zum Frühstücken. <u>Mein Tipp</u>: Man kann auch im grünen Hinterhof gemütlich sitzen.

Süden

# BROT & KEES

## KAFFEE UND KUCHEN

Ein Ausflug in das südlich gelegene Städtchen Markkleeberg lohnt sich. In unmittelbarer Nähe zum Cospudener See und direkt am Eingang des historischen Kees'schen Parks, einem ehemaligen Krankenhauspark, lädt das Café »BROT & KEES« zum Einkehren ein. Auf der urigen Terrasse unter einer alten Linde oder im gemütlichen Café kann man hausgemachte Tagessuppen, ökologische Getränke, täglich frischen Kuchen nach Omas Rezepten oder ungewöhnliche Eiskreationen, wie Schwarzbroteis, kosten. Außerdem gibt es einen kleinen Naturkostbereich mit allerlei biozertifizierten Produkten, die man gleich zum Picknick mit in den Park oder an den See nehmen kann.

→ **WO?** Kees'scher Park 1, 04416 Markkleeberg, Zufahrt über Lauersche Straße → **WANN?** Mai–Sept. Di.–So. 8⁰⁰–19⁰⁰ Uhr | Okt.–April Di.–So. 8⁰⁰–18⁰⁰ Uhr → **WIE?** Bus 65, 107, 108 → **WEB?** www.brotundkees.de

**Süden**

# B10

## INTERNATIONALE KÜCHE

Australier Paul Berry segelte jahrelang als Privatkoch um die schönsten Küsten dieser Welt, bis ihn sein Weg nach Leipzig führte. 2015 eröffnete er im Musikviertel unweit der ↗ **ALBERTINA** (S. 233) sein eigenes Restaurant, in dem internationale und leichte Küche für anspruchsvolle Gaumen auf den Tisch kommt. Im »B10« treffen sich Künstler, Hipster, Weinliebhaber und Geschäftsleute, die das vielseitige, ständig wechselnde Angebot mit regionalen und hochwertigen Zutaten, zum Beispiel aus dem Stadtgarten ↗ **ANNA-LINDE** (S. 135) in Plagwitz, schätzen. Im Sommer sitzt man im Freisitz vorm Restaurant direkt auf der mondänen *Beethovenstraße* und schaut mit einem Cocktail oder Wein in der Hand den Leuten beim Flanieren zu.

➜ **WO?** Beethovenstraße 10, 04107 Leipzig ➜ **WANN?** Mo.–Fr. 11³⁰–1⁰⁰ Uhr, Sa. 16⁰⁰–1⁰⁰ Uhr, So. geschlossen
➜ **WIE?** Tram 2, 8, 9, 14 | Bus 89 ➜ **WEB?** www.the-b10.com

Süden

## Von Studenten und Richtern

Rund um die *Beethovenstraße* ist die Studentendichte dank Geisteswissenschaftlichem Zentrum und der **BIBLIOTHECA ALBERTINA**, der Universitätsbibliothek, sehr hoch. In letztere unbedingt einen Blick werfen! Der Grundstock des Buchbestands entstand aus den Büchersammlungen verschiedener Klöster. Seit 1891 befindet sich die Bibliothek in dem prächtigen Gebäude in der *Beethovenstraße*, das nach Entwürfen des Leipziger Architekten Arwed Rossbach im Stil der Neorenaissance erbaut wurde. Unmittelbar neben der

Treffpunkt:
Bibliotheca Albertina

Albertina fällt ein weiteres imposantes Sandsteingebäude ins Auge. Das **BUNDESVERWALTUNGSGERICHT** war als Reichsgericht zwischen 1879 und 1945 der oberste Gerichtshof für den Bereich der ordentlichen Gerichtsbarkeit und zuständig für Zivil- und Strafrecht. Ein Teil des Gebäudes kann heute besichtigt werden.

 **EASY 2 GO** **BIBLIOTHECA ALBERTINA**
*Beethovenstraße 6, 04107 Leipzig*

**BUNDESVERWALTUNGSGERICHT**
*Simsonplatz 1, 04107 Leipzig*

# EISDIELE PFEIFER
## FRISCHES SPEISEEIS SEIT 1953

Fast jeder Leipziger, ob jung oder alt, kennt die »Eisdiele Pfeifer« in der *Kochstraße*, parallel zur *Karli*. 1953 wurde sie von Horst Pfeifer gegründet. Noch heute findet man hier das traditionelle Inventar, inklusive alter Eismaschine von 1972 und DDR-Einrichtung. Neben täglich frischem, direkt vor Ort produziertem Speiseeis ist auch eine feine Auswahl an weiteren süßen Leckerbissen wie Waffeln, Kuchen und Gebäck in der kleinen Eisdiele zu haben.

➜ **WO?** Kochstraße 20, 04275 Leipzig ➜ **WANN?** Mo.–Fr. 12⁰⁰–18⁰⁰ Uhr, Sa.–So. & feiertags 13⁰⁰–18⁰⁰ Uhr (von März bis Nikolaus geöffnet) ➜ **WIE?** Tram 10, 11 | Bus 60, 74

Süden

# MEIN LIEBES FROLLEIN

## CAFÉ

Gut frühstücken und Kuchen essen kann man in der Südvorstadt nicht nur auf der *Karli*! Wer durch die Seitenstraßen schlendert, der sollte unbedingt einen Verpflegungsstopp im Café »MEIN LIEBES FROLLEIN« in der *Fichtestraße* einlegen. In moderner 60er-Jahre-Einrichtung, die die Gäste in einen gemütlichen Wohnzimmermodus schalten lässt, fühlt man sich sofort herzlich willkommen. Nicht nur das Interieur wurde augenscheinlich liebevoll ausgewählt, auch die Karte lässt keine Wünsche offen. Ob selbstgebackene Kuchen, hausgemachte Sandwiches und Salate oder frisch gerösteter Kaffee – entspannte Atmosphäre und kulinarische Genüsse gehen bei »MEIN LIEBES FROLLEIN« Hand in Hand und machen fit für weitere Erkundungstouren durch Leipzigs Süden.

➜ **WO?** Fichtestraße 15, 04275 Leipzig ➜ **WANN?** Di.–So. 9⁰⁰–18⁰⁰ Uhr ➜ **WIE?** Tram 9, 10, 11 | Bus 70
➜ **WEB?** www.meinliebesfrollein.de

**Süden**

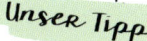
**Unser Tipp**

Statt der üblichen Pommes Frites einfach mal die neuen »Gemüsepommes« aus Karotte und Pastinake bestellen und probieren!

# CURRY & CO.

## CURRYWURST-KREATIONEN

»Curry & Co.« auf der *Karli* gehört zum Pflichtprogramm für alle Freunde von Currywurst und knusprigen, preisgekrönten Pommes, denn hier gibt es den beliebten Snack in allen erdenklichen Varianten. Egal ob geräuchert oder gebrüht, mit scharfer oder milder Sauce, aus Rinds- oder Geflügelwurst oder auch vegan, ein Stopp hier ist ein Muss für alle Wurstliebhaber! Auch die verschiedenen Soßen können sich sehen lassen: Erdnuss, Honig-Senf oder doch lieber Zwiebel-Chili? Nach Lust und Laune kann bei »Curry & Co.« kombiniert werden. Wer jetzt Hunger bekommen hat, aber gerade im Zentrum unterwegs ist, der schaut einfach in der zweiten Filiale am *Brühl 4 / Ecke Hainstraße* vorbei.

➜ **WO?** Karl-Liebknecht-Straße 85, 04275 Leipzig ➜ **WANN?** So.–Do. 12⁰⁰–21⁰⁰ Uhr, Fr. & Sa. 12⁰⁰–24⁰⁰ Uhr ➜ **WIE?** Tram 10, 11 ➜ **WEB?** www.CurryundCo.com

Süden

# MARSHALLS MUM

## CUPCAKE BAKERY

Wer einen süßen Zahn hat, kommt an diesem Café nicht vorbei! Bei »Marshalls Mum« gibt es die besten hausgemachten Cupcakes der Stadt und wir kennen fast keinen Leipziger, der sich mittlerweile nicht einmal komplett durch das köstliche Sortiment gefuttert hat. Schon beim Betreten des gemütlichen Cafés spürt man, dass es den Inhabern Isabell und Enrico wichtig ist, dass jeder eine gute Zeit bei ihnen hat und sich wie zu Hause bei Mutti fühlt. Diese Leidenschaft schmeckt man! Bekannt ist das »Marshalls Mum« für seine Cupcakes mit traditionellem amerikanischem Frischkäse-Frosting. Die Törtchen werden von Bella liebevoll ihre »Freunde« genannt, vielleicht haben auch deshalb alle Cupcakes besondere Namen. »Monsieur Karotti« und »Chocolate Charles« zählen zu den Lieblingen.

→ **WO?** August-Bebel-Straße 1, 04275 Leipzig → **WANN?** Mo. Ruhetag, Di.–So. 12⁰⁰–19⁰⁰ Uhr
→ **WIE?** Tram 10, 11 | Bus 89 → **WEB?** www.marshallsmum.de

Süden

# WALDFRIEDEN

## RESTAURANT & BIERGARTEN

Woher der »Waldfrieden« seinen Namen hat, weiß niemand mehr so recht; der nächste Wald ist jedenfalls ein gutes Stück entfernt. Bei gemütlich knisterndem Kaminfeuer kann hier an dunklen Winterabenden aber durchaus romantisch-rustikale Jagdhüttenatmosphäre entstehen und im Sommer geht es raus auf den grünen Freisitz. Serviert wird vor allem deftige Hausmannskost, die durch viel Geschmack und ordentliche Portionen überzeugt. Weidmannsheil und guten Appetit!

➜ **WO?** Bornaische Straße 56, 04277 Leipzig ➜ **WANN?** Mo.–Sa. 11⁰⁰ Uhr bis open end, So. von 9⁰⁰ Uhr bis open end
➜ **WIE?** Tram 11 ➜ **WEB?** www.gaststättewaldfrieden.de

# Kirche, Konzerte & Geschichte

Wer im **SANKT BENNO** (S. 239) essen geht, dem fällt mit Sicherheit die beeindruckende neugotische Architektur der Leipziger **PETERSKIRCHE** auf. Ihr 88 Meter hoher Kirchturm ist übrigens der höchste der Stadt und kann bei geführten Rundgängen bestiegen werden. Die Kirche wurde nach einem

Die Peterskirche in der *Schletterstraße*

Entwurf von August Hartel und Constantin Lipsius gebaut und 1885 fertiggestellt. Im Zweiten Weltkrieg wurde das Gotteshaus stark zerstört, zehn Jahre lang musste die Peterskirche ohne Dach auskommen. Seit 1990 wird nun schrittweise die bauliche Substanz saniert. Bei den Leipzigern ist sie vor allem aufgrund ihres vielfältigen kulturellen Angebotes beliebt.

**EASY 2 GO** **PETERSKIRCHE LEIPZIG**
*Schletterstraße 5, 04107 Leipzig,*
*www.peterskirche-leipzig.de*

# SANKT BENNO

## RESTAURANT

Wer im »Sankt Benno« nach einer Speisekarte sucht, wird nicht fündig werden. Inhaber und Chefkoch Thilo Junghanns entscheidet jeden Tag aufs Neue, was serviert wird, und man kann sich zwischen ausgewählten Vorspeisen, Hauptgerichten und Desserts entscheiden. Ganz nach dem Motto »Tempo drosseln, Genuss erleben« wird hier besonders Wert auf Nachhaltigkeit und hervorragende Qualität gelegt. Alle verwendeten Produkte stammen aus einem Umkreis von maximal 100 km von kleinen Bauernhöfen, Gärtnereien und Jägern. Auch die Getränke kommen von regionalen Produzenten oder haben ein Biosiegel. Die Alltagshektik an der Gaderobe abgeben, einen Abend lang abschalten und ein Fest für die Sinne erleben!

➡ **WO?** Schletterstraße 1, 04107 Leipzig ➡ **WANN?** Di.–Sa. ab 17$^{30}$ Uhr ➡ **WIE?** Tram 10, 11
➡ **WEB?** www.sankt-benno-leipzig.de

Süden

# KILLIWILLY
## TRADITIONAL IRISH PUB

**Unser Tipp**

Am 17. März im KILLI-WILLY vorbeischauen? Ja, aber bitte in Grün erscheinen, denn hier wird der St. Patrick's Day gebührend gefeiert.

Jeder Leipziger kennt das urige »Killiwilly« an der Ecke *Karli/Körnerstraße*. Im traditionellen Pub fängt einen die irische Atmosphäre ein, sobald man durch die Tür kommt, und nicht selten trifft man hier auch auf Muttersprachler mit Heimweh. Während internationale Fußballspiele über den Bildschirm flimmern, hat man genug Zeit, sich durch die 15 ebenso internationalen Fassbiere zu probieren. Und wo Bier auf Fußball trifft, da ist oft auch Fleisch nicht weit entfernt. Spezialität des »Killiwillys« sind die hausgemachten Burger frisch vom Grill. Im Sommer isst man die im gemütlichen Biergarten hinterm Haus oder auf dem Freisitz direkt auf der *Karli*, wo man bis spät in die Nacht zusammen verweilt.

➜ **WO?** Karl-Liebknecht-Straße 44, 04107 Leipzig ➜ **WANN?** Mo.–So. 10$^{00}$–5$^{00}$ Uhr ➜ **WIE?** Tram 10, 11
➜ **WEB?** www.killiwilly.de

Süden

# MEETFREUDE

## KOREANISCHE KÜCHE

Im Souterrain der *Karli 85* findet man ein Stück Korea mitten in Leipzig! Das »MeetFreude« ist die erste Adresse für alle, die gerne mal typisch koreanische Küche probieren möchten. In gemütlicher Atmosphäre bestellt man am besten »Bibimbab«, ein Gericht bestehend aus Reis, verschiedenen Gemüsen, Rindfleisch und Ei. Aufeinandergeschichtet werden die Zutaten in einer großen Schüssel serviert und dann erst umgerührt. Daher auch der Name, der so viel wie »Reis mischen« bedeutet.

➜ **WO?** Karl-Liebknecht-Straße 85, 04275 Leipzig
➜ **WANN?** Mo.– Sa. 13⁰⁰–23⁰⁰ Uhr ➜ **WIE?** Tram 10, 11
➜ **WEB?** Facebook (MeetFreude)

## Noch mehr Kulinarisches

### CAFÉ PUSCHKIN

Schon die fantasievollen Namen der Gerichte sind einen Besuch im »Puschkin« wert. Dazu kommt die einmalige Atmosphäre drinnen oder draußen mitten auf der *Karl-Liebknecht-Straße*. Ein wenig versteckt im Inneren: die Shisha-Lounge.
*Karl-Liebknecht-Straße 74, 04275 Leipzig, www.cafepuschkin.de*

### DEIN DELI

Fein – schnell – vegan: Das ist der Slogan von »Dein Deli«, und er bringt es auf den Punkt. Wer am *Connewitzer Kreuz* einen schnellen, veganen Imbiss sucht, wird hier auf jeden Fall fündig. Darüber hinaus sind alle Gerichte (besonders die Torten und Kuchen) auch etwas fürs Auge.
*Wolfgang-Heinze-Straße 12 a, 04277 Leipzig, www.dein-deli.de*

### HOTEL SEEBLICK

Nein, das »Hotel Seeblick« ist kein Hotel. Und den Blick auf einen See gibt es auch nicht. Das macht aber gar nichts, denn sonst findet man hier alles, was man sich wünscht: ein charmantes Kneipencafé in Rot und Gold, mit sehr leckerem Essen, guten Drinks und Wohlfühlgarantie. Wer braucht da schon einen Seeblick?
*Karl-Liebknecht-Straße 125, 04275 Leipzig,*
*www.hotel-seeblick-leipzig.de*

### OSKAR

Restaurant, Cocktailbar, Musiksalon und Biergarten – das »Oskar« bietet für jeden Geschmack etwas. Ein kulinarisches Highlight ist das Fleisch aus dem original »Southern Pride Smoker«: Die halboffene Küche macht schon bei der Zubereitung Lust auf mehr. Der Salon mit den Sesseln aus dem ehemaligen Palast der Republik bietet Raum für Veranstaltungen aller Art und auch den Rauchern eine Oase.
*Harkortstraße 21, 04107 Leipzig, www.oskar-leipzig.de*

### SAUGSTAUBER

Tanzkeller, Bar, Raucherlounge, Kickerstation – das klitzekleine »Staubsauger« hat viele Facetten, vor allem aber ist es der Punkt auf der *Karli*, an dem sich viele überlegen, doch noch nicht nach Hause zu gehen, sondern hier noch schnell auf ein letztes Bier und eine letzte Runde auf der Tanzfläche einzukehren. Wenn anderswo schon alle Lichter ausgehen, herrscht im »Staubi« noch entspanntes, alternatives Getümmel.
*Karl-Liebknecht-Straße 95, 04275 Leipzig, www.staub-sauger.de*

**Süden**

# Spürt den Herzschlag des Südens

Nicht umsonst ist die Gegend rund um die Südvorstadt eine der beliebtesten in ganz Leipzig. Hier gibt es nicht nur unzählige Kneipen, Shoppingmöglichkeiten und Grünflächen, sondern auch die vielfältigsten Kulturangebote.

### KULTURELLE HÖHEPUNKTE

Zu Pfingsten hüllt sich ganz Leipzig in Schwarz! Beim »Wave-Gotik-Treffen«, kurz »WGT«, kommt die schwarze Szene aus aller Welt zusammen und feiert gemeinsam bei Konzerten, Ausstellungen, Lesungen und Parties. Auf dem AGRA-VERANSTALTUNGSGELÄNDE werden die Zelte aufgeschlagen. Highlight für uns ist jedoch das alljährliche »Viktorianische Picknick« im *Clara-Zetkin-Park*, bei dem in den ausgefallensten Kostümierungen gespeist wird. Im Sommer kann man beim »City Crash«, einem urbanen Festival für Kunst und Kultur im ↗ WERK 2 (S. 252), an nur einem Abend eine Ausstellung, Kurzfilme, eine Fashion-Show und Bands live erleben. Bis in die frühen Morgenstunden wird hier mit Leipzigs kreativer Szene gefeiert.

### SPITZT DIE OHREN

Das Musikviertel wird seinem Namen auch heute noch gerecht. Hört mal genau hin, wenn ihr rund um die *Grassistraße* unterwegs seid. Es kann gut sein, dass ihr aus offenen Fenstern den Klängen von Violinen, Bratschen und anderen Instrumenten lauschen könnt. Über den einen oder anderen schiefen Ton bitte nicht wundern, hier üben die Studenten der HOCHSCHULE FÜR MUSIK UND THEATER »FELIX MENDELSSOHN BARTHOLDY« (HMT).

Pssst: Einmal im Jahr lädt die Leipziger HOCHSCHULE FÜR GRAFIK UND BUCHKUNST (HGB), an der viele renommierte Künstler ihr Handwerk lernten, zum Rundgang ein. Hingehen und von den jungen Künstlern inspirieren lassen!

Süden

Laue Sommernächte auf der Open-Air-Bühne
↗ **ARENA AM PANOMETER LEIPZIG** (S. 250)

Süden

Eine der wenigen Wände, die legal besprüht werden dürfen

↗ **WERK 2** (S. 252)

Außen schlicht, innen erstaunlich

↗ **St. Bonifatius-kirche** (S. 198)

Weinstube

HORNS ERBEN

Ausschank

Kleinverkauf

Weine

Reise in die Vergangenheit
↗ HORNS ERBEN (S. 247)

# HORNS ERBEN

## KNEIPE & KULTURCAFÉ

Wir wandeln auf den Spuren längst vergangener Zeiten und zeigen euch in einer ruhigen Nebenstraße der quirligen *Karli* die urige Kneipe »Horns Erben«. »Wein und Korn, stets von Horn« – unter diesem schmissigen Slogan verkaufte der Leipziger Wilhelm Horn ab 1923 genau hier seine beliebten Branntweine und Liköre. Schon damals trafen sich in der Weinstube vor allem Künstler und Studenten zum abendlichen Austausch. Im Laufe der Zeit geriet das »Horns« jedoch in Vergessenheit und schlummerte viele Jahrzehnte einen tiefen Dornröschenschlaf. 2005 wurden die historischen Räume dann von einem Mieter des Hauses zufällig entdeckt, der sie mit großer Unterstützung vieler Leipziger wieder aufleben ließ. Sogar die historische Art-déco-Fassade von 1931 wurde originalgetreu rekonstruiert. In gemütlicher Wohnzimmeratmosphäre treffen sich seitdem wieder viele Kulturfreunde und Studenten im »Horns Erben« zu Speis und Trank.

➜ **WO?** Arndtstraße 33, 04275 Leipzig ➜ **WANN?** täglich ab 19⁰⁰ Uhr ➜ **WIE?** Tram 10, 11 | Bus 60, 74
➜ **WEB?** www.horns-erben.de

Süden

**STEVE UHLIG ÜBER:**

# PRAKTISCHES DURCHSTARTEN

Seit 2010 gibt es im Süden der Stadt, genauer gesagt auf dem gesamten Gelände des ↗ **WERK 2** (S. 252), das »City Crash«, ein urbanes Festival für Kunst und Kultur. Hier etablierte Antje Hamel eine Plattform, die nicht nur eine Verbindung zwischen Kunst, Mode, Film und Musik herstellt, sondern auch den aktiven Austausch zwischen Besuchern und Künstlern ermöglicht. Vielfalt steht im Vordergrund und an einem Tag des letzten Juliwochenendes erlebt der Besucher einen spannenden Mix von Kunstausstellung und Künstlergesprächen bis hin zu einer Fashion-Show, regionalen Live-Bands und Party. Für jeden ist etwas dabei, man kann entdecken, chillen, sich mitreißen und inspirieren lassen, feiern und glücklich sein.

Eine Ecke weiter, im Keller der Halle 5, findet jeder, der selbst kreativ tätig werden und seine Fähigkeiten beim Drucken, Pressen oder Radieren auf die Probe stellen möchte, einen geeigneten Ort. Die dort angesiedelte **GRAFIK-DRUCKWERKSTATT** bietet Interessierten, die sich intensiver mit grafischen Verfahren auseinandersetzen möchten, ein breitgefächertes Angebot für diverse Drucktechniken. Zwischen den Druckpressen findet sich erstaunlich viel Material, Werkzeug, Behälter, Pinsel, Papier und Kästen; es gibt einen Ätzraum und sogar eine kleine Küche, in der man bei einem Tee fachsimpeln kann. Andreas Weißgerber, selbst Maler und Grafiker, ist der Leiter der Einrichtung. Er hat die Werkstatt aufgebaut, kennt so einige Tricks und Kniffe rund um das Grafikhandwerk und hat für jedes Problem eine Lösung parat. Laien und auch Profikünstler schwören auf seine Expertise.

# CONNE ISLAND
## SOZIOKULTURELLES ZENTRUM

Am Rande des Auwaldes befand sich bereits Mitte des 19. Jahrhunderts das Ausflugslokal »Eiskeller«. Der Name ist schon lange Geschichte, dennoch kann jeder Leipziger noch heute auf Anhieb sagen, welcher Ort damit gemeint ist. Nach bewegter Geschichte versteht sich das »Conne Island« heute als selbstverwaltetes, alternatives Zentrum für Jugend-, Pop- und Subkulturen. Hier finden Konzerte und stürmisch betanzte Parties statt, es gibt ein Café zum Entspannen, ein Freigelände mit großem Outdoor-Skatepark und ein Freilichtkino im Sommer.

→ **WO?** Koburger Straße 3, 04277 Leipzig
→ **WANN?** Café Di.– Sa. 16⁰⁰–22⁰⁰ Uhr, So. 14⁰⁰–20⁰⁰ Uhr
→ **WIE?** Tram 9 | Bus 107, 412 → **WEB?** www.conne-island.de

**Süden**

# UT CONNEWITZ

## LEIPZIGS ÄLTESTES KINO

# NATO

## SOZIOKULTURELLES ZENTRUM

Das »UT Connewitz« in der *Wolfgang-Heinze-Straße* ist das älteste erhaltene Lichtspieltheater Leipzigs. Ende Dezember 1912 wurde hier »Die schwarze Katze« von Viggo Larsen als erster Film gezeigt. Seitdem flimmerten so einige Streifen über die Leinwand. Bei einem Umbau in den 80er-Jahren wurde ein Konzertsaal mit großer Bühne integriert. Im UT fanden damals auch erste Underground-Konzerte von DDR-Punkbands statt. Seit 2001 kümmert sich der Verein »UT Connewitz« um den Erhalt und das Programm des geschichtsträchtigen Ortes.

Wer abends noch nichts vorhat, sollte sich diese Adresse besser merken! Ihr findet auf der *Karli* die »naTo«, nein nicht das Atlantische Bündnis, sondern Leipzigs ältestes Kulturzentrum in freier Trägerschaft, das seit den 1980ern für kulturellen, sozialen und politischen Diskurs im Viertel sorgt. Im Saal wird internationale Filmkunst gezeigt, es gibt Theateraufführungen, Konzerte, Kleinkunst und Lesungen. Einmal im Jahr stürzen sich beim Seifenkistenrennen, initiiert vom »naTo e. V.«, wagemutige Piloten den Fockeberg hinunter. Mitmachen oder anfeuern!

➜ **WO?** Wolfgang-Heinze-Straße 12a, 04277 Leipzig ➜ **WIE?** Tram 9, 10, 11 | Bus 70, 89, 107, 412 ➜ **WEB?** www.utconnewitz.de

➜ **WO?** Karl-Liebknecht-Straße 46, 04275 Leipzig
➜ **WIE?** Tram 10, 11 ➜ **WEB?** www.nato-leipzig.de

**Süden**

# PANOMETER LEIPZIG

## 360°-PANORAMA-AUSSTELLUNG

Einmal abtauchen in den schillernden Tiefen des Great Barrier Reef, durch das chaotische Leipzig kurz nach Ende der Völkerschlacht 1813 streifen, den schneebedeckten Mount Everest erklimmen oder die prächtige Wunderwelt des südamerikanischen Regenwaldes erkunden. All das ist schon möglich gewesen mitten im Leipzig des 21. Jahrhunderts! Im denkmalgeschützten Gasometer in der Südvorstadt werden seit einigen Jahren die beeindruckenden Riesenrundbilder des Künstlers Yadegar Asisi präsentiert. Mit dem einmaligen Ausstellungskonzept gelingt es ihm wie keinem anderen, Raumtiefe auf den weltgrößten 360°-Panoramabildern darzustellen. Anschauen und für eine kleine Weile in andere Zeiten und Welten entführen lassen!

→ **WO?** Richard-Lehmann-Straße 114, 04275 Leipzig → **WANN?** Di.–Fr. 10⁰⁰–17⁰⁰ Uhr, Sa., So. & feiertags 10⁰⁰–18⁰⁰ Uhr → **WIE?** Tram 16 | Bus 70 → **WEB?** www.asisi.de

Süden

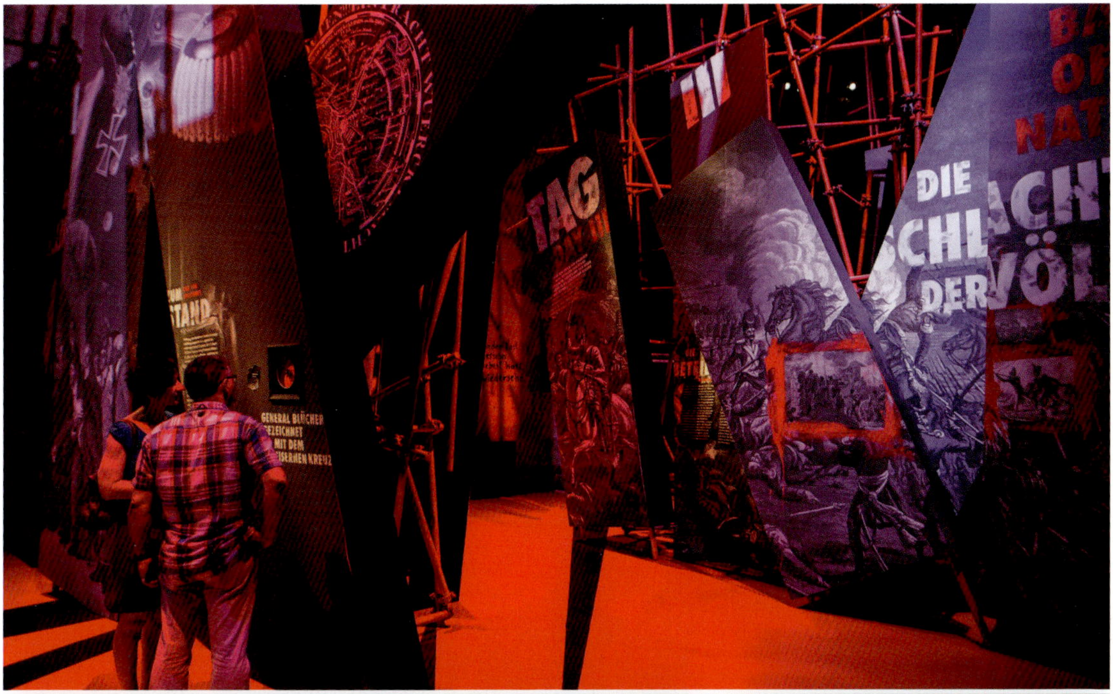
DIE
TAG
GENERAL BLÜCHER

Vergnügen
zur Messe
Entertainment at the Trade Fair
Vergnügens
Die weltberühmte
The World-Famous Trade Fair

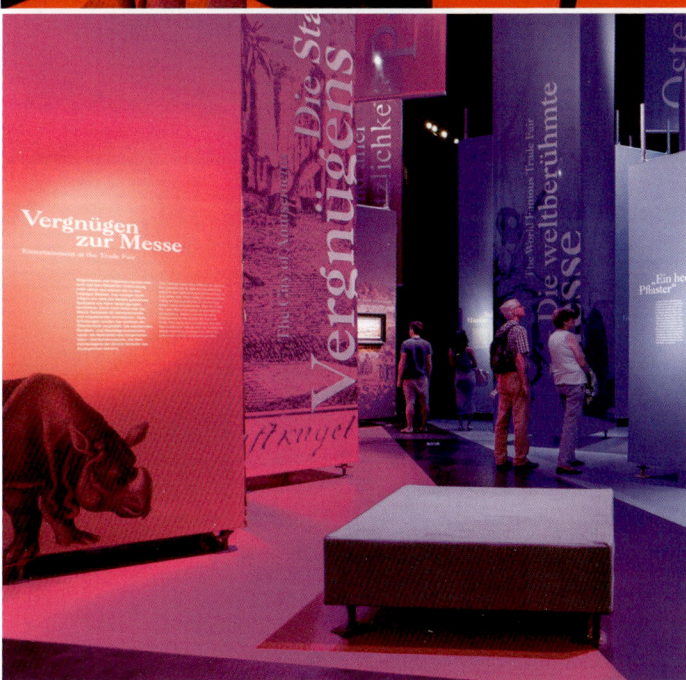

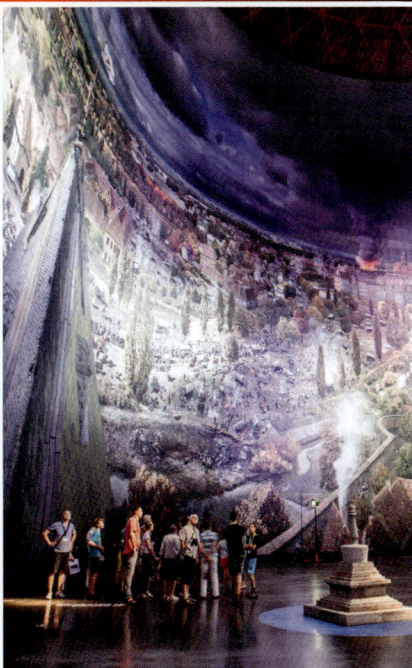

# WERK 2

## KULTURFABRIK

In ganz Leipzig kennt und schätzt man es und es gibt kaum jemanden, der noch nicht zur Disco, einem Konzert oder dem beliebten Weihnachtsmarkt hier gewesen ist. Die »WERK 2 Kulturfabrik« am *Connewitzer Kreuz* ist seit über 20 Jahren eine feste Instanz in Leipzig und hat in der Stadt ein wichtiges Kapitel Kulturgeschichte geschrieben. Aushängeschild des soziokulturellen Zentrums ist die Vielfalt an Angeboten für Menschen jeden Alters: Neben unterschiedlichsten Veranstaltungen, die in den beiden Hallen des gemeinnützigen Vereins stattfinden, gibt es unter anderem drei Werkstätten (Grafikdruck, Glasbläserei und Keramik) und zahlreiche kulturelle und kreative Projekte und Workshops für Kinder, Jugendliche und Erwachsene. Auf rund 7.000 m² finden regelmäßig Theatervorstellungen, Lesungen, Konzerte, Festivals, Märkte, Ausstellungen und vieles mehr statt.

**Süden**

➜ **WO?** Kochstraße 132, 04277 Leipzig ➜ **WIE?** Tram 9, 10, 11 | Bus 70, 89, 107, 412
➜ **WEB?** www.werk-2.de

Süden

## ff.

Im Gespräch mit Katja Krause,
Geschäftsführerin des
»WERK 2 Kulturfabrik Leipzig e.V.«

# Man muss nicht suchen, man trifft immer auf etwas Spannendes.

Seit 13 Jahren arbeitet Wahl-Leipzigerin Katja Krause im WERK 2. Als Minijobberin hat sie angefangen, seit 2011 ist sie Geschäftsführerin des soziokulturellen Zentrums. Wir haben uns mit Katja über die Geschichte und Veränderungen in der Kulturfabrik unterhalten.

*Seit über 20 Jahren gibt es das WERK 2 als Kulturfabrik. Welchem Zweck diente das Areal ursprünglich?*
Gebaut wurden die Gebäude Ende 1848 von einem Franzosen, der hier Gasmessanlagen und Gerätschaften produzieren ließ. Damals wurde in der Stadt noch die ganze Außenbeleuchtung mit Gas versorgt und hier wurden in der großen Halle alle möglichen Apparaturen hergestellt. Nach dem Krieg ging es dann weiter mit Wertstoff-Prüfmaschinen. Nach der Wende, ab 1992, wurde unser Verein gegründet. Leute, die kulturell oder künstlerisch interessiert waren, haben die Objekte nutzbar gemacht, weil sie leer standen und nicht mehr anderweitig gebraucht wurden. Das Urgestein sind die Werkstätten, die am längsten mit dabei sind.

*Was hat sich in dieser Zeit alles getan und verändert?*
Die letzten 20 Jahre kann ich natürlich schwer beleuchten, aber ich habe hier im WERK schon große Änderungen miterlebt. Angefangen 2009 mit der Einstellung von Roland Bergner, unserem heutigen Booker. Vorher gab es kein großes Augenmerk auf die programmatische Ausrichtung in den Hallen. Es wurde so gut wie jeder Anmietung zugesagt, Hauptsache, es war etwas da. Durch Roland hat sich inhaltlich wahnsinnig viel bewegt, sodass wir nun auch im Team darüber sprechen, was wir wollen, wer wir sind und ob bestimmte Bands oder Events zu uns passen. Heute ist unser Veranstaltungsplan mit über 150 Veranstaltungen im Jahr riesengroß und vielfältig. Eine weitere positive Veränderung war die Eröffnung der Halle D im Jahr 2010. Das war

ein Riesenschritt für das WERK 2, weil es manchmal ganz schön schwierig war, die große Halle mit kleinen Konzerten für 150 Leute zu bespielen. Die Halle war dafür einfach zu groß und man hat sich nicht wohlgefühlt. Die kleinere Halle D, in die maximal ca. 450 Personen passen, wurde dann saniert und wieder bespielbar gemacht.

*Auf welche Veranstaltungen freut sich euer Team besonders?*
Wir freuen uns alle aufs »City Crash Festival« und auf den Weihnachtsmarkt. Aber es sind auch besondere Konzerte, die man nicht jedes Jahr hat, auf die man sich dann umso mehr freut, wenn man sie im Haus erleben kann.

*Was hat Leipzig, was es sonst nirgendwo gibt?*
Ich mag an Leipzig besonders, dass man hier wahnsinnig viel Grün hat und nach gerade mal zehn Minuten Fahrt an einem See stehen kann. Das gibt es in anderen Großstädten selten.

*Du hast Besuch und 24 Stunden Zeit – wo geht ihr hin?*
Dann muss ich ehrlich sagen, raus aus der Stadt und an die Seen und in die Wälder. Wenn mich Freunde besuchen, die nicht den ganzen Tag in der Pampa unterwegs sein möchten, dann würde ich mit ihnen durch Connewitz und Plagwitz laufen und mich einfach irgendwo hinsetzen, einen Kaffee trinken und Leute gucken. Man muss ja nicht mal suchen, man geht irgendwo hin und trifft immer auf etwas Spannendes. Es gibt so viel in Leipzig und es ist einfach für jeden was dabei. Man weiß ja manchmal schon gar nicht mehr, wo man hingehen soll, weil es einfach so viel gibt. Überall ist es lecker und teilweise sehr günstig.

*Leipzig in drei Worten?*
Freundlich, jung, vielseitig.

Süden

Süden

v. r. Katja Krause (Geschäftsführung),
Anja Schulze (PR), Antje Hamel (Eventmanagement)

# Einfach mal blaumachen

Wer im Süden einen Tag blaumachen möchte, hat die Qual der Wahl, wo er seine freien Stunden am liebsten verbringt. »Natur pur« ist hier angesagt, denn von Wasser bis Wald und Wiesen hat der Süden Leipzigs alles zu bieten, was das Freiluftherz höherschlagen lässt.

### SEEN & AUWALD

Im Sommer flüchtet man zum Entspannen an einen der naheliegenden ↗ SEEN (S. 16). Der Weg dorthin führt oft direkt durch den Auwald, dessen hohe Bäume Schatten spenden, sodass man an heißen Tagen am liebsten gar nicht fort von hier möchte. Alle Kräuterhexen kommen besonders im Frühjahr auf ihre Kosten, wenn es im ganzen Wald blüht, sprießt und der Bärlauch seinen Duft verströmt. Am besten bei einer geführten Wanderung zeigen lassen, welche Pflanzen und Kräuter im Auwald wachsen und wie man sie verwenden kann.

### AGRA-VERANSTALTUNGSGELÄNDE LEIPZIG

Die Kreisstadt Markkleeberg gehört offiziell zwar nicht zu Leipzig, aber mit dem Rad ist man in nicht mal zehn Minuten hier und neben dem Cospudener und Markkleeberger See hat die 24.000-Einwohner-Stadt zum Beispiel mit dem agra-Veranstaltungsgelände Leipzig einiges an Erholungspotenzial zu bieten. Ein beliebtes Fotomotiv ist der Musentempel, der 1900 auf einer kleinen Insel im Parkteich gebaut wurde. Architektonisch fällt das WEISSE HAUS ins Auge; das ehemalige Herrenhaus wurde einem Versailler Lustschloss nachempfunden. In dem vergoldeten Spiegelsaal gaben sich schon einige verliebte Paare das Ja-Wort und der Landschaftspark ist die perfekte Kulisse für eine sommerliche Feier. Auch bei Regen ist der agra-Park mit einem Besuch im DEUTSCHEN FOTOMUSEUM eine gute Adresse für entspannte Tage.

### ERHOLUNGSPARK LÖSSNIG-DÖLITZ

Ob Gassi gehen mit dem Vierbeiner, sonntäglicher Spaziergang oder Ausflug mit den Kids, viele Leipziger zieht es regelmäßig in den Erholungspark Lößnig-Dölitz, eine der weitläufigsten Parkanlagen der ganzen Stadt. Entstanden ist der Park Anfang der 80er-Jahre auf dem Gebiet einer ehemaligen Stollenanlage für Braunkohleabbau. Heute gibt es hier mit unzähligen Wiesen, Bäumen und Teichen viel Raum zum Luftholen.

Unser Tipp:

Mit Kindern kann man in der GASTSTÄTTE ZUR SCHÄFEREI nicht nur ein Päuschen einlegen und essen gehen, sondern auch Bekanntschaft mit den Namensgebern des Lokals machen.

Süden

Ein Segeltörn auf dem Cospudener See pustet den Kopf frei

↗ **COSPUDENER SEE** (S. 16)

# 102

# SAUNA IM SEE

## SAUNA AM COSPUDENER SEE

Wir sind dann mal weg! Das Urlaubsfeeling mitten im Alltag gibts in der »Sauna im See« gratis zum Tagesticket dazu. Ob nach Feierabend oder am Wochenende, in verschiedenen Saunen lässt es sich prima entspannen und abschalten. In der Panorama-Seesauna mit traumhaftem Blick über den Cospudener See schwitzt es sich gleich doppelt so schön. Für Abkühlung sorgt dann der Sprung direkt in den glasklaren See. Erfrischung pur mitten in der Natur! Bei einer Massage wird auch die letzte Verspannung gelöst, sodass wirklich jeder diese Oase im Süden Leipzigs relaxt und erholt verlässt.

→ **WO?** Hafenstraße 19, 04416 Markkleeberg → **WANN?** Mo. 11⁰⁰–23⁰⁰ Uhr, Di.–So. 10⁰⁰–23⁰⁰ Uhr
Frauensauna Mi. 10⁰⁰–13⁴⁵ Uhr | Juni–Aug. nur bis 22⁰⁰ Uhr geöffnet → **WIE?** Bus 107
→ **WEB?** www.sauna-im-see.de

**Süden**

# Für Nacht-schwärmer

Wer für seine Übernachtung den Süden der Stadt wählt, bekommt alles auf einmal: Gastronomie, Shopping, Kultur und Feiern. Nur aus der Haustür treten und schon ist man mittendrin im Trubel!

### HOTELS

Seit 1997 ist das 3-Sterne-Hotel **MICHAELIS** eine sichere Adresse für komfortables und stilvolles Übernachten in der Leipziger Südvorstadt. Im hauseigenen, mehrfach ausgezeichneten Restaurant locken Erfrischungen und Gaumenfreuden. Bei schönem Wetter empfehlen wir die Terrasse. Über einen Laubengang erreicht man nebenan die **ALTE ESSIG-MANUFACTUR**. In der ehemaligen Fabrik finden von Tagungen und Seminaren bis zu Familienfeiern Veranstaltungen aller Art statt.

### HOSTELS

Schon ab 15 € pro Nacht kann man im **HOSTEL UNSCHLAGBAR** auf der *Karli* einkehren. Neben kunterbunt gestalteten Zimmern gibts hier eine voll ausgestattete Küche, WLAN und eine Waschmaschine mit Trockner.

Einem längeren Aufenthalt steht also nichts im Wege. Auch im **HOMEPLANET HOSTEL** in Connewitz wird Gastfreundschaft absolut großgeschrieben. Nachdem die Besitzer jahrelang selbst um die Welt gezogen sind, möchten sie nun ihre Heimat Leipzig anderen Weltenbummlern schmackhaft machen. Mit einem hauseigenen Biergarten im Hof fällt das sicher nicht schwer.

### APARTMENTS

Die Ferienwohnungen und Apartments im Süden bestechen vor allem durch individuelle und kreativ umgesetzte Einrichtungskonzepte.
In der ↗ **VILLA DOHNA** (S. 262) im Stadtteil Marienbrunn erkennt man die Liebe zum Detail auf den ersten Blick. Wer hier übernachtet, wird schon ganz ohne weitere Erkundungstour durch die Stadt inspiriert.

Süden

Gemütliches Altbauflair in Marienbrunn
↗ **VILLA DOHNA** (S. 262)

# 103

# VILLA DOHNA

## FERIENWOHNUNG

Im ruhigen Viertel Marienbrunn, zwischen Völkerschlachtdenkmal und Silbersee, liegt die »Villa Dohna«, eine wunderschöne Altbauwohnung, die mit viel Liebe zum Detail eingerichtet wurde. Das private Apartment mit drei Schlafzimmern für bis zu sieben Personen hat nicht nur eine komplett ausgestattete Küche, WLAN und eine Loggia, sondern gefällt seinen Gästen vor allem aufgrund des stilvollen Interieurs, unter anderem mit restaurierten Möbeln von ↗ **ZIMMERBLICK** (S. 216). Die Vermieter sind keine Profis, sondern verliebte Altbausanierer, die charmant und freundlich für das Wohl ihrer Gäste sorgen und ihnen echte Geheimtipps für die Stadt verraten. Hier lautet die Devise: ankommen, wohlfühlen und am liebsten nicht mehr gehen wollen.

➜ **WO?** Dohnaweg 4, 04277 Leipzig ➜ **WANN?** nach Vereinbarung, ganzjährig ➜ **WIE?** Tram 10, 16
➜ **WEB?** www.villadohna.de

# Rohdiamant
# Osten

# Im Leipziger Osten

Schon gesehen? Bisher haben die meisten Touristen den Leipziger Osten eher weniger auf dem Schirm gehabt, doch langsam mausert sich der bisher ungezähmte Teil der Stadt und macht Lust auf mehr. Wir haben das Gefühl, dass hier in den nächsten Jahren einiges passieren wird und hoffen, dass es dennoch wild, frei und kreativ bleibt!

Für die einen ist er ein immer beliebteres Wohnviertel aufgrund der (noch) günstigen Mieten, das Freiraum bietet für (multi-)kulturelle und künstlerische Projekte. Für die anderen gehört die Gegend rund um die *Eisenbahnstraße* (Abb. r.) zu den Ecken der Stadt, in denen man sonntags eher keinen Spaziergang unternimmt. Egal welche Meinung man vertritt, unumstritten ist, dass Stadtteile wie Reudnitz und Neuschönefeld mehr zu bieten haben als gute Dönerläden und man so einige verborgene Talente und spannende Newcomer entdecken kann.

### GRAPHISCHES VIERTEL

Von der Oper in der Innenstadt aus erreicht man über den *Georgiring* und die *Littstraße* als Erstes das Graphische Viertel (Abb. u. und S. 267 o.) im Leipziger Zentrum-Ost, welches sich zwischen dem Hauptbahnhof und dem Bayerischen Bahnhof erstreckt. Ende des 19. Jahrhunderts siedelten sich hier zahlreiche Verlage, Druckereien, Buchbindereien und Buchhändler an und gaben dem Viertel seinen Namen. Um das Jahr 1900 waren etwa 95 % der über 2.000 Leipziger Buchhandelsunternehmen hier registriert. Durch mehrere Bombenangriffe wurde das Graphische Viertel im Zweiten Weltkrieg jedoch stark zerstört, sodass seitdem die meisten Unternehmen an einem neuen Standort sitzen. In den Jahren der DDR wurden zahlreiche Häuser ihrem Schicksal und dem Verfall überlassen. Nach der Wende und in den letzten Jahren wurde das Viertel durch Sanierungen aber wieder aufgewertet und Unternehmen lassen sich nun wieder vermehrt hier nieder. Im Brockhaus-Zentrum, der Gutenberg-Galerie und dem Haus des Buches (Abb. S. 269) sind heute auch wieder Firmen aus der Buch- und Verlagsbranche ansässig.

### MENDELSSOHN-HAUS

Ein Stück Richtung Süden, in der *Goldschmidtstraße*, kommen Freunde klassischer Musik voll auf ihre Kosten. Im Mendelssohn-Haus, in dem Komponist Felix Mendelssohn Bartholdy lebte und im Jahr 1847 verstarb, erinnert eine Ausstellung an das Wirken des Ausnahmemusikers und -komponisten. Ein Besuch am Sonntagvormittag lohnt sich besonders. Zuerst kann man einem Konzert im Musiksalon lauschen und danach das neu gestaltete Museum erkunden, in dem man so-

gar selbst ein digitales Orchester dirigieren kann. Nicht nur für die kleinen Besucher spannend auszuprobieren!

### STERNBURG-BRAUEREI

Ein Kontrastprogramm bietet die Sternburg-Brauerei, zu der man sich an manchen Tagen, wenn der Wind günstig steht, von den malzig-süßlichen Gerüchen, die durchs Viertel ziehen, führen lassen kann. Das Bier der zentrumsnahen Brauerei ist nicht nur in Leipzig längst zur Kultmarke avanciert. Anfang des 19. Jahrhunderts brachte Maximilian Freiherr Speck von Sternburg sein in Bayern gesammeltes Wissen über den Hopfenanbau nach Leipzig, seitdem existiert die Marke »Sternburg«. Bei einer Führung durch die Brauerei kann nicht nur das »Sterni« probiert werden, man erlebt auch den Brauprozess live vom Gärtank bis zur Abfüllung der Flaschen mit.

### ALTE MESSE LEIPZIG

Die Tram-Linie 15 bringt einen in nicht einmal 10 Minuten bequem vom *Johannisplatz* (oder der Haltestelle *Witzgallstraße*, wenn man der Sternburg-Brauerei einen Besuch abgestattet hat) bis zum Gelände der Alten Messe Leipzig (Abb. r.) im Zentrum-Südost. Zwischen 1920 und 1991 fanden auf dem 50 Hektar großen Gelände zahlreiche Ausstellungen und Messen statt. Am Osttor findet man noch heute das überdimensionale Doppel-M, das einstige Logo der »Muster-Messe« Leipzig. Nachdem die neue Messe ihren Betrieb aufnahm, wird die Fläche mit den zum Großteil erhaltenen Messehallen seit Mitte der 1990er-Jahre als Gewerbegebiet mit

Einkaufs- und Unterhaltungsmöglich-keiten genutzt. So kann in der **SOC-CERWORLD**, der ehemaligen Messehal-le 7, Fußball gespielt werden, es gibt einen Stadtstrand und im Sommer Autokino. Aus dem Jahr 1913 erhalten ist die **PANTHEON**-Kuppelhalle (Abb. u.) des Architekten Wilhelm Kreis. Eine 30 Meter lange, freitragende Kuppel zeigt die Stärke des damals neuartigen Stahlbetonbaus. Heute finden im Pan-theon, auch »Eventpalast« genannt, regelmäßig Veranstaltungen statt.

Pssst: Wer von der Alten Messe aus nur zwei Straßenbahnstationen wei-ter fährt, kann direkt die nächste Se-henswürdigkeit im Leipziger Süd-osten erkunden. Dort, wo der Osten auf den Süden der Stadt trifft, befin-det sich das imposante ↗ **VÖLKER-SCHLACHTDENKMAL** (S. 199).

### RUSSISCHE GEDÄCHTNISKIRCHE

Architektonisch sticht einem ein wei-teres Gebäude im Leipziger Osten ins Auge. Die Rede ist von der Russischen Gedächtniskirche (Abb. o.), die mit ih-rem 16-seitigen Zeltdach und der ver-goldeten Zwiebelkuppel im altrussi-schen Stil in Leipzig einzigartig ist. Auch sie wurde pünktlich 100 Jahre nach der Völkerschlacht zum Geden-ken an die mehr als 22.000 gefallenen russischen Soldaten eröffnet. In ihr be-finden sich neben 78 Ikonen des Ma-lers Luka Martjanowitsch Jemeljanow auch eine kleine Gemeindebibliothek sowie ein Kirchenmuseum.

### NÜTZLICHES

Keine Panik, wenn ihr eure Kontakt-linsen verliert oder eure Brille zu Bruch geht, **AUGENOPTIKER VOLKMAR MAUL** auf der *Eisenbahnstraße* kann euch helfen. Gegründet wurde das Familienunternehmen 1939 von sei-nem Vater in der Leipziger Innen-stadt. Im Krieg wurde das Geschäft zerstört und 1947 in der *Eisenbahn-straße* neu eröffnet. Noch heute befin-det es sich hier und lässt den Leipzi-ger Osten scharf sehen.
*Eisenbahnstraße 81, 04315 Leipzig*

### UNTERWEGS MIT KINDERN

Kinder lieben Geschichten! Wie wäre es denn mal, eine selbst ausgedach-te Geschichte in Buchform festzuhal-ten? Möglich ist das bei **BUCHKINDER LEIPZIG E.V.**, einer Buch- und Schreib-werkstatt für Kinder und Jugendli-che zwischen 4 und 18 Jahren. Die Kids können hier ihre Gedanken auf-schreiben, sie illustrieren und daraus ein ganzes Buch selbst setzen und drucken, um so Drachen, Prinzessin-nen und andere Fabelwesen aus ihrer Phantasie zum Leben zu erwecken. In der Buchmanufaktur werden klei-ne Auflagen der Bücher produziert und unter anderem auf der Leipziger Buchmesse präsentiert.
*Buchkinderwerkstatt Ost,*
*Schulze-Delitzsch-Str. 16, 04315 Leipzig*

Osten

*Die Leipziger Variante des Pantheon – Eventlocation mit Tradition*

Haus des Buches

Osten

# Der Leipziger Osten

· · · · · · · · · · · · · · · · · · · · · · · · · · · · · ·

## SHOPPING

**104** De Scale
**105** Bioflair
**106** Friss Fleisch
**107** City Comics
**108** Denny Rauner – THE GALEROBE

## KULINARISCHES

**109** Laggi's Burger & Steaks
**110** Eisträumerei
**111** Bäckerei & Konditorei Göbecke
**112** GreenSoul
**113** Poniatowski – Polski Bar i
Restauracja

## KUNST & KULTUR

**114** Historische Tasteninstrumente

**1** Alte Messe Leipzig
**2** Deutsche Nationalbibliothek
**3** Haus des Buches
**4** Mendelssohn-Haus
**5** Russische Gedächtniskirche

## LEIB & SEELE

**115** Botanischer Garten der
Universität Leipzig
**1** Friedenspark
**2** Lene-Voigt-Park

## ÜBERNACHTEN

**116** Zeitraum10 Apartments
**117** Ost-Apotheke Hostel

· · · · · · · · · · · · · · · · · · · · · · · · · · · · · ·

**Legende**

**H** *Haltestelle*

🏃 *Entfernung zu Fuß*

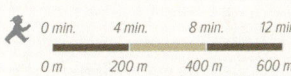

🏃 0 min.   4 min.   8 min.   12 min.

0 m   200 m   400 m   600 m

Blick über den Johannisplatz

Osten

# Shopping-Safari

Fröhlich zusammengewürfelt kann man im Osten der Stadt zwischen vielen eher unspektakulären Läden, Büros und Wohnhäusern bei genauerem Hinschauen durchaus kleine Stilblüten, kreative Werkstätten und gut sortierte Bio- oder Buchläden finden. Auf gehts, die Shopping-Safari im Osten lohnt sich!

### TRÖDEL-TRUPP

Auf dem Gelände der **ALTEN MESSE** könnt ihr jeden 1. Sonntag im Monat nach Herzenslust stöbern, trödeln und neue Liebhaberstücke entdecken. Wer beim Flohmarkt zwischen antiken Möbeln, altem Porzellan, Schmuck und Kleinkram kein Schnäppchen ergattert, kann zumindest Eindrücke sammeln und sehen, wo früher Leipzigs große Messen und Ausstellungen stattgefunden haben.

### DIE MÄNNER MACHENS

Zwei Männer haben im Osten der Stadt das Modezepter in der Hand. Maßkonfektionär Norbert Schaal von ↗ **DE SCALE** (S. 274) berät die Herren der Schöpfung in Sachen feiner Zwirn und Denny Rauner von ↗ **THE GALEROBE** (S. 277) fertigt in Handarbeit wahrgewordene Modeträume

aus feinsten Stoffen. Hier kann man Haute-Couture-Luft schnuppern und dem Designer in seinem Atelier über die Schulter schauen. Dennys persönlichen Stil findet man in jeder Ecke und bekommt so auch Interieur-Inspiration geliefert.

### COMIC-HELDEN UND BIO TO GO

Wer der *Nürnberger Straße* Richtung *Johannisplatz* folgt, kann noch schnell einen Abstecher zu ↗ CITY COMICS (S. 276) machen und sich den neuesten Input von seinem liebsten Comic-Helden holen. Für wen »Yu Gi Oh!« ein Fremdwort ist, der hüpft ins ↗ **BIOFLAIR** (S. 275) auf der *Prager Straße* und deckt sich stattdessen mit Naturkost und nachhaltigen Produkten ein. Ihr seht, hier ist für jeden etwas dabei!

Osten

Maßgeschneiderte Herrenmode
↗ DE SCALE (S. 274)

# DE SCALE

## HERREN-MASSKONFEKTION

Mitten im Graphischen Viertel können Leipzigs Männer den Dandy in sich aufspüren. In seinem Laden »De Scale« in der *Kreuzstraße* bekommen die stilvollen Herren der Schöpfung dabei fachkundige Unterstützung von Maßkonfektionär Norbert Schaal. Der berät nicht nur in Sachen aktuelle Modetrends, sondern legt vor allem Wert auf klassische und anspruchsvolle Herrenbekleidung. Individualisten und Männer, die wissen, was sie wollen, sind bei Norbert genauso willkommen wie modisch Unentschlossene, die gemeinsam mit ihm einkaufen gehen und ihren eigenen Stil entdecken wollen. Je nach Wunsch entstehen in Zusammenarbeit mit etablierten Ausstattern aus aller Welt auch individuelle und hochwertige Anfertigungen nach Maß. Oscar Wilde wäre hier mit Sicherheit Stammkunde gewesen!

➙ **WO?** Kreuzstraße 19, 04103 Leipzig ➙ **WANN?** Di.–Fr. 15⁰⁰–19⁰⁰ Uhr, Sa. 11⁰⁰–15⁰⁰ Uhr
➙ **WIE?** Tram 4, 7 ➙ **WEB?** www.de-scale.com

**Osten**

# BIOFLAIR

## BIOLADEN

**Unser Tipp**

Bei Veranstaltungen wie Brotbackkursen oder Leinölpressungen könnt ihr auch selbst tätig werden.

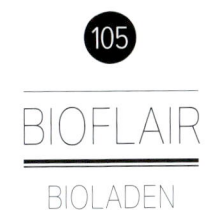

Qualitativ hochwertige Lebensmittel aus der Region und Nachhaltigkeit stehen ganz im Fokus des beliebten Bioladens am Leipziger *Ostplatz*. Im gut sortierten Angebot findet ihr vor allem naturbelassene und verbandszertifizierte Biolebensmittel sowie vegane und glutenfreie Produkte, die sorgfältig vom engagierten »Bioflair«-Team ausgewählt wurden. Regelmäßig sind sie bei ihren Partnern auf Höfen und in Manufakturen vor Ort und sichern so eine langfristige Kooperation und hohe Qualität. Wer nicht im Leipziger Osten unterwegs ist, kann auch bequem im Onlineshop oder telefonisch bestellen und sich seine Wunschprodukte nach Hause liefern lassen. Egal, ob sich spontaner Besuch ansagt oder eine Familienfeier ansteht, das »Bioflair«-Team steht euch zur Seite.

➜ **WO?** Prager Straße 38, 04317 Leipzig ➜ **WANN?** Mo.–Fr. 9⁰⁰–19⁰⁰ Uhr, Sa. 8⁰⁰–16⁰⁰ Uhr
➜ **WIE?** Tram 12, 15 | Bus 60, 690 ➜ **WEB?** www.bio-flair.de

Osten

# FRISS FLEISCH

## FRISCHFLEISCHTHEKE FÜR HAUSTIERE

Auch wenn sich Liebhaber eines guten Steaks oder knackiger Würstchen vielleicht vom Namen angesprochen fühlen – in dem Laden mit der witzigen Schaufenstergestaltung werdet ausnahmsweise mal nicht ihr, sondern eure vierbeinigen, schwanzwedelnden Freunde fündig. In Leipzigs erster und bislang einziger Frischfleischtheke für Haustiere könnt ihr qualitativ hochwertiges, frisches Fleisch und Nassfutter für eure hungrigen Hunde und Katzen erstehen. Wer seinem Haustier mit frischer, gesunder und schmackhafter Kost etwas Gutes tun will, der kauft hier.

➜ **WO?** Riebeckstraße 20, 04317 Leipzig ➜ **WANN?** Mo. & Do. 15⁰⁰–20⁰⁰ Uhr, Di., Mi. & Fr. 11⁰⁰–18⁰⁰ Uhr, Sa. 11⁰⁰–13⁰⁰ Uhr
➜ **WIE?** Tram 4 | Bus 60, 70 ➜ **WEB?** www.friss-fleisch.de

# CITY COMICS

## FACHBUCHHANDEL FÜR COMICS

Nicht nur Leipziger Comicfans, sondern auch begeisterte Stammkunden aus anderen Städten pilgern regelmäßig in die »City Comics«-Fachbuchhandlung, um sich mit neuestem Lesestoff oder Merchandise-Produkten einzudecken. Von jung bis alt und quietschend bunt bis künstlerisch anspruchsvoll – für jedes Alter und jeden Geschmack ist hier etwas dabei. Doch mit einem schnellen Kauf ist es meist nicht getan: »City Comics« ist ein beliebter Treffpunkt für Sammler und Kartenspieler, die hier zusammenkommen, sich austauschen und gemeinsam zocken.

➜ **WO?** Nürnberger Straße 3, 04103 Leipzig
➜ **WANN?** Mo.–Fr. 10⁰⁰–19⁰⁰ Uhr, Sa. 11⁰⁰–16⁰⁰ Uhr
➜ **WIE?** Tram 4, 7, 12, 15 | Bus 690 ➜ **WEB?** www.citycomics.de

Osten

# DENNY RAUNER – THE GALEROBE
## ATELIER FÜR MODE & KUNST

Seit Mitte 2014 bereichert Designer Denny Rauner mit »THE GALEROBE«, einer Kombination aus kreativem Couture-Atelier und Showroom für unikate Kleidung und Kunst, den Osten der Stadt. Schon die stilvolle Einrichtung des Ateliers ist ein Erlebnis für sich und spätestens, wenn man herzlich von Atelier-Hündin Sylvester begrüßt wird, möchte man dieses Modewunderland so schnell nicht mehr verlassen. Vom Entwurf über die Konzeption und Produktentwicklung bis hin zur Umsetzung bietet Denny Rauner eine große Bandbreite an Dienstleistungen für seine Kundinnen. Wie kein anderer verbindet der Modemacher gezielt das traditionelle Schneiderhandwerk mit innovativen und modernen Designs. Ein Paradies für alle Liebhaber besonderer Unikate und fachkundiger, aber entspannter Beratung!

➡ **WO?** Nürnberger Straße 29, 04103 Leipzig ➡ **WANN?** Mo.–Sa. 10⁰⁰–18⁰⁰ Uhr und nach Vereinbarung
➡ **WIE?** Tram 4, 7, 12, 15 | Bus 690 ➡ **WEB?** www.thegalerobe.com

**Osten**

# Potpourri international

Eins steht fest: Verhungern werdet ihr im Osten definitiv nicht. Entweder ihr entscheidet euch für einen der zahlreichen Dönerläden und schlagt bei Dürüm, Köfte und Co. zu oder ihr werdet auf der Speisekarte eines Restaurants oder Cafés fündig.

### INTERNATIONALE DELIKATESSEN

Wer russisch, türkisch, koreanisch oder anderweitig international kochen möchte, findet auf der *Eisenbahnstraße* eine große Auswahl an kleinen Läden und Supermärkten, die Produkte und Lebensmittel im Sortiment haben, die es sonst nirgendwo in der ganzen Stadt zu kaufen gibt. Auch Fleischwaren, frisches Obst und Gemüse bekommt ihr hier zu guten Preisen und könnt zu Hause am Kochtopf richtig loslegen.

### BURGER UND BIER

Der wohl lauschigste Biergarten der Stadt befindet sich im *Täubchenweg*, unweit des ↗ GRASSI MUSEUMS (S. 72). Im grünen Hof der ↗ SUBSTANZ (S. 13) trefft ihr euch am besten an einem lauen Sommerabend und bestellt eine der leckeren Burgervariationen, zu denen es selbstverständlich ein kühles Blondes oder einen Cocktail eurer Wahl gibt. Ab und zu finden hier auch kleine Konzerte und Veranstaltungen statt.

### EIS UND ESPRESSO

Köstliche Kuchen, Snacks und vor allem Kaffeespezialitäten von würzig bis süß bekommt ihr in der Kaffeebar ESPRESSO ZACK ZACK direkt am Lene-Voigt-Park. Ob der Name Programm ist, findet ihr am besten selbst heraus. Wie wäre es ansonsten mit einer Kugel Eis oder einer frischen Waffel? Die gibts ebenfalls in der Nähe des Parks in einer winzigen Seitenstraße bei ↗ GUSTAV H. (S. 10). An Wochenenden kann es hier schon mal ziemlich eng werden, denn Plätze gibt es nur wenige. Aber das Basilikum-Gin-Tonic-Eis schmeckt auch im Stehen gut.

Osten

Wahr gewordene Träume aus Eis
↗ **EISTRÄUMEREI** (S. 281)

# LAGGI'S

## BURGER & STEAKS

Herzhafte Burger und saftige Steaks vom Feinsten bekommt ihr bei »Laggi's« auf der *Nürnberger Straße*! Der Geheimtipp für alle, die ein ordentliches Stück Fleisch zu schätzen wissen und gleichzeitig über die Herkunft der Zutaten informiert sein wollen. Direkt vom Lavasteingrill kommen die nach euren Wünschen gegarten Steaks, auf denen ein Stückchen Kräuterbutter zerfließt und zu denen es eine heiße Ofenkartoffel mit würzigem Kräuterquark gibt. Das Fleisch wird vom »Laggi's« stets in ganzen Stücken bezogen, die von Küchenchef Niko und seinem Team verarbeitet werden. Bestellt euch einen Burger und vergesst nicht, auch die knusprigen Fritten mit hausgemachtem Ketchup und hausgemachter Majo zu probieren.

➜ **WO?** Nürnberger Straße 11–13, 04103 Leipzig ➜ **WANN?** Mo.–So. 11⁰⁰–24⁰⁰ Uhr | Warme Küche 11³⁰–23⁰⁰ Uhr ➜ **WIE?** Tram 4, 7, 12, 15 | Bus 690 ➜ **WEB?** www.laggis.de

**Osten**

## 110

# EISTRÄUMEREI

### EISCAFÉ

Die Sonne brennt und für einen Ausflug an den See bleibt keine Zeit? Für eiskalte Erfrischung sorgt die »Eisträumerei« mitten in Reudnitz! Hier bekommt ihr selbst hergestelltes und teilweise eigens kreiertes Eis und könnt euch durch die verschiedensten Sorten schlecken. Wer eine Idee für eine eigene Kreation hat, der kann diese dem herzlichen Eisträumerei-Team ruhig verraten. Das experimentiert und tüftelt in der »Eiswerkstatt« an neuen Sorten.

→ **WO?** Riebeckstraße 23, 04317 Leipzig → **WANN?** Mai–Sept. Di.–So. 13⁰⁰–20⁰⁰ Uhr | Okt.–April Di.–So. 13⁰⁰–18⁰⁰ Uhr
→ **WIE?** Tram 4 | Bus 70 | S-Bahn 1, 3 → **WEB?** www.eistraeumerei.de

## 111

# GÖBECKE

### BÄCKEREI & KONDITOREI

Wer liebt ihn nicht? Den Duft frisch gebackenen Brotes, der kleine Backstuben wie die Bäckerei »Göbecke«, unweit des Leipziger Hauptbahnhofes, erfüllt. Das Leipziger Familienunternehmen wurde vor über 100 Jahren gegründet und wird heute mittlerweile in vierter Generation geführt. Nach alten, hauseigenen Rezepten werden traditionelle Backwaren, Torten und individuelle Desserts hergestellt. Probiert unbedingt eine Herdsemmel oder ein Stück Blechkuchen.

→ **WO?** Hans-Poeche-Straße 13, 04103 Leipzig
→ **WANN?** Mo.–Do. 6⁰⁰–18⁰⁰ Uhr, Fr. 6⁰⁰–17⁰⁰ Uhr, Sa. 7⁰⁰–11⁰⁰ Uhr
→ **WIE?** Tram 1, 3, 8 | Bus 72, 73 → **WEB?** www.baeckerei-goebecke.de

Osten

# GREENSOUL

## VEGETARISCHES & VEGANES RESTAURANT

Nicht nur Vegetarier und Veganer, sondern auch alle, die einfach mal Lust auf ein Ge-richt ganz ohne Fleisch oder tierische Produkte haben, können sich im »GreenSoul« ku-linarisch verwöhnen lassen. Aus hauptsächlich frischen, regionalen und auch Bio- und FairTrade-Produkten werden hier internationale Speisen kreiert; auch solche, die man als typische Fleischgerichte kennt, die aber genauso als vegetarische oder vegane Vari-ante überzeugen. Auch in Sachen Kinderfreundlichkeit liegt das »GreenSoul« ganz vorn. Im separaten Spielzimmer können sich die kleinen Gäste die Zeit vertreiben – die Eltern nutzen die Ruhe zum Stillen und Wickeln. Und wenn es ans Essen geht, bekommt der Nachwuchs besondere Menükarten mit leckeren, gesunden Gerichten sowie eigenes Be-steck und Geschirr.

➜ **WO?** Johannisallee 7, 04317 Leipzig ➜ **WANN?** Mo.–Fr. 11³⁰–22⁰⁰ Uhr, Sa. 17³⁰–22⁰⁰ Uhr
➜ **WIE?** Tram 12, 15 | Bus 60, 690 ➜ **WEB?** www.restaurant-greensoul.de

Osten

# PONIATOWSKI

### POLSKI BAR | RESTAURACJA

Benannt nach einem polnischen General, der in der Völkerschlacht bei Leipzig für Napoleon kämpfte und ein echter Lebemann war, gibt es im Restaurant »Poniatowski« neben traditionellen Gerichten und unbekannten Wodkasorten aus unserem Nachbarland eine große Portion polnischer Lebensart gratis obendrauf. Der moderne Geist Polens spiegelt sich in Speisen, Getränken, Interieur und Musik wider. Mit handgemachten Pierogi mit diversen herzhaften Füllungen oder anderen polnischen Nationalgerichten kann man eine ordentliche Grundlage für eine anschließende Wodkaverkostung schaffen. Vorbeischauen und von der polnischen Lebensfreude anstecken lassen! Ein Muss: Die hauseigene Wodka-Marke »Stiller Josef«, nur aus natürlichen Zutaten!

➜ **WO?** Kreuzstraße 15, 04103 Leipzig ➜ **WANN?** Mo.–Do. 12⁰⁰–14⁰⁰ Uhr sowie 17³⁰–23⁰⁰ Uhr, Fr. 12⁰⁰–14⁰⁰ Uhr sowie 17³⁰–1⁰⁰ Uhr, Sa. 17³⁰–1⁰⁰ Uhr, So. 17³⁰–23⁰⁰ Uhr ➜ **WIE?** Tram 4, 7
➜ **WEB?** www.poniatowski-bar.de

Osten

# Straßenfeste & Büchertürme

Kreativmärkte, Werkstattkonzerte oder die gesammelte Literatur der letzten 100 Jahre – wenn auch manchmal erst auf den zweiten Blick, hat der Osten doch einige spannende Highlights zu bieten.

### LENE LÄDT EIN

Zweimal im Jahr findet im Lene-Voigt-Park der Kunst- und Kreativmarkt »Sonderposten« statt. Neben kleinen Ständen, die hier individuelle Kunst und Handwerk verkaufen, werden bei dem Straßenfest im Osten Lesungen, Theater, Konzerte, Workshops und vielfältige kulinarische Verpflegung geboten. Das macht Laune und lädt zum Verweilen ein!

### BÜCHERWÜRMER WILLKOMMEN

Wer die RUSSISCHE GEDÄCHTNISKIRCHE oder den Friedenspark besucht hat, der kann einen Abstecher zur DEUTSCHEN NATIONALBIBLIOTHEK machen, in der ihr jede deutschsprachige Publikation findet, die seit 1913 veröffentlicht wurde. Diese werden hier dauerhaft gesammelt, archiviert und der Öffentlichkeit zugänglich gemacht. Schnappt euch einen der über 530 Lesesaalplätze und schmökert im Werk eurer Wahl – ein wahres Paradies für Bücherwürmer!

### DETAILVERLIEBT

Wer am *Ostplatz* auf die Straßenbahn wartet, kann seinen Blick einmal über das Äußere der Häuser schweifen lassen. Besonders schön ist zum Beispiel die Fassade der *Prager Straße 27*. Die Fassade im Jugendstil hat zahlreiche spannende Ornamente, unter anderem ägyptische Köpfe (Abb. S. 266 u.).

### REGINA PALAST

Das Kino in der *Dresdner Straße* ist eines der ältesten der Stadt, unterscheidet sich aber kaum von anderen betagten Lichtspielhäusern. Aber es gibt einen entscheidenden Unterschied: Hier arbeiten echte Kinolegenden, die bereits in der Filmbühne Capitol, einem in den 1920er-Jahren eröffneten Kino in der Innenstadt, Karten, Eis und Snacks verkauften. Ein Plausch bringt eventuell einige spannende Details und echte Einblicke in die Welt der Cineasten, deren Filme und Helden hervor.

Osten

Schmökern in der Deutschen Nationalbibliothek

# 114

# M. SCHWABE & M. ARENS
## HISTORISCHE TASTENINSTRUMENTE

In einer ruhigen Seitenstraße zwischen den beiden Stadtteilen Reudnitz und Anger hört man es im weinumrankten Hinterhaus hämmern, schleifen, sägen und zwischendurch immer wieder lachen. Wer hier am Arbeiten ist? Cembalobauer Martin Schwabe und Klavierbauer Matthias Arens. Seit über 25 Jahren arbeiten die beiden zusammen und gehören mittlerweile deutschlandweit zu den Spezialisten auf ihrem Gebiet. Begeisterte Musiker und Liebhaber historischer Instrumente sind ihre Kunden und lassen bei den Experten betagte Tasteninstrumente wieder auf Vordermann bringen. Wenn die Restauration eines Instruments abgeschlossen ist, finden oft kleine Werkstattkonzerte statt. Größen wie zum Beispiel Hardy Rittner, Ragna Schirmer oder Howard Arman haben sich hier schon die Ehre gegeben und zwischen Werkzeugbank und Sägespänen für Konzertatmosphäre gesorgt.

➜ **WO?** Mierendorffstraße 24, 04318 Leipzig ➜ **WANN?** nach Absprache ➜ **WIE?** Tram 4 | Bus 70, 72, 73
➜ **WEB?** www.schwabe-instrument.eu

**Osten**

**ff.**

# Wir wollen hier Töne hören!

Cembalobauer Martin Schwabe und Klavierbauer Matthias Arens sind gebürtige Leipziger und arbeiten seit über 25 Jahren zusammen. In ihrer Werkstatt im Osten der Stadt wird nicht nur repariert und restauriert; die bearbeiteten Instrumente werden auch regelmäßig zum Klingen gebracht.

*Was gefällt euch besonders an eurer Arbeit?*
*Matthias:* Historische Instrumente so zu restaurieren, dass sie spielbar sind und so erklingen wie zu Originalzeiten, außerdem die Zusammenarbeit mit den Künstlern – das ist eine wundervolle Kombination. Ich bin seit mehreren Jahren im Klavierbau tätig und restauriere historische Instrumente. Im Museum sind die Instrumente zwar alle original und alt, aber sie funktionieren in den seltensten Fällen, was ich persönlich sehr schade finde. Es ist eine sehr große Herausforderung und eine besonders facettenreiche Arbeit, Instrumente wieder spielbar zu machen. Jedes ist anders und man muss sich immer wieder neu hineindenken.

*Wer sind eure Kunden?*
*Martin:* Vor allem Freunde der Tasteninstrumente, seltener Museen. Dort geht es mehr um die Erhaltung historischer Substanz. Unsere Instrumente finden häufig ihren Einsatz im lebendigen Konzert oder stehen zum Musizieren in Musikschulen oder zum privaten Gebrauch. Eine besondere Freude ist für mich das Einweihungskonzert in der Werkstatt. Ab dem Moment wird unsere Arbeit zu klingenden Tönen für viele Ohren. Das ist immer wieder ein großer Anreiz zum Weitermachen.

*Welchen Bezug habt ihr persönlich zur Musik?*
*Matthias:* Ich bin groß geworden mit Musik, da mein Vater Pianist ist. Ich selbst habe Musik gemacht bis zu meinem 14. Lebensjahr. Dann beschloss ich, kein Berufsmusiker zu

werden, sondern Musik und Handwerk zu verbinden. Diese Kombination war es dann für mich. Was besonders attraktiv und interessant für mich ist, sind die Begleitung und Betreuung der Instrumente auf Konzertreisen mit vielen verschiedenen Künstlern und Orchestern in Europa.
*Martin:* In unserem zuhause stand schon immer ein Cembalo meines Vaters. Wenn ich mich mit diesem als kleiner Knopf allein wusste, habe ich auch ab und zu daran herumgeschraubt. Zum Klavierunterricht bin ich auch gegangen und ich spiele auch ein bisschen Cello. Das wird einmal im Jahr aufgeweckt ... meistens im Duospiel in der Weihnachtszeit. Es wäre sicher schön, wenn man die Instrumente öfter zum Musizieren in die Hand nehmen könnte, aber sie zu bauen ist ja schon unser Zeitvertreib. (lacht)

*Seit wann gibt es eure Werkstattkonzerte?*
*Martin:* Es gab schon 1989 das erste Werkstattkonzert zur Einweihung dieser Räume. Die Tradition ist schon uralt und wir setzen sie fort, weil sie Freude bringt. Jetzt kommen immer mehr Gäste zu den Konzerten, sicher auch aus einer gewissen Vertrautheit, was sie hier erwartet.

*Ihr habt Besuch und 24 Stunden Zeit – wo geht ihr hin?*
*Matthias:* Prinzipiell erst mal in die Innenstadt, denn die ist schön, sehenswert und voller Überraschungen.
*Martin:* Das Gewandhaus oder die Thomaskirche sind kulturell meine ersten Orte. Aber gern geht die Fahrt auch in die wunderschönen Parks von Leipzig oder zum Cospudener See.

*Leipzig in 3 Worten ...*
*Martin:* Kommunikativ, kulturell und fortschrittlich.
*Matthias:* Attraktiv, voller Geschichte und hoffentlich nicht bald zu groß.

Osten

v. l. Matthias Arens und Martin Schwabe

# Alltag ade

Grillen oder picknicken, Sport treiben oder einfach nur im Gras liegen und sich von der Sonne kitzeln lassen – die Leipziger lieben ihre grünen Parks. Im Osten sind der Friedenspark und der Lene-Voigt-Park die beliebtesten Adressen für eine Verschnaufpause.

## FRIEDENSPARK

Zwischen *Ostplatz* und **RUSSISCHER GEDÄCHTNISKIRCHE** lässt es sich im 20 Hektar großen Friedenspark vor allem sportlich entspannen. Egal ob beim Joggen entlang der schattigen Wege, beim Volleyball- oder Fußballspielen auf den dafür angelegten Sportplätzen, hier kommen Sportler auf ihre Kosten. Wenn man heute durch den Friedenspark spaziert, der 1983 seine Tore öffnete, erinnert nichts mehr daran, dass dieser auf dem Gelände eines Friedhofs gestaltet wurde. 1846 eröffnete hier der Neue Johannisfriedhof, der nach über 100 Jahren Benutzung 1950 für weitere Bestattungen geschlossen wurde. Zu Beginn der 1970er-Jahre wurde er schließlich abgebaut. Aus den Trümmern der Grabsteine entstand ein großer Hügel, der bepflanzt wurde und heute Teil des Friedensparks ist.

## ↗ BOTANISCHER GARTEN (S. 292)

Wer den Friedenspark besucht, der sollte einen Ausflug in den nahegelegenen Botanischen Garten unternehmen. Dieser gehört zur Universität Leipzig und dient im Wesentlichen Forschungs- und Lehrzwecken. Dennoch sind die drei Anlagen auch für Besucher offen und bieten einen bunten Ruhepol mitten im Osten. Nicht nur ein Gang in das Schmetterlingshaus mit dem »Schwiegermuttersitz«, einem prächtigen Goldkugelkaktus, sondern auch in den Apothekergarten sowie den Duft- und Tastgarten lohnt sich. In Ersterem lernt man die vielfältige Welt der Heilpflanzen kennen und Letzterer bietet sehbehinderten Menschen eine Annäherung an die Schönheit der Natur.

## LENE-VOIGT-PARK

Der Lene-Voigt-Park, benannt nach der sächsischen Mundartdichterin, entstand Ende der 1990er-Jahre auf dem Gelände des einstigen Eilenburger Bahnhofes, dessen Gebäude in den 1960er-Jahren abgerissen wurden. Heute ist die Grünanlage bei Jung und Alt gleichermaßen beliebt. Man kann Tischtennis oder Basketball spielen, es gibt einen Spielplatz und natürlich Wiesen und Bänke zum Lesen oder Rumlümmeln.

Osten

Blick über den Friedenspark

# 115

# BOTANISCHER GARTEN
## DER UNIVERSITÄT LEIPZIG

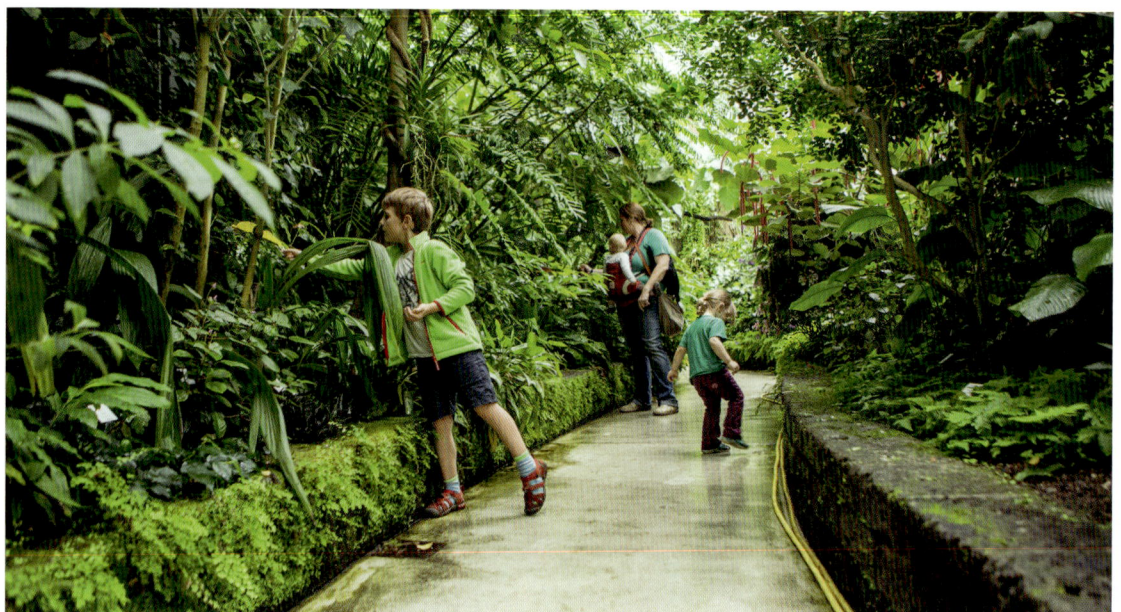

Wer eine Auszeit im Grünen sucht, der sollte den »Botanischen Garten«, eine wahre Oase inmitten der Stadt, besuchen. Der älteste Botanische Garten Deutschlands wurde 1542 als Arzneipflanzengarten an der damaligen Paulinerkirche gegründet. In den verschiedenen Gewächshäusern und Gärten wird beeindruckend die Vielfalt des Pflanzenlebens auf der Erde repräsentiert. Hier ist eine botanische Wanderung rund um den Globus möglich: durch die Steppen Osteuropas und Asiens bis hin zu europäischen Wäldern und den Hochgebirgen Europas. Auch Tiere fühlen sich hier wohl. In den Gewächshäusern leben blaue, rote und grüne Pfeilgiftfrösche und im Schmetterlingshaus kann man tropische Falter im Freiflug bewundern.

→ **WO?** Linnéstraße 1, 04103 Leipzig → **WANN? Gewächshäuser**: März & Okt. Di.–Fr. 13⁰⁰–16⁰⁰ Uhr, Sa.–So. 10⁰⁰–16⁰⁰ Uhr; April–Sept. Di.–Fr. 13⁰⁰–18⁰⁰ Uhr, Sa.–So. 10⁰⁰–18⁰⁰ Uhr | **Freiland**: Jan., Feb., Nov. & Dez. tägl. 9⁰⁰–16⁰⁰ Uhr; März, April & Okt. tägl. 9⁰⁰–18⁰⁰ Uhr; Mai–Sept. tägl. 9⁰⁰–20⁰⁰ Uhr
**Apotheker-, Duft- & Tastgarten**: März, April & Okt. tägl. 9⁰⁰–18⁰⁰ Uhr; Mai–Sept. tägl. 9⁰⁰–20⁰⁰ Uhr
→ **WIE?** Tram 12, 15 | Bus 60, 690 → **WEB?** www.bota.uni-leipzig.de

Osten

# Hippe Herbergen

Warum kaufen, wenn mans auch selber machen kann? Nach dieser Devise entstand im Osten der Stadt schon die eine oder andere coole Herberge mit ganz eigenem und individuellem Stil zum Wohlfühlen.

### HOTELS

Besonders zentral wohnt ihr im VICTOR'S RESIDENZ-HOTEL, nur einen Steinwurf in östlicher Richtung vom Leipziger Hauptbahnhof entfernt. Im 1908 erbauten 4-Sterne-Haus erwarten euch große Zimmer, die alle denkbaren Annehmlichkeiten bieten. Wer Hunger hat, aber nicht noch einen Ausflug in die Stadt machen möchte, der kann sich zwischen Pariser Chic im hauseigenen Restaurant im französischen Brasserie-Stil oder bayerisch-rustikalem Ambiente in VICTOR'S STUBE entscheiden.

### HOSTELS

Vergesst all eure Erinnerungen an Klassenfahrten in eingestaubte Jugendherbergen! Das ↗ OST-APOTHEKE HOSTEL (S. 298) setzt auf modernes Design mit DIY-Charakter und lockt vor allem junge Erwachsene an. Aus rohen Wänden und heruntergekommenen Ecken entstand hier in Handarbeit mit viel Leidenschaft und einem Stapel voller Ideen ein echtes Kreativnest. Haltet die Ohren auf und hört zu, wenn die Betreiber aus dem Nähkästchen plaudern und ganz nebenbei ihre persönlichen Geheimtipps für die Stadt zum Besten geben.

### APARTMENTS

Keine zwei Kilometer von der Innenstadt entfernt findet ihr noch einen gründerzeitlichen Schatz im Leipziger Osten. Hohe Räume mit Stuck an den Decken, aufgearbeitete Dielenböden und eine individuelle, stilsichere Einrichtung mit liebevollen Akzenten. Die Rechnung geht auf, wer einmal in einem der ↗ ZEITRAUM10 APARTMENTS (S. 297) übernachtet hat, ist Fan des Hauses und kommt immer wieder.

Osten

↗ OST-APOTHEKE HOSTEL (S. 298)

# ZEITRAUM10

## APARTMENTS

Mitten im Osten der Stadt, in unmittelbarer Nähe zu unserem liebsten Biergarten, der ↗ **SUBSTANZ** (S. 13) und dem urigen ↗ **REGINA PALAST** (S. 284), finden Messebesucher, Touristen oder Kulturliebhaber die charmanten »Zeitraum10 Apartments«, die vor allem mit unglaublich viel Liebe zum Detail eingerichtet wurden. Die Summe an Feinheiten verleiht den Apartments ihre heimelige und ästhetische Atmosphäre. Noch ein Plus auf der Liste: Nicht nur spannendes Interieur und ein respektvoller Umgang mit der Bausubstanz stehen bei den »Zeitraum10 Apartments« im Vordergrund, auch der persönliche Umgang mit den Gästen, inklusive Tipps für Leipzig und Umgebung, wird geschätzt.

→ **WO?** Wurzner Straße 10, 04315 Leipzig → **WANN?** Check-in ab 15:00 Uhr, Check-out bis 12:00 Uhr
→ **WIE?** Tram 4, 7 | Bus 70, 72, 73 → **WEB?** www.zeitraum10.de

Osten

# OST-APOTHEKE

## HOSTEL

Unkonventionell, spontan und kreativ – so ist nicht nur der Leipziger Osten, sondern auch das »Ost-Apotheke Hostel«, in dem sich junge Backpacker aus aller Welt zu Hause fühlen. Seit 2013 wird das Jugendstilgebäude in Eigenregie saniert und bewohnbar gemacht. Im Hostel findet man vor allem selbst gebaute und restaurierte Möbel in modernem DIY-Ambiente. Übernachten kann man entweder im Privatzimmer, Schlafsaal oder einem kleinen privaten »Häuschen« mitten im Schlafsaal. Wer sich für Kunst und die alternative Szene interessiert, kann sich beim Team nicht nur den Zimmerschlüssel, sondern auch Tipps für spannende Underground-Locations und wilde Parties abholen!

➜ **WO?** Wurzner Straße 1, 04315 Leipzig ➜ **WANN?** Check-in 14⁰⁰–20⁰⁰ Uhr | Geöffnet für eingecheckte Gäste 24/7 ➜ **WIE?** Tram 4, 7 | Bus 70, 72, 73 ➜ **WEB?** www.ost-apotheke.net/hostel

Osten

# WER SIND EIGENTLICH DIESE STADT- SCHWÄRMER?

Angefangen hat alles mit einer leeren Druckerpatrone und George Michael. Frisch eingezogen in ihr neues Büro im Turm des WESTWERKS mussten Franzi und Steffi von »Kiss & Tell« im Herbst 2014 nämlich nahezu täglich bei ihren Nachbarn, den beiden Architektinnen Babett und Katrin von »makena plangrafik«, klopfen, um »nur noch mal zwei Seiten« auszudrucken. Viele Kopien später traf man sich als Dankeschön zu einem weihnachtlichen Sektfrühstück und während »Wham!« »Last Christmas« sangen, entstand wie nebenbei diese eine besondere Idee. Nur wenige Wochen später gab es kein Zurück mehr und die Achterbahnfahrt »Stadtschwärmer« nahm ihren Lauf.

Die Leipzigerinnen Babett Börner und Katrin Hofmann gründeten bereits 2009 das Büro »makena plangrafik« und arbeiten seitdem an nationalen und internationalen Projekten aus den Bereichen Architektur, Grafik und Design. Seit 2014 liegt ein Schwerpunkt im Bereich der Buchproduktion – »makena« gestaltet und setzt Publikationen für Verlage und Unternehmen.

Stephanie Schmidt und Franziska Müller betreiben eine PR- und Eventagentur sowie den Lifestyle-Blog »Kiss & Tell«, auf dem sie die kreative Szene der Stadt und deren Local Heroes mit inspirierenden Texten und ansprechenden Fotos präsentieren. Ein guter Fundus an faszinierenden Menschen und Orten, die auf keinen Fall im Buch fehlen durften!

Was mit einer Büronachbarschaft begann, mündete in die perfekte Symbiose aller Kompetenzen und ein echtes Herzensprojekt!

www.plangrafiker.de
www.kiss-and-tell.de

## FACTS & PHOTOS

Die stimmungsvollen Bilder der Locations stammen vom Leipziger Fotografen Nick Putzmann. Mit seinem technischen Know-how und Auge für das Besondere geht Nick neue gestalterische Wege und sorgt so für eine emotionale und authentische Bildsprache.

*www.nickputzmann.com*

Perspektivwechsel! Für die spektakulären Luftaufnahmen im Buch sind wir gemeinsam mit Frank Lochau von »ProCopter« abgehoben und haben unsere Stadt mit Hilfe einer Drohne und einer Kamera von einer ganz neuen Seite entdeckt.

*www.procopter.de*

Keiner kennt sich so gut in Leipzig aus wie unser wandelndes Stadtlexikon Frank Lückert. Kein Wunder, denn der Leipziger ist Stadtführer und zeigt Gästen aus aller Welt die schönsten Ecken der Stadt.

*www.leipzigcityguide.de*

# City Centre

Pages 30–36

Welcome to Leipzig's city centre! Tourists and locals are delighted by this part of the city in equal measure. Every corner of Leipzig's city centre is home to another story, and as with a jewellery box, it is a place where it is always possible to discover new treasures – even after several years. No visit to Leipzig is complete without seeing its most historic district. Multifaceted streets, numerous passages, beautiful architecture, museums and a host of cafés and restaurants all shape the picture of Leipzig's city centre, which is surrounded by the so called »Ring«. It takes little more than 15 minutes to walk from one end of the city centre to the other – whether it's from the central station in the north to *Wilhelm-Leuschner-Platz* in the south, or from the Thomaskirche in the west to *Augustusplatz* in the east. The impressive central station is definitely worth a visit: the historic trains on the station's eastern side, the memorial to the deportation trains during the Second World War, not to mention the grand entrances and imposing waiting halls. And if you're catching a train, you can also put your waiting time to

some use by going shopping in the Promenaden Hauptbahnhof, which is home to three floors of shops.

Leaving the train station, you find yourself in the heart of Leipzig's city centre. Looking to your left you will see the Wintergartenhochhaus tower, with the letter »M« on its roof. Directly in front of you is the *Nikolaistraße* including the Nikolaikirche, which was one of the key settings in the »Peaceful Revolution« in the autumn of 1989. The huge and peaceful Monday demonstrations against the former GDR-regime led to today's »Lichtfest« (festival of lights), when tens of thousands of people carrying glowing candles take to the streets. Moving on along the *Grimmaische Straße* you will eventually reach *Augustusplatz*, which is home to two of the most important cultural and musical institutions in the city: the Gewandhaus (concert hall) and the Oper Leipzig (opera house). If you have the chance, be sure to catch one of the performances and spend an evening enjoying the music. There is also another building that is certain to catch your eye at *Augustusplatz*: the Neues Augusteum and Paulinum, which is part of the University of Leipzig, and symbolises the Paulinerkirche, which was situated here until it was blown up for political reasons during the communist era. With its

notable architectural design by Dutchman Erick van Egeraat, the building also acts as a reminder of the controversial blasting operation which destroyed the former church. The City-Hochhaus tower, also playfully known as the »Uniriese« or »Weisheitszahn« (university giant or tooth of wisdom), was once the highest such tower in the GDR. It is now used as an office building and its tenants include the local TV and radio station MDR. Visitors can admire unique views over Leipzig. If you decide to visit the GRASSI Museum afterwards, you have to head east. Those who want to stay in town a little longer, however, should return to the *Grimmaische Straße* and have a look at the »Unzeitgemäßen Zeitgenossen« (Old-Fashioned Contemporaries), a bronze statue by Bernd Göbel, which depicts five naked figures balancing on a beam, each with one gilded detail. This statue offers plenty of food for thought. A few hundred metres away, another bronze statue marks the entrance to the Zeitgenössisches Forum – the »Jahrhundertschritt« (Step of the Century). It was built by Wolfgang Mattheuer and represents the two totalitarian and contrary philosophies of National Socialism (the right hand Hitler salute) and Communism (the left hand with clenched fist) which had such a major impact on Germany in the 20th century. Next to this statue is the entrance to the imposing Mädler-Passage, while on the right hand side is the Alte Börse (Old Exchange) on the *Naschmarkt*. Take another few steps and you will find yourself in Leipzig's *Markt* (Market Square). According to the season, several markets and festivals take place here, including the annual Christmas Market and Leipzig's City Festival. On the east side of the market place is the Altes Rathaus (Old Town Hall). The Neues Rathaus (New Town Hall) is the current home of the city's administration, and with around 600 rooms, one of the biggest such buildings in Germany. To the south-west of this is the Goerdeler Monument, in honour of Carl Friedrich Goerdeler, who was Leipzig's senior mayor and a leading opponent of National Socialism. Returning to the Market Square *Hainstraße* will lead you to *Richard-Wagner-Platz* and the Höfe am Brühl shopping arcade. On the other side, you will find the *Petersstraße* – one of the busiest shopping streets in Leipzig's city centre. And don't forget to visit the Thomaskirche! If you follow the *Petersstraße*, you will eventually reach *Wilhelm-Leuschner-Platz*. From here, you can visit the Neue Probsteikirche, or walk along the *Schillerstraße*, where a stop at Musikalienhandlung M. Oelsner is likely to be of interest to all music lovers; and a meal at the Mensa am Park, Leipzig University's biggest canteen, is an excellent choice for students. Opposite the canteen is the Moritzbastei – nowadays a big student venue and cultural centre with a long history, having originally been a bastion on the city's historic ramparts. Whether it is concerts, summer film showings or simply drinking a cocktail on its sunny terrace – this is a place where having fun is always at the top of agenda. **Useful pieces of advice.** All cycling friends should be attentive that from 11 a.m. until 8 p.m. all cyclists in the city centre are obliged to get off the saddle and wheel their bikes along. This is not only important for safety reasons: anyone who fails to abide by this rule and gets caught by the police is made to pay a fine. There are numerous car parks spread over the whole city centre, such as those at the New Town Hall, the Thomaskirche, the *Augustusplatz* and the Höfe am Brühl. Between 9 a.m. and 10 p.m. drivers can be expected to pay average of 1.70 € per hour for parking. There are two reasons to visit the Adler-Apotheke: either you need some medicine or you want to learn more about its interesting history. This pharmacy has been located at the same place for more than 300 years. The Adler-Apotheke is also where the young Theodor Fontane began his training as a pharmacist before he decided to be a poet – and went on to become one of Germany's most famous. A commemorative plaque at the building pays homage to Fontane and the »Jugendstil« architectural movement.

The city centre also offers numerous events for children. The »Klassik für Kinder« music festival shows little ones that classical music and the musical work of the ›old‹ composers can actually be very interesting. Something of interest for people of every age is the GRASSI Museum, where art and the history of art are presented in an interesting and inspiring way. Here, children of kindergarten age can search for hidden treasures together with knights and dragons or visit the school of magic. School classes are invited to attend regular events, and twice a year, the GRASSI Museum also hosts a big family festival.

## SHOPPING

### MÅAT Leipzig | Designer Fashion & Accessories

Along with its big stores, Leipzig is home to quite a few individual designer stores as well, including »MÅAT«. It opened in autumn 2014 and sells heavenly pieces of fashion and jewellery on 300 sq m of retail space. In a purist modern flair, shoppers can find labels such as »Lala Berlin«, »Baum und Pferdgarten« and »Sabrina Dehoff«. Worth noting: regional and international artists are also allowed to present their art in the »MÅAT« store.
P. 42 ● 1

### saltoflorale | Master Floristics

At first glance you will be greeted by a colourful sea of plants large and small, blossoms and fragrant herbs. All of these belong to the flower shop »saltoflorale«, which offers its customers an exceptional variety of botanic rarities. Traditional handicraft meets with creativity and a love of experimentation.
P. 44 ● 2

### BIERFREUNDE | Beer Specialities

Since November 2014, this has been the place to buy regional and international beer specialities and craft beers – being Leipzig's first specialist beer shop. In a welcoming atmosphere, the owners Marie and Sebastian are pleased to recommend the right type of beer to every customer. Of course, you can also find excellent soft drinks here, too.
P. 44 ● 3

### HinrichSINNdreißig | Antiques for Individualists

Very near and yet somehow a far cry from all of the lively action in Leipzig's city centre, visitors to »HinrichSINNdreißig« can immerse themselves in a bygone world of oddities and mystical aesthetics. This is where you can find unique furniture accompanied by a sense of style and history that is certain to inspire you.
P. 45 ● 4

### Piano Centrum Leipzig | Everything with Keys

For more than 10 years, beginners, advanced learners and professionals have all been welcome to try out their musical skills in this shop. The shop's services, which include the sale, repair and restoration of different musical instruments as well as lessons for pupils of every age, will be certain to fulfil your musical needs. Additionally, artists give regular concerts.
P. 48 ● 5

**Musikalienhandlung M. Oelsner**
**Shop for Music Supplies**

Founded as an antiquarian bookshop in 1860, this shop eventually broadened its offering with music supplies, and for more than 100 years, it has been a veritable treasure trove for musicians! This is the place to go for sheet music, music books, music CDs as well as tickets for concerts and other musical events.
P. 49 ● 6

**Veganz** | Vegan Supermarket

Since November 2014, »Veganz« has been the place to go for vegan products in Leipzig. A selection of more than 5,000 exclusively vegan products – chilled goods, fresh fruits and vegetables, sweets and cosmetics – offers you the kind of things you can find in a ›normal‹ supermarket. There's only one little difference: everything on sale here has been produced with products of vegetable origin!
P. 50 ● 7

## CULINARY DELIGHTS

**Café Cantona** | Café & Restaurant

»Café Cantona« is named after the French soccer player Eric Cantona, and its casual and relaxed ambience is certain to make you feel very cosy. Being a combination of a coffee shop, bistro, restaurant and bar, this is a place where top quality has priority! Much of the food, such as the corned beef, the kimchi, the bread and the cheese cake, is home-made.
P. 56 ● 8

**HANDBROTZEIT** | Bistro

The lovingly prepared and oven-fresh bread on offer at the »HANDBROTZEIT« bistro is filled with a range of different ingredients. Many people also know these bread buns from the festivals and markets where they are frequently sold. All of the bread, cakes and salads available to buy at »HANDBROTZEIT« are made using regional products.
P. 57 ● 9

**Café Wagner** | Coffee, Cake & Art

Inside an old baroque building, »Café Wagner« surprises its visitors with its purist modern interior. International coffee specialities and cakes invite customers to take a walk down memory lane. Why not try a sandwich, a baguette, a bowl of soup or even your favorite chocolate as well?
P. 58 ● 10

**Café bau bau** | Café & Bar

The café in the gallery of contemporary arts is a design exhibit in itself. It is regularly redesigned by artists from all over the world – most recently by one of London's artists: Céline Condorelli. While enjoying a great view of the Johannapark and the New Town Hall, you can settle down to vegetarian tartes, coffee from Croatia, ciabattas and a choice of vegan soups that alternates by the day.
P. 59 ● 11

**Chocolate** | Bar, Barbecue & Dinner Club

Every evening, »Chocolate's« bar turns into the centre of the after-work scene in Leipzig. Located in the *Barfußgäßchen*, visitors can order premium meals, sip fruity cocktails and listen to good live music and DJs. A special highlight: the transparent kitchen, where you can watch the crew in action!
P. 59 ● 12

**MAX ENK** | Restaurant & Bar

»MAX ENK's« motto is to take quality as the basis for good food that is offered in the form of authentic and unfussy meals. Ambitious regional and international cuisine is served in an elegant ambience, with the interior design concept including sculptures by the artist Kaeseberg. Traditional meals are newly interpreted and complimented by a premium wine list.
P. 60 ● 13

**ELSTERARTIG** | Restaurant & Club

»ELSTERARTIG« is Leipzig's new and hip ›living-room‹ where you'll be sure to feel at ease. With its rustic, relaxing and charming character, it functions as a bar, a club, a rotisserie and a restaurant; this is a place where the boundaries are consciously blurred. Students, hipsters and business people are equally welcome.
P. 62 ● 14

**Café Luise** | Restaurant & Bar

As one of the many people to have realised their dreams in Leipzig, the catering business that Carl Pfeiffer founded was one of the first to open in the *Gottschedstraße*. Nowadays it is one of the most popular venues in the city. The culinary quartet, consisting of breakfast, lunch, tea-time and dinner, is complimented by brunch on Sunday and an arresting choice of cocktails.
P. 63 ● 15

**Café Corso** | Café & Confectionery

The smell of freshly brewed coffee that originates from all over the world, tasty cookies, delicious pyramid cake, »Corso Stollen« and the Leipzig's famous »Lerche« all come together in this café. What is the secret recipe? An excellent combination of a big portion of tradition, many cups of premium quality ingredients and a little nostalgia. Quite simply: »Corso« is a place to feel comfortable!
P. 64 ● 16

**Planerts** | Restaurant

The purist urban ambience of »Planerts« restaurant reflects the current lifestyle of many young residents of Leipzig today. Light and Asia-inspired cuisine is served either in the restaurant's internal space or on the terrace. The menu is manageable, but always fresh, changing, authentic and vital – of which the mussels, the Simmentaler beef and the Thai mango are just a few examples.
P. 65 ● 17

**Imperii** | Bar & Restaurant

Since 2015, Leipzig's city centre has been home to another gourmet temple. Ever since Scarlett Johansson dropped by for a cocktail

in this bar, the »Imperii« has become one of the most fashionable bars in the city. Visitors can choose from a selection of classic drinks, modern creations and spirits from all over the world. In addition, the restaurant serves modern German cuisine.
P. 66 ● 18

### STEAKTRAIN | Restaurant

Hungry guests get their money's worth in the historical, luxurious atmosphere of this dining car. Finest steaks and a selection of meat and fish meals are prepared on a hot lava grill with an open fire. A selection of garnishes, sauces and chutneys completes the menu at this exceptional restaurant.
P. 67 ● 19

## ARTS & CULTURE

### GRASSI Museum | Museum of Applied Arts

This museum is a showcase for international artistic craftwork with an exhibition space of around 2,000 sq m. The »GRASSI Museum« is the second oldest museum for artistic craftwork in Germany. Visitors are fascinated by the artistic and cultural history on show, some of which stretches back 2,500 years, and can explore an extensive collection of German and international studio ceramics. Another of the museum's highlights is its regularly changing special exhibitions on both current and historical composition.
P. 72 ● 20

### Moritzbastei | Cultural Centre

A former bastion on the city's historic ramparts, but today's centre of student life! Directly adjacent to the University of Leipzig's main campus, the »Moritzbastei«, or »MB« for short, is where students enjoy a range of cultural distractions and activities. Since the 1980s, the historical vaults that were built in 1553 have functioned as a cultural hub in the heart of Leipzig's city centre. Regardless of whether it is concerts, theatre, open air cinema, readings, exhibitions or parties, this place is certainly worth dropping one of your evening seminars to improve your soft skills with your fellow students. If you didn't go to the »MB«, you didn't study in Leipzig!
P. 74 ● 21

### Passage Kinos | Art house Cinema

A world away from the classical ›popcorn-cinemas‹, this is where real film buffs get to experience the feeling of a challenging art house cinema at a reasonable price. Five halls provide the audience – mostly but not exclusively students – with sophisticated, frequently critical and often very entertaining films. With its many thematic film series, matinees and its participation in film festivals, this is a diverse and cultural cinema.
P. 75 ● 22

## BODY & SOUL

### sawadee | Wellness Massages

»sawadee« – an oasis of relaxation in the heart of a landscape full of bars and pubs – conveys the feeling of being on a brief holiday. Daily exertions are quickly forgotten during a classic Swedish massage, a hot-stone massage, foot reflexology or a Thai massage – for pure harmony of the body and soul!
P. 81 ● 24

## OVERNIGHT LODGING

### arcona LIVING Bach14 | Hotel

All of those who are interested in music and appreciate modern design will find the perfect place to stay at »arcona LIVING Bach14«. Composer Johann Sebastian Bach was both the eponym for this hotel as well as the inspiration for its entire interior. This hotel combines an old-world atmosphere with young design and modern convenience.
P. 84 ● 25

### abito suites | Suite Hotel

Above the roofs of Leipzig's city centre are the »abito suites«, consisting of 18 high-class, fashionably furnished designer suites. Their luxurious ambience is perfect for everybody who wants to be where it's at – right on the *Augustusplatz*. Check-in and check-out is possible with an automatic machine.
P. 85 ● 26

### Studio 44 Apartments

The »Studio 44 Apartments« are a good alternative to the city centre's conventional hotels. These are located very centrally in a variety of different neighbourhoods. Buildings such as old schools, sports halls, printing offices, »Gründerzeit« houses or former factory buildings have all been refurbished and furnished to high quality to enable them to be used as apartments. The added extras include Wi-Fi, bikes, a pick-up service, coffee and tea.
P. 86 ● 27

# Leipzig's North

**Pages 90–93**

Unparalleled architecture, an extensive green oasis in the heart of the city, exotic animals and culinary jewels – all of these are on offer in the northern part of Leipzig!

Leipzig's attractive northern districts of Gohlis, Wahren, Möckern and Eutritzsch are increasingly popular with the residents of Leipzig. In Gohlis and the Waldstraßenviertel (Zentrum-Nordwest) in particular, visitors will find »Gründerzeit« architecture and imposing villas. And with its convenient transport links, Leipzig's north is not only a very popular area to live, it's also popular with businesses, with large companies like DHL, BMW and Porsche, and many smaller businesses having chosen to make it their home.

The first port of call when exploring Leipzig's north is the Waldstraßenviertel. This district is just west of the city centre and offers a wide variety of interesting shops and attractive cafés. The Waldstraßenviertel is characterised by its imposing apartment buildings many of which have ornately decorated facades. It is, in fact, one of the biggest »Gründerzeit« districts in Europe and therefore has heritage status. The western part of the Waldstraßenviertel includes the *Jacobstraße* which made its name in the Middle Ages when a well-frequented pilgrimage chapel was situated there.

Following the *Waldstraße* to the Auwald and heading north-eastwards, you will eventually come to the next district: Gohlis. The Gohliser Schlösschen in the *Menckestraße* is well worth seeing. A former castle, it is now a location for regular cultural events. The annual open-air summer theatre is highly recommended. Lovers of literature should head for the Schillerhaus. The poet Schiller spent the summer of 1785 in this building. Today, it is also an outpost of the Stadtgeschichtliches Museum. The Waldstraßenviertel is

connected with Gohlis via the green expanse of the Rosental, nearly 120 hectares of parkland which adjoins the Auwald woodland. With a little bit of luck, you might get to see one of the exotic animals from the neighbouring zoo. This is called the »Zooschaufenster« (zoo window). Another special highlight on offer at the Rosental is the »Klassik airleben« event which is held every summer, a series of open air concerts given by Leipzig's world famous Gewandhaus Orchestra. Hundreds of people come and listen to the music on their picnic blankets. Afterwards, north-westwards, is the Scherbelberg – an artificial hill that is home to the »Wackelturm« – a viewing tower which offers impressive views over the whole Leipzig. After this wobbly experience you may need to pause for breath. A little cycling tour to the Auensee lake is the perfect place for this, offering relaxation in the middle of a serene natural setting. Visitors can also rent a boat here or you go for a trip on the historic park-railway. As the evening draws in, there is no need to wonder about where the loud music is coming from, as it is almost certainly from the Haus Auensee, a location for popular and classical music concerts.

To the north-west of the city centre is Leipzig's Sportforum, an area dedicated to sports with a long tradition. The site of the current Arena was once home to Germany's biggest sports hall. The new multipurpose hall functions as a location for handball, volleyball and athletics competitions as well as concerts. In 2006 the Central Stadium played host to some of the 2006 World Cup soccer matches. It is now known as the Red Bull Arena.

The district of Seehausen may be a little further out, but it is nevertheless well-frequented because it is home to the Leipziger Messe (Leipzig trade fair). The Leipziger Messe holds numerous exhibitions and conventions every year which attract visitors from all over the world. The Leipziger Buchmesse (book fair), for instance, is one of the best known and most popular events in Leipzig every year.

With its excellent transport links, the north of Leipzig has become a popular location for businesses and has attracted some leading companies. BMW and Porsche now have extensive car assembly plants here, and have become major employers in Leipzig. The industrial area also includes a six-kilometre long piece of track that is used for test drives. Those who are interested in how the cars are actually made can join a guided tour of the assembly plant.

**Useful to know:** If you arrive in Leipzig by air, Leipzig/Halle airport is only around 20 minutes away from the city centre. You can simply take the S-Bahn 5 to the central station. At the central station you can then proceed to your destination of choice by bus, tram or taxi.

## SHOPPING

### Secret Closet – Pure Fashion
**Fashion Boutique**

Standing out with its historic wooden facade is fashion boutique »Secret Closet«, which sells high-quality and individual clothes at acceptable prices in a relaxed atmosphere. Since 2012, this is where shop owner Kathleen Neumann has presented her so-called »secret wardrobe«, which includes Scandinavian brands such as »mbym« and »J.Lindeberg« that stand for classic, clean styles and focussed cuts. This shop is a must visit for all fans of Scandinavian clothes and individual service!
P. 100 ● 28

### Naturdrogerie Sturm | Pharmacy selling Sustainable Products

Enjoying a healthy and sustainable way of life is now considered to be increasingly important. Jeannette Sturm has been contributing to this movement since 2013 with Leipzig's first organic pharmacy. Situated in the heart of Gohlis, customers can buy organically certified products free of all

chemical ingredients, including natural cosmetics, decorative cosmetics, super-foods and food supplements. Regular talks on therapeutic fasting and detoxing are also held to inform interested visitors.
P. 104 ● 29

### Liseleje | Danish Home Accessories

Those who have been on holiday in Denmark may have heard of the village of Liseleje. Although far away from the Danish coast, Nordic charm is also on offer in this boutique which is situated on Leipzig's *Waldstraße*. This lovingly designed shop is a repository of home accessories from Denmark, including brands such as »Green Gate«, »House Doctor«, »Rice« and »Løv Organic«.
P. 105 ● 30

## CULINARY DELIGHTS

### Restaurant & Weinlokal Drogerie
Restaurant & Wine Bar

Real gourmets head to the »Drogerie« for dinner, which is to be found near the Schillerhaus in Leipzig's Gohlis district. The name of this little restaurant wasn't chosen randomly. Purpose-built in the early 19th century as a pharmacy, the building has since been redesigned and has been a restaurant since 1998. The ground floor has a French sense of flair and features a cosy fireplace. Those who decide to eat here can enjoy a variety of fresh meals and can choose between regional and international wines.
P. 108 ● 31

### Ma Petite Brasserie | Restaurant

If you can't wait until the evening, you can always eat at the newly opened »Ma Petite Brasserie« with its rosy facade. Whether you choose to eat in the restaurant itself, with its French charm, or head for the terrace outside, you can be sure of enjoying a varied menu and fresh cuisine. Goat's cheese ciabatta, beef tartar, stewed vegetables, anchovies,

roasted bread, croissants and pancakes for breakfast, or tarte flambée with salmon are all on the menu. A little French haute cuisine in the heart of Leipzig – bon appétit!
P. 109 ● 32

### Mondschein Dunkelrestaurant & Lounge | Dark Restaurant & Lounge

These days, we tend to eat far too much convenience food. If you would like to indulge your senses again in a unique setting you should go to the »Mondschein Restaurant«. This is a place where your senses of taste, smell and touch take centre stage – because the darkened rooms rob you of much of your vision. The partially sighted and blind waiters will show you around.
P. 111 ● 33

### Café Hacienda | Coffee & Cake

After an exciting day of sightseeing, take a break at the »Café Hacienda's« terrace in the heart of Rosental and enjoy a big piece of cake and a freshly brewed cup of coffee.
P. 112 ● 34

### Hacienda Las Casas
Zoo Restaurant

A trip to the »Hacienda Las Casas« zoo restaurant is always something of an adventure between the savannah and the flamingo lagoon. Among others, South American dishes are served in a classy »Jugendstil« ambience – with the terrace the place to go when it's sunny outside. This location is also popular for weddings and business events.
P. 113 ● 35

### BÖHM Bio-Bäckerei & Delikatessen | Organic Bakery & Delicacies

»BÖHM«, a certificated handicraft business, is the place to go for high quality and delicious organic baked goods. Be sure to try out one of the farmhouse breads made from homemade sour dough! There is also plenty for children to enjoy, and the gourmet food, such as the ricotta cream cheese, pesto,

marmalade and the typical Bavarian and Italian food, is also superb.
P. 113 ● 36

## ARTS & CULTURE

### Gohliser Schlösschen
Cultural Centre

The impressive »Rokoko« design of the »Gohliser Schlösschen« makes you feel as though you are on the setting of a fairy tale film. For more than 250 years, this building's historical ambience has been the location for numerous concerts, exhibitions, theatre shows and any number of other cultural events. Visitors are also welcome to take a guided tour of the castle and learn about its history. The »Gohliser Schlösschen« is also available for private events – be they parties, weddings or birthday celebrations. The magical atmosphere here is certain to captivate you!
P. 116 ● 37

### Historisches Leipziger Stadtbad
Cultural Centre

Situated close to the central station, this former swimming bath opened at the beginning of the 20th century. Since 2008, it has been used as a venue for conferences, theatre events, exhibitions and parties. The historic and exceptionally attractive swimming halls survive to this day and also provide a perfect setting for photo shoots.
P. 119 ● 38

### Atelier Nord | Gallery

This gallery's red facade, with its signature feature – the matchstick – can be seen from far and wide. Artist and gallery owner Michael Schreckenberger presents a variety of art from modern to classical in his studio. This is a place where genuine art lovers can find a variety of exciting pictures and regional arts and crafts at acceptable prices.
P. 120 ● 39

# Leipzig's West

Welcome to Leipzig's wild west! This is where you can expect to find a perfect mix of everything, because every street hides something different, exciting and new. Fasten your seat belts: here are our high energy tips for Leipzig's west! Leaving the city centre, the best way to Plagwitz, one of Leipzig's youngest and most creative neighbourhoods, is via the *Westplatz* and *Käthe-Kollwitz-Straße*. New galleries, shops and pubs seem to spring up here almost every week. The concepts behind these new locations are mostly innovative, exciting and daring. Plagwitz has not only become a highly coveted place to live; it is also a popular place of work for many artists and also attracts students and entrepreneurs. Old industrial buildings that have recently been renovated have become great places to live and work. The industrial appearance of Plagwitz was largely influenced by one man: lawyer and citizen of Leipzig Karl Heine started to buy real estate in the middle of the 19th century. He made a big effort to attract industrial companies and wanted them to settle down in what was formerly a small community. The construction of streets, bridges and the today's Karl-Heine-Kanal improved the neighbourhood's infrastructure and its links to Leipzig's city centre.

The *Karl-Heine-Straße* serves as Plagwitz' main street and is home to numerous pubs and small shops that are well worth seeing. Its initial section consists of old, glorious villas like the Klinger Villa, which was home to the popular painter and sculptor Max Klinger and his family. The »Klinger Forum e. V.« wants to revive the cultural traditions that first began in the 19th century by providing a platform to artists and intellectuals. Regular exhibitions, readings, concerts and other events are posted on the »Klinger Forum's« homepage (*www.klingerforum.de*).

A walk among the Karl-Heine-Kanal is also recommended. During the summer time, it is a great place to admire the colourful canoes and boats. The best idea is to go down the cycle track just before the König-Albert-Brücke. If you turn left at the bottom, you'll quickly see the impressive architecture of one particular building there: the Stelzenhaus, which was built between 1937 and 1939 according to the plans of the architect Hermann Böttcher for the corrugated iron factory Grohmann & Frosch. To obtain more building land for their business they simply bought the embankment underneath the factory and erected a platform on stilts. The eastern end of the canal is marked by the »Riverboat«, an events location in the shape of a a boat, where the MDR talk show of the same name was recorded between 2003 and 2008. Nowadays several dancing events and meetings for Leipzig's start-up scene take place there. Those who venture across the Karl-Heine-Bogen bridge, can take a break in the neighbourhood park of Plagwitz and admire the architecture of the Konsumzentrale, which is located in the *Industriestraße*. This expressionistic brick building was built for the retail cooperative by the architect Fritz Höger between 1928 and 1931 and it still remains the home of its business today. North of *Karl-Heine-Straße* is the neighbourhood Lindenau. In the ANNA-LINDE community garden, local residents are permitted to plant, harvest and garden as much as they want, which is an ideal solution if the balcony on their apartment has become too small for them. Nature can also be experienced at the Wilder Heinz, which consists of an untilled area of greenery in a residential district. Stop by for a refreshment at the blue construction trailer, and don't forget to say »Hello« to the billy goat Heinz, whom the garden pub has been named after. Not far away from here is also the *Lindenauer Markt* which is situated next to the Nathanaelkirche. This church was built between 1881 and 1884 and is characterised by its mostly original interior – including its

altar, pulpit, baptismal font and lectern. Still hungry for culture? Then make sure you go to the Tapetenwerk as well. A former factory building, it is now used by the creative community as a place to work. Artists, photographers, architects, designers and graphic designers have decided to make their offices and studios in this building. The Lindenauer Hafen is another interesting place in Lindenau. For a long time considered unachievable, in 2015 approval was given to linking it up with the Karl-Heine-Kanal, and therefore to the Weiße Elster as well.

The bordering neighbourhood Leutzsch, particularly in the *Paul-Michael-Straße*, is where you can find some of the finest architecture in Leipzig's west. It was in this once working class neighbourhood near the Auwald, that many industrialists settled down in their imposing »Gründerzeit« villas. If you are lucky, you might be able to see one of the musical or theatre events that are hosted by the »Leutzscher Kunstrasen e. V.« during the summer.

Schleußig, a very family-friendly neighbourhood that is situated around the »Kö« (*Könneritzstraße*), is also a place of beautiful nature and attractive buildings. Since 2001, the »Kö« has also been the home of the International School, so don't be surprised if you hear the local children talking in English. Schleußig isn't only a place of education, the local leisure facilities aren't half bad either. In the *Antonienstraße*, aquatic sports expert Herold will be pleased to take you on a boat trip through Leipzig's west. If you prefer being in the water instead of sailing on it, head for the open-air swimming pool in the Volkspark. Or practise your beach volleyball skills on the courts situated off the *Klingerweg*. And once you're done with that, hire out a boat next door.

## SHOPPING

### Salon 21_spinnerei | Atelier, Show Room & Shop

Leipzig's Baumwollspinnerei also features a shared studio and shop which is home to the labels »Saxony ducks« and »Gela Hüte« – the »Salon 21_spinnerei«. The works of art here are produced by the designers Heike Mueller and Angela Wandelt. The creative process behind the hand-crafted, classic fashion items, with their sophisticated designs, can be seen in the impressive women's and men's hats.
P. 142 ● 40

### Schon Schön Leipzig | Antiques Shop

The »Schon Schön« is a true paradise for furniture shoppers who enjoy lingering and browsing. The colourful range of different styles, from the Roaring Twenties to the Wild Seventies encompasses valuable and exceptional pieces of furniture. Visitors can dive into the flair of bygone days and find unusual things that bring both memories and stories to life.
P. 143 ● 41

### Wildwechsel | Individual Textile Furnishing

When you open the door to »Wildwechsel«, you will find a colourful world of pillows, lamps, rolls and fabrics. The tailoring and embroidery shop is where individual textiles can be customised for your home. Natural fabrics such as cotton or linen are used that feature colourful patterns and will be certain to put you in a good mood.
P. 144 ● 42

### HAFEN | Shop for beautiful things

In the »HAFEN« shop it is easy to forget the time while you're browsing through all of the colourful records, postcards and vases. Whether you would like to buy writing materials, screen prints, crockery, music, jewellery or craftwork – the choice is yours!
P. 144 ● 43

### Samtkind | Fashion Design & Custom Tailoring

For lovers of fashion who value good quality as well as the best retail advice, the »Samtkind« studio is the place to go! Passers-by can see its owners, Sarah and Nadja, busy at their sewing machines through the shop window. Sarah and Nadja love what they do and have the expertise to develop hand-crafted collections – which are characterised by their classic cuts, their modest elegance and their superb flair for detail. The shop's customers know where their clothes come from and appreciate them.
P. 145 ● 44

### Shredderei | Skateboard Shop & Café

Since 2011, the Lindenau Tapetenwerk has been something of a second home for skateboarders and long boarders. High-end longboards and skateboards – known as »Bastl Boards« – are manufactured, sold and lent in the »Shredderei«. The enjoyable backyard of the Tapetenwerk also includes a café which sells home-made pastries and fresh coffee specialities.
P. 146 ● 45

### WKR Kunst & Dinge | Shop Studio

Wolf Konrad Roscher revitalises old objects and industrial interiors from the past. The design classics, table lamps and industrial relics that are hanging from his ceiling can be seen through the shop window. Nearly all of the objects that can be found in his studio date back to the industrial designs of the last 100 years and are now finding new homes in modern flats, studios and shops.
P. 148 ● 46

### Beti Lue | Cosmetics Manufactory

Since 2004, »Beti Lue« has been producing natural cosmetics at a manufactory which is situated in Leipzig's next door neighbour, Chemnitz. The staff at »Beti Lue« will be pleased to provide you with professional, individual and personal assistance, and you will be certain to find cosmetics that are the perfect match with your skin. You can also join a workshop at the manufactory to create cosmetics of your own.
P. 149 ● 47

### Das Herbarium | Bio-Horticulture

All of the flowers, plants, fruits and vegetables available to buy at the »Herbarium« are organic and have been harvested in the owner's market gardening business. In addition to this, several regional specialities from Leipzig are also on offer, including honey and chocolate. The handmade presents are the perfect gifts for your friends and family!
P. 149 ● 48

### Haiglück | Porcelain Studio

The »Haiglück« studio is a place where handmade porcelain products are made. Whether it's a small present for your friends or family, or quite simply for yourself – the porcelain here will be certain to charm you. If you would like to have a go at making your own porcelain, you can also try your hand at one of product designer Karin Sehnert's workshops.
P. 150 ● 49

### Buchhandlung Grümmer Bookshop

Leipzig is a city of books, and since 1991, the »Buchhandlung Grümmer« has been the place to go to find your favourite new book in Leipzig. The building which is home to this shop is the oldest in the neighbourhood of Plagwitz. From poetry and fiction, to many sophisticated titles, books for children and adolescents and even some exclusive and autographed editions – everything is available at »Grümmer's«.
P. 150 ● 50

### schwarzwurzel | Organic Shop

All kinds of ecologically produced products are on offer at »schwarzwurzel«. The assortment of products here consists of regional and seasonal groceries and a range of cosmetics. Vegans will find relevant goods with special

labelling. You even can become a member of the shop and pay a monthly membership fee, which entitles you to enjoy all of your purchases at considerably reduced prices.
P. 151 ● 51

## CULINARY DELIGHTS

### S Kultur | Restaurant

The »S Kultur« is the place to go for all gourmets and fans of international haute cuisine. Owner Malte de Moll provides for an easy-going, friendly sense of Dutch flair, where visitors always feel welcome. You can choose between vegetarian or vegan food as well as fresh fish and meat – there is something for everyone.
P. 157 ● 52

### meins deins unser | Restaurant

Tasty, traditional meals at reasonable prices are offered to you in the restaurant »meins deins unser«. Regardless of whether they prefer the rustic terrace or prefer to sit inside the restaurant, every guest can find something to suit their taste, from a hearty burger, to mashed potatoes, to sweet delicacies.
P. 158 ● 53

### süß + salzig | Café & Restaurant

»süß + salzig« – or sweet and salty – totally lives up to its name. If you love sweet food, this is where you will find excellent homemade cakes; and if you prefer hearty meals, make sure you enjoy the tartes flambées or one of the casseroles.
P. 158 ● 54

### Brühbar | Coffee Roastery & Events

In this bio-certified coffee roastery you can experience the elixir of life at first hand and choose between fourteen different methods of preparation. You can also improve your knowledge of coffee at a range of different events.
P. 159 ● 55

### Café Albert | Coffee & Cake

Whether it is a cosy breakfast or stopping by for some cake in the afternoon – »Café Albert« is a great place to go. In a nice and cosy atmosphere, visitors can choose from a variety of organic home-made cakes, a choice of warm paninis, fair trade coffee and other little delicacies.
P. 160 ● 56

### TONIS | Handmade Organic Ice Cream

»TONIS« is the place for sweet sins! Fresh ice cream which is wholly without flavour enhancers and in organic quality is served. Every variety is created with a big portion of experimentation. Lime-mint, matcha-raspberry or pineapple-parsley are just a few of the compelling varieties. It's easy to become a regular visitor to this ice cream shop!
P. 161 ● 57

### Seidels Klosterbäckerei | Bakery

»Seidels Klosterbäckerei« has been one of Leipzig's longest-standing bakeries ever since 1903. Specialising on the 100 % natural production of baked food without the use of preservatives or flavour enhancers, all of the bakery's products are unique and made with love. This is a place where traditional baking methods result in freshly baked goods of the best possible quality.
P. 163 ● 58

### Café Kater | Coffee & Cake

Since »Café Kater« opened in 2015, its young owners have been offering a variety of cakes, quiches and other snacks for visitors to sample. While you're there you can listen to great music and try out regional products such as »Lipz« soda or »Café Kater's« very own brand of coffee, »Schwarzer Kater«.
P. 164 ● 59

### Kartoffelfräulein | Filled Baked Potatoes

This small eatery offers baked potatoes that are filled with fresh and regional ingredients. Guests can choose between a variety of fillings, depending on the season. Guests are also free to combine any fillings that they like, and can enjoy their meal either in-house or to take-away.
P. 164 ● 60

### Kaiserbad | Restaurant & Bar

The »Kaiserbad« restaurant opened in summer 2015 and became soon one of Plagwitz' most popular places. Sitting on its extensive terrace, guests can order burger, salads and classics with a modern twist at reasonable prices. Red brick combines with petrol blue tiles, shiny yellow benches and industrial charm.
P. 165 ● 61

### Jimmy Orpheus & Filmgalerie WestEnd | Café & Film Gallery

This gallery's film archive includes with more than 10,000 DVDs and Blu-Rays from an exceptionally diverse range of genres. Visitors can choose from both international classics and the latest releases. Moreover, the offers at the »Jimmy Orpheus« café next door are also 100 % sustainable. Homemade, local, ecological and organically certified products are on offer here.
P. 166 ● 62

## ARTS & CULTURE

### Galerie Hier + Jetzt | Art Gallery

Ivo Zibulla and Maxi Kretzschmar, the gallery's owners, opened their joint gallery in 2015. They show a range of alternating exhibitions that are connected to urban arts. Young talents as well as established international artists present their work here, especially from the fields of painting, photography and graphics.
P. 172 ● 63

### LOFFT – Das Theater | Theatre

The »LOFFT« is a consistent fixture in Leipzig's theatre and dance scene. As a free theatre

and organiser of contemporary dance, theatre and performance art, more than 500 artists per year perform in the »LOFFT« projects and collaborations every year. The audience mainly consists of young people and students. Every two years the »LOFFT« hosts Leipzig's biggest dance festival – the »TANZOFFENSIVE«.
P. 173 ● 64

## Villa Hasenholz | Cultural House, Beer Garden & Guesthouse

Artists, free thinkers and those enthusiastic for the arts and culture are regular visitors to this villa. The special charm of the past has been preserved and the original concept of use has been maintained: the »Villa Hasenholz« is a restaurant, a beer garden, an alternative location for events and a guesthouse, all at the same time. Concerts, dance events, exhibitions and film showings all take place here.
P. 175 ● 65

## Felsenkeller | Cultural Centre

The »Felsenkeller« seems to have been one of Leipzig's towers of strength for more than 100 years. Originally opened for concerts and balls in 1890, it was later used for meetings that were held by the labour movement. Leading figures such as Karl Liebknecht, Rosa Luxemburg and Clara Zetkin gave speeches here. In 2014, the imposing, neo-baroque building was reopened – having been freshly renovated. These days it is used for concerts, balls, readings and other events. The newly opened beer garden is also very attractive and welcoming.
P. 176 ● 66

## WESTWERK | Cultural Centre

The »WESTWERK« was originally a foundry; when the foundry closed, it remained empty for a long time. Today it is undergoing a revival for creative people who have transformed it into a cultural centre. A range of studios, rehearsal rooms, offices, workshops and shows are all located here. Its administration is situated in the green building beside.

Have a look at the painted facade while taking a walk through Plagwitz, or immerse yourself in Leipzig's artistic scene at the yearly exhibition – when work by many different artists is exhibited here for three weeks.
P. 178 ● 67

## Museum für Druckkunst | Museum

As a city that historically made its fortune with books and publishing houses, Leipzig also became a key location for printing companies. Some of these businesses survive to this day, albeit with the use of modern technology. One of these is showcased at the »Museum für Druckkunst« in Plagwitz. In this old industrial building, visitors can find a considerable collection that traces the history of printing and the media, and also includes some historical equipment and machinery that is still functioning.
P. 182 ● 68

## Luru Kino | Cinema Hall & Open Air Cinema

The Baumwollspinnerei complex, with its industrial flair, is home to the traditional »Luru Kino«. In a small and comfortable hall, selected art house and independent films are shown here. In the summer, the »Luru Kino« also holds open air cinema events. The cinema hall is also available to hire privately for film screenings.
P. 183 ● 69

## INTERSHOP Interdisciplinaire Producers' Gallery

In Hall 10 at the Baumwollspinnerei complex is the »INTERSHOP« – an interdisciplinary producers' gallery for hybrid projects. Here, international designers and artists collectively work on innovative and sustainable projects. These projects combine applied and visual arts with the different sciences. Art director Louise Walleneit curates and designs the exhibitions, which consciously allow the boundaries between art, textile and product design to blur.
P. 184 ● 70

## HALLE 14 | Centre for Contemporary Arts

In the heart of the Baumwollspinnerei complex is »HALLE 14«, which is an important stop for all of those who are interested in contemporary arts. Current and international art is presented in the multifunctional visitor centre, which also includes an extensive library of arts. The artists' studios are also located here, giving visitors the opportunity to experience them in action. Get inspired by the artists' discussions, workshops, presentations and exhibitions!
P. 185 ● 71

## BODY & SOUL

## Madame Käthe | Vintage Hairdresser

Designed a little like a cosy living-room, you will immediately feel very welcome in this lovingly designed hairdressing shop with its 1940s furnishings. Since 2008, lead hairdresser Katja and her team have specialised on hairstyles from the 1920s to the 1950s – but not exclusively. Regular workshops are offered for both women and men, where you can learn the right way to use hair gel and any number of vintage hairstyling accessories.
P. 189 ● 72

## OVERNIGHT LODGING

## Hostel Blauer Stern | Hostel

The comfortable, low cost »Blauer Stern« hostel has been welcoming guests since 2014. This building, which has been a bookbinding business, a bank and a medical centre, now accommodates young visitors from all over the world in a cosy, old-fashioned atmosphere. Many of Lindenau's and Plagwitz's cultural and catering locations are situated close by.
P. 192 ● 73

# Leipzig's South

. . . . . . . . . . . . . . . . . . . . . . . .

**Pages 196–201**

Leipzig's south is colourful, alternative and stands for diversity. If you want to be certain of having an enjoyable time, this is the place to go! Cosy pubs, fashionable cafés, young fashion, great clubs and plenty of culture are all included in the mix in Leipzig's south. The *Karl-Liebknecht-Straße*, known locally as the *»Karli«*, is the place to go if you really want to feel the spirit of this vibrant neighbourhood. Pursuing a south-western course from the city centre, between *Harkortstraße* and the *Floßplatz* in the east and the *Karl-Tauchnitz-Straße* in the north and west, you should also take a walk through the Musikviertel – the musicians' quarter. Visitors to this district are overwhelmed by the splendid architecture which is typified by the famous *Beethoven-straße*. This neighbourhood owes its name to the second Gewandhaus concert hall and the Royal Conservatoire, both of which were originally located here. You should be sure to have a look at the Albertina library and the Bundesverwaltungsgericht building and marvel at their impressive architecture.

Every year, on May 1st at the Galopprennbahn Scheibenholz many Leipzig residents get their most extravagant hats out of their wardrobes to wear at the traditional Preliminary Canter. In addition to the racecourse, a visit to the Fockeberg is also well worth the effort – the view of Leipzig's skyline that it offers is incomparable. It stands 45 metres high and has an asphalted path which is often used for walks and as a challenging route for joggers. In Connewitz you can find the Südbrause – a former bathing centre that is nowadays both a restaurant and cultural monument. Those interested in protected monuments should also take a look at the St. Bonifatius-Kirche, which is one of Saxony's most important Catholic buildings.

Its interior is very impressive with its stained glass windows. Afterwards, an excellent past time is a bike tour through the Auwald woodland in Markkleeberg. Cycling past the Wildpark, you will reach the Cospudener See in less than 15 minutes.

Lößnig is home to the so-called »Rundling« – a housing estate that owes its name to the circular arrangement of its buildings. More than 600 flats of different size were built, all of them designed for the ideal lighting conditions. The Lößnig-Dölitz Park – with its expanse of 95 hectares – is one of Leipzig's biggest parks and also offers enough space for walks and recreation. Close-by there is the Südfriedhof (Southern Cemetery), which is similar to a park and contains the historical and richly decorated graves of some famous Leipzig personalities. The Völkerschlachtdenkmal monument directly adjoins the cemetery and commemorates the Battle of Nations in 1813. With its height of 91 metres and several observation platforms, you will be awarded with excellent views over the whole city. Returning to the Südvorstadt, on an area which was once the home of a 19th century corral and slaughterhouse, you will find the head offices of the Mitteldeutscher Rundfunk (MDR) and the Media City. This development was completed between 1992 and 2000 and now accommodates numerous companies from the film and television industries. Our tour reaches its end at the Bavarian Station, which was originally a railway station, but is now a stop on the Leipzig City Tunnel rail link.

## SHOPPING

**BALLOON FANTASY** | Partyboutique
This boutique provides you with balloons in every imaginable colour and design, handmade piñatas, creative table decorations, confetti guns and pretty papeterie – everything that makes your party special and you happy! If you wish, the experts in decoration

can also entertain your children with jugglers, artistic workshops or face painting classes.
P. 212 ● 74

**Die Kaufbar** | Retro Fashion Boutique
Fads and trends with a short lifespan don't find their way here – since this shop is the place to go to find classic items of clothing that have the potential to become genuine favourites in your wardrobe. This little fashion boutique is owned by Manja, who runs it with a lot of love. Manja specialises in elegant ladies wear which is a tribute to the styles of the 1930s and 50s, but premium accessories for men are also available.
P. 214 ● 75

**herMAN** | Contemporary Menswear
It isn't just the slot car racing track in the centre of the »herMAN's«, which is an unbeatable reason for men to make sure that visit this shop. Exciting and unconventional pieces of clothing by labels such as »Ben Sherman«, »Samsøe & Samsøe« and »Armedangels« is also on offer – whose quality and comfort is such that you will be certain to wear it for more than just one season. With personal service in a relaxed atmosphere, men of every age can be sure of leaving with a stylish outfit.
P. 214 ● 76

**pussyGALORE** | Fashion Store
In the colourful store of »pussyGALORE« all fashionistas can find a new treasure – maybe a multifunctional piece of the Basque label »SkunkFunk« or a clean and minimalist item of the Danish label »Minimum«. No matter which style you prefer, we are sure you won't leave this place without a shopping bag in your hand.
P. 215 ● 77

**Zimmerblick** | Antique Furniture & Accessories
Christoph Sommerfeld and Christoph Kortung love to hunt for hidden treasures with a special history, which then become the subjects of their restoration work. In the store

»Zimmerblick« they display their finished pieces of work – pretty commodes, industrial accessoires or nordic cupboards – »Zimmerblick's« style is much inspired by Scandinavian furniture. Those who are interested are able to come and examine them as if they were in a real flat.
P. 216 ● 78

### VIELFACH | Furniture, Fashion & Accessories

This shop gives you the opportunity to buy individual gifts. Since 2013 shop owner Simone Stephan has been hiring out the shelves here to creative artists and designers. For some of them it is the first time they have present their work to the public, which includes selected furniture, home living accessories, jewellery, clothing and works of art from around 100 different designers and labels.
P. 218 ● 79

### Mad Flava Ink. | Graffiti Shop

Graffiti has become an integral part of Leipzig's art and street art scene. Although it may not always be completely legal, it is almost impossible to imagine Leipzig without graffiti. This is also true of »Mad Flava Ink.« – Leipzig's first graffiti shop. Having opened in 1995, it sells spray paint, pens, DVDs, books, magazines, T-Shirts and many other things that you associate with graffiti!
P. 219 ● 80

### Stretchcat | Lamps, Interior & Design

A specialist for original lamps from the last century, »Stretchcat« sells desk lamps, wall lamps, hanging lamps, standard lamps and mood lamps. The classics on offer here have been refurbished both tenderly and professionally. Smaller items of furniture as well as exceptional decorative items complete the shop's range of products. It's even great fun to take a look at the shop and its interior.
P. 219 ● 81

### Feinkost | Art & Trade Association

Anyone who explores Leipzig's south, should make sure they go to the »Feinkost« complex! As a former brewery and a place once used for manufacturing canned food, it is now home to any number of alternative artists, small shops and clubs who fit perfectly into the colourful atmosphere of the *Karl-Liebknecht-Straße*, known locally as the *»Karli«*. The stores »Mrs. Hippie« and »Goldstein & Co.« are especially worthy of a visit. Our tip: the »Löffelfamilie« is a neon sign and one of the »Feinkost's« most famous attractions. It is switched on for 90 minutes at dusk every day– you shouldn't miss it!
P. 220 ● 82

### Whispers Records | Record Store

»Whispers Records« is a well-stocked record store that sells records and CDs from practically every genre. Its stock varies from the Hip Hop Classics of the 80s and »Black Sabbath« or »The Rolling Stones« live to the latest recordings. You won't leave this store without taking a catchy tune home with you.
P. 222 ● 83

### LUISE NEUGEBAUER | Jewellery Studio

Jewellery lovers pay attention: in Luise Neugebauer's studio you will find handmade jewellery collections and special one-off creations to fall in love with. You can even order your own, individually designed wedding rings.
P. 223 ● 84

## CULINARY DELIGHTS

### Hacienda Cospuden | Beach Club at the Cospudener See

Take a break like a true professional! For the swimmers and surfers who enjoy taking to the cool waters of the Cospudener See, the »Hacienda« is the perfect location to recover with currywurst, French fries and ice cream. Of course, a variety of drinks and light snacks are also on offer. With its panoramic terrace, the »Hacienda Cospuden« is also an exclusive location for indoor and outdoor events.
P. 230 ● 85

### BROT & KEES | Coffee & Cake

In close vicinity to the Cospudener See and adjacent to the gates to the historic Kees'scher Park, the »BROT & KEES« Café invites you to stop for a bite to eat. On the rustic terrace, under an old lime tree, or in the cosy café, you can try out homemade daily soups, ecological drinks, freshly baked cakes or unusual ice cream creations.
P. 231 ● 86

### The B10 | International Cuisine

Australian Paul Berry was cooking for rock stars and travelled the world until he came to Leipzig. In 2015 he opened his own restaurant, where he serves premium cuisine for ambitious palates. Artists, hipsters, wine lovers and business people meet in »B10« and appreciate its varied menu.
P. 232 ● 87

### Eisdiele Pfeifer | Fresh Ice Cream

Nearly every resident of Leipzig has heard of the »Eisdiele Pfeifer«, which was founded by Horst Pfeifer. The traditional furniture, much of which remains unchanged from the GDR era, triggers happy childhood memories in many people's minds. In addition to the freshly made ice cream you can also buy waffles, cakes and pastries here.
P. 233 ● 88

### MEIN LIEBES FROLLEIN | Café

With its modern 1960s furnishings, »MEIN LIEBES FROLLEIN« is a place in which you instantly feel welcome and at home. In addition to its affectionately designed interior, the menu leaves nothing to be desired. Regardless of what you feel like – cakes, sandwiches, salads or freshly roasted coffee – a relaxed ambience and culinary pleasures always go hand in hand in this café.
P. 234 ● 89

## Curry & Co. | Curried Sausage Creations

This is where you can order the well-liked snack in all imaginable variants. Whether you like it smoked or scalded, with hot or mild sauce, or made with beef, poultry or vegan ingredients – you simply have to stop here if you are a fan of the German bratwurst sausage! And the variety of sauces is also impressive: peanut, honey-mustard, or even onion-chilli? At »Curry & Co.'s« you can combine anything you want.

P. 235 ● 90

## Marshalls Mum | Cupcake Bakery

»Marshalls Mum« is home to the best homemade cupcakes in the whole city. No resident of Leipzig should go without trying out the delicious products on sale here. The shop's owners, Isabell and Enrico, like to make everybody feel at home. And they also sell old favourites such as hot chocolate cake, brownies and vegan apple curd cake.

P. 236 ● 91

## Waldfrieden | Restaurant & Beer Garden

Cosy crackling open fires trigger a romantic and rustic hunter's cabin atmosphere on dark winter's evenings. In the summer time, guests head for the green terrace. Whatever the season, you can always order hearty dishes here which will be sure to convince you with their great taste, generous helpings and reasonable prices.

P. 238 ● 92

## Sankt Benno | Wine Restaurant

In »Sankt Benno« you won't find a menu. Owner and head chef Thilo Junghanns decides what will be served each day, and you can choose between selected starters, main dishes and desserts. This restaurant makes a special focus on sustainability and outstanding quality. All of the dishes and drinks are bio-certified and come from the local region.

P. 239 ● 93

## Killiwilly | Traditional Irish Pub

This is a traditional pub at which the Irish atmosphere grabs you immediately. While watching an international game of soccer you can try out one of the pub's 15 varieties of international draught beer or sample one of the homemade burgers freshly grilled on the barbecue. The service is friendly and the beer garden is a must in the summer.

P. 240 ● 94

## MeetFreude | Korean Cuisine

In the basement of no. 85 »Karli«, you will find a bit of Korea hidden away in the middle of Leipzig! At »MeetFreude« you are served typical Korean food in a comfy atmosphere. One of the best dishes on offer is »Bibimbab«, which consists of rice, various vegetables, beef and egg.

P. 241 ● 95

# ARTS & CULTURE

## Horns Erben | Pub & Culture Café

Take a trip back to the old times on a quiet side street off the »Karli« to visit this traditional pub. In 1923, this is where Wilhelm Horn began to sell his famous brandies and liqueurs that proved especially popular among artists and students. Since 2005, this historic watering hole has experienced a revival, including its fascinating art deco façade. Whether it is Leipzig's »Swing Connection« dance on Sunday afternoons, watching the popular TV show »Tatort« on Sunday evenings, enjoying a concert or dancing at a headphone party – »Horns Erben« has a lot to offer.

P. 247 ● 96

## Conne Island | Socio-cultural Centre

After having gone through a turbulent history, these days »Conne Island« sees itself as being a self-managed, alternative centre for youth-, pop- and subculture. Concerts take place here; you can find a café, rehearsal rooms for bands and a big open air area

which provides visitors with the opportunity to play basketball, table tennis or soccer. The outdoor skate park and open air cinema screenings during summer time are particularly popular.

P. 248 ● 97

## UT Connewitz | Leipzig's Oldest Cinema

The »UT Connewitz« is the oldest cinema in Leipzig. In the course of a renovation in the 80s, a concert hall with a big stage was also integrated. The »UT« was also a location for underground concerts by GDR punk bands. Since 2001, the »UT Connewitz« association has been responsible both for the preservation and the programme of this location.

P. 249 ● 98

## naTo | Socio-cultural Centre

In the evening, be sure to visit Leipzig's oldest socio-cultural centre, which has stood for cultural, social and political discourse since the 1980s. It features a repertory cinema that entertains you with international cinematic arts and is also a location for theatre, concerts and cabaret.

P. 249 ● 99

## Panometer Leipzig | 360° Panorama Exhibition

Diving into the iridescent depths of the Great Barrier Reef, wandering through the chaotic streets of Leipzig after the Battle of Nations in 1813, climbing snowy Mount Everest or exploring the miracles of the southern American rainforest – all of this has been possible in the heart of Leipzig during the 21st century. The impressive pictures by the artist Yadegar Asisi have now been presented in this listed Gasometer for almost ten years. Marvel over the world's biggest 360° panorama pictures – which are portrayed in a unique concept.

P. 250 ● 100

## WERK 2 | Cultural Centre

There can be virtually nobody in Leipzig who doesn't know »WERK 2« and hasn't gone dancing, to a concert, or to the famous Christmas Market there. For more than 20 years, »WERK 2« has been a key location in Leipzig when it comes to the city's proud cultural history. The motto of this socio-cultural centre is to offer people of every age a variety of activities: different events, workshops (graphics print shop, glass blowing workshop, pottery workshop) and numerous cultural and creative projects for children, adolescents and adults. The 7,000 sq m site gives you the chance to experience theatrical plays, readings, concerts, festivals, exhibitions and much more. This is also a place where young artists are able to realise their expertise.

P. 252 ● 101

## BODY & SOUL

### Sauna im See | Sauna at the Cospudener See

Ever felt like a break in the midst of your daily routine? No problem, you can always relax in one of the different saunas at the »Sauna im See«. The »Panorama-Seesauna« is a particular highlight, with its exquisite views over the Cospudener See. Take a dip in the lake afterwards to cool down, or opt for a massage, which will give you the chance to really relax.

P. 259 ● 102

## OVERNIGHT LODGING

### Villa Dohna | Apartment

»Villa Dohna« is a very beautiful old building which has been furnished with a lot of love. It is a stylishly designed and furnished private apartment with Wi-Fi, consisting of three bedrooms with space for up to seven guests, a fully equipped kitchen and a loggia. The owners are charming, welcoming and will be happy to provide you with useful insiders' tips.

P. 262 ● 103

# Leipzig's East

**Pages 266–268**

The easygoing east – have you been there? Until recently, Leipzig's east hasn't really been considered part of the tourist trail for those visiting this city, but the east side of Leipzig is rapidly becoming more and more attractive, and is certain to awaken your curiosity. We have a sneaking feeling that a lot will be happening in Leipzig's east over the next few years – but at the same time, we hope it stays wild, free and creative!

With its rents that are (still) reasonable and the low cost space on offer for (multi-)cultural and artistic projects, much of Leipzig's east is a popular place for the purposes of both living and working. That said, the gentrification process is far from complete, and the *Eisenbahnstraße* isn't really the kind of place for a Sunday afternoon stroll. No matter what your opinion is of districts such as Reudnitz and Neuschönefeld, they have more to offer than just good kebab shops, and if you take some time to visit them, you can be certain to discover their hidden charms and some exciting new developments.

Coming from the Oper Leipzig in the city centre, you reach the Graphisches Viertel (graphic quarter) via the *Georgiring* and *Littstraße*. The eastern side of Leipzig's centre extends from the Central Station to the Bavarian Station. At the end of the 19th century, numerous publishers, printing houses, bookbinderies and booksellers settled here and gave this neighbourhood its name. In 1900 around 95% of Leipzig's bookselling businesses, of which there were over 2,000, were registered here. During the Second World War, the graphic quarter was largely destroyed by bombing, and most of the companies subsequently relocated elsewhere. Things took a further turn for the worse during the GDR era, when the district was largely ignored

and many of the buildings were simply left to rot. After the German reunification, however, and in recent years in particular, the district has finally come to life again and is now a popular location for new businesses. Some names of the new buildings such as the Brockhaus-Zentrum, the Gutenberg-Galerie and the Haus des Buches recall district's former glory.

Towards the south in the *Goldschmidtstraße* is a place of homage for classical music fans. In the Mendelssohn-Haus, where composer Felix Mendelssohn Bartholdy lived and eventually died in 1847, visitors get to learn about his life and his work. A visit on Sunday morning is especially worthwhile, when guests can begin by enjoying a concert in the music salon and then explore the newly designed museum, where they can even conduct a digital orchestra. An exciting experience for sure – and not only for the younger visitors!

A contrasting highlight is the Sternburg Brewery, which often makes the air in its vicinity smell a little malty and sweet. The beer brewed at this brewery, which is situated near the city centre, has become a cult brand – and not only in Leipzig. In the early 19th century Maximilian Freiherr Speck von Sternburg brought his knowledge about hop growing from Bavaria to Leipzig, which symbolises the origins of the brand »Sternburg«. A guided tour of the brewery gives you an overview of the brewing process all the way from the production of the beer to its bottling. Of course, you can also try out a »Sterni« beer as well.

The tram line 15 takes you from *Johannisplatz* (or the tram stop *Witzgallstraße* from the Sternburg Brewery) to the Altes Messegelände (old trade fair grounds) to the south east of the city centre in less than ten minutes. Between 1920 and 1991, numerous exhibitions and fairs took place on this 50 hectare area. At the eastern gate you can still see the huge double-M, the former logo of the »Muster-Messe« (exemplary trade fair) of Leipzig. Following the construction of the Leipziger Messe in the 1990s, the old trade fair has mainly been used as a business park. In the »soccerworld«, which was formerly exhibition hall 7, soccer can also be played, and the site features both an artificial city beach and a drive-in cinema which opens in the summer. The Pantheon dome hall which was designed by the architect Wilhelm Kreis in 1913 has been retained. The hall is 30 metres long and demonstrates the strength of the reinforced concrete construction, which was an innovation in its days. It is now used regularly for events which have given it the name »Eventpalast«. Incidentally, if you take the tram for another two stops after the Alte Messe, you will find Leipzig's next sight. At the convergence point of the city's south and east is the impressive Völkerschlacht-denkmal (Memorial to the Battle of Nations). Another eye-catching building will be sure to attract your attention in eastern Leipzig is the Russische Gedächtniskirche (Russian Memorial Church), which is unique in Leipzig with its 16-sided pavilion roof and golden onion dome in the traditional Russian style. The church opened around 100 years after the Battle of Leipzig in remembrance to the fallen Russian soldiers, who numbered over 22,000. Inside the church are 78 icons created by the painter Luka Martjanowitsch Jemeljanow, a small communal library, and a church museum.

**Finally, here are a few more more useful things about Leipzig's east:** Should you lose your contact lenses or if your glasses get broken, the Augenoptiker Volkmar Maul (optician) located in the *Eisenbahnstraße* is the ideal place to go. This family company was founded in 1939 by Volkmar Maul's father in the city centre, destroyed during the Second World War before reopening in the *Eisenbahnstraße* in 1947. Where is the best place to go with your children? If your children like stories, you should make sure that you visit the »Buchkinder Leipzig e. V.« where children are able to record their self-created stories in book form. This is a book and writing workshop for children and youngsters aged between 4 and 18 years where they can write down or illustrate their thoughts and make a book out of them. In this way children get the chance to bring dragons, princesses and other mythical creatures from their imaginations to life. The book manufactory makes small editions of the books that are sometimes presented at the Leipzig Book Fair.

## SHOPPING

**De Scale | Tailored Garments for Men**
In the heart of Leipzig's graphic quarter, this is where gentlemen come to release their hidden dandy. Norbert Schaal sells custom-made, classic and upmarket menswear, and advises Leipzig's chic gentlemen on all of the latest fashion trends. If it's the gentleman's wish, Norbert will also be happy to cooperate with established international haberdashers to create individual and premium clothing.
P. 274 ● 104

**Bioflair | Organic Shop**
This popular organic grocery store focuses on premium products and sustainability. This is where shoppers can find natural and certified organic food as well as vegan products. An online shop is also available and, of course, the staff will gladly give you some good words of advice. Courses in making bread are also offered.
P. 275 ● 105

**Friss Fleisch | Fresh Meat for your Pets**
This is Leipzig's first and – until now – only shop for pets where fresh meat for your four-legged friend is sold. The premium quality meat and reasonably priced wet food ensure healthy and tasty nutrition for the shoppers' hungry cats and dogs.
P. 276 ● 106

**City Comics | Comic Book Shop**
This shop isn't only popular with the residents of Leipzig, it also gets a steady stream of customers and comic fans from far and wide, all of whom come here to find new reading material. No matter how old you are, if comics are your passion, you'll be sure to find something interesting. »City Comics« is also a popular meeting place for collectors, who like to swap ideas, and card players who like to drop by and play cards.
P. 276 ● 107

**Denny Rauner – THE GALEROBE**
**Fashion.Design.Concept**
Since mid 2014, designer Denny Rauner has been enriching the eastern part of Leipzig with his »THE GALEROBE« – a combination of a creative couture studio and a showroom for unique clothing and art. Denny Rauner offers a wide range of services to his female customers, including the drafting, conceptualisation, design and realisation of the clothing. Glamorous evening dresses and bridal fashion are in particularly high demand. This is a place where traditional tailoring is combined with innovative and modern designs. It is also a paradise for lovers of unique items of clothing and expert advice!
P. 277 ● 108

## CULINARY DELIGHTS

**Laggi's | Burger & Steaks**
»Laggi's« is an insiders' tip for all of those who appreciate a hearty piece of meat and like to know about the origins of its ingredients. Your steak will be grilled according to your wishes on a lava stone barbecue grill. Don't forget to try out the crispy chips with the restaurant's homemade ketchup and mayonnaise!
P. 280 ● 109

**Eisträumerei | Ice Cream Shop**
When it's hot outside, you will find ice cold refreshments at the »Eisträumerei« ice cream

shop in the heart of the district of Reudnitz! Drop in and sample the selection of original and homemade ice creams, such as caipirinha or pumpkin ice cream. If you have an idea for a new flavour, you're very welcome to tell the »Eisträumerei« about it. Visitors can also order homemade cakes and iced coffee.
P. 281 ● 110

### Bäckerei & Konditorei Göbecke
Bakery & Confectionery
What's not to love about the smell of freshly baked bread from the »Göbecke« family bakery shop? This bakery shop was founded more than 100 years ago and it still bakes according to the family's age-old, traditional recipes. Try the food here and you'll taste the flavour of handcraft, love and nature.
P. 281 ● 111

### GreenSoul | Vegetarian & Vegan Restaurant
»GreenSoul« isn't only for vegetarians and vegans, it's also for anyone who wants to try out a meal that doesn't contain any meat or animal products. International meals are also served which are made from fresh, regional and predominantly organic and fair-trade products. Younger guests have their own special menu cards, cutlery and dishes.
P. 282 ● 112

### Poniatowski | Polski Bar i Restauracja
The »Poniatowski« is named after a Polish general. At this bar and restaurant, guests can order traditional Polish meals, unheard of varieties of vodka and enjoy a big portion of the Polish way of life. The modern spirit of Poland is reflected in the food and drink, the interior and the music. Sometimes the guests also get to enjoy little concerts or readings by emerging artists.
P. 283 ● 113

## ARTS & CULTURE

### Martin Schwabe & Matthias Arens | Historical Keyboard Instruments
Harpsichord maker Martin Schwabe and piano maker Matthias Arens have now been working together for more than 25 years, and are specialists in their field and recognised all over Germany. Their customers are mainly enthusiastic musicians and lovers of historical musical instruments. Many come to this workshop for the purpose of reconditioning their instruments so that they are fit for playing again. When their instrument has been restored, the musicians frequently organise little concerts to inaugurate them.
P. 286 ● 114

## BODY & SOUL

### Botanischer Garten der Universität Leipzig
Teaching and Research Gardens of the University of Leipzig
The ideal place to go for a calming break are the »Botanischer Garten« near the centre of the city. Established in 1542, they are the oldest Botanic Gardens in Germany – having started life as the garden of medicinal plants, founded by the Paulinerkirche. In 1876, after several moves, the gardens finally found a permanent home adjacent to the Friedenspark (Peace Park). Several greenhouses and gardens show an impressive variety of plants from all over the world. The Friedenspark is also home to two special gardens with special collections – the pharmacist's garden and the so-called smell-and-touch garden. Blue, red and green dart-poison frogs also live in the greenhouses, in addition to tropical butterflies in the butterfly house.
P. 292 ● 115

## OVERNIGHT LODGING

### Zeitraum10 Apartments
Apartments
It is in the eastern part of Leipzig that visitors attending the city's trade fairs, tourists and culture vultures will find the charming »Zeitraum10 Apartments« – which are furnished with a passion for detail. These flats stand out with their homey atmosphere, exciting interiors, a design concept that respects their location, and the personal tips from the staff about Leipzig and its surrounding area.
P. 297 ● 116

### Ost-Apotheke Hostel | Hostel
Unconventional, spontaneous and creative – such are the attributes that characterise both Leipzig's east and the »Ost-Apotheke Hostel«, where backpackers from all over the world are welcome to stay. The hostel's design concept consists of homemade and restored furniture in a modern, casual and warm ›do it yourself‹ atmosphere. For your overnight stay you can chose between a private room, a dorm or even a small, private ›house‹ in the middle of the dorm.
P. 298 ● 117

# VERZEICHNIS

Auflistung aller genannten Locations innerhalb der jeweiligen Kategorie und in alphabetischer Reihenfolge. Die genannten Haltestellen geben Anhaltspunkte für eine Anreise mit öffentlichen Verkehrsmitteln, es sollte jedoch auf aktuelle Meldungen der LVB in Bezug auf Fahrplanänderungen geachtet werden.
Folgende Haltestellen werden im Register nur benannt, die Linien sind der folgenden Auflistung zu entnehmen:

**Hauptbahnhof (HBF)**
Tram 1, 3, 4, 7, 9, 10, 11, 12, 14, 15, 16
Bus 72, 73, 89, 131, 196, 197, 412, 690
S-Bahn 1, 2, 3, 4, 5, 5X

**Goerdelerring**
Tram 1, 3, 4, 7, 9, 12, 14, 15
Bus 89

**Augustusplatz**
Tram 4, 7, 8, 10, 11, 12, 14, 15, 16
Bus 89

**Wilhelm-Leuschner-Platz**
Tram 2, 8, 9, 10, 11, 14
S-Bahn 1, 2, 3, 4, 5, 5X

Zeichenerklärung:
**Z** = Zentrum, **N** = Norden, **W** = Westen,
**S** = Süden, **O** = Osten
(*Neues Rathaus*) = Name der Haltestelle
▶ Faltplan im Umschlag des Buches
● 105 = Nummer der Location
S. 172 = Seitenverweis

## SHOPPING

### BESONDERES

**Adler-Apotheke | Z** | S. 36
Hainstraße 9, 04109 Leipzig
www.adler-apotheke-leipzig.de
S-Bahn 1, 2, 3, 4, 5, 5X (*Markt*)
Haltestelle *Goerdelerring*
▶ Faltplan C3

**amélie Schokolade • Praliné • Espresso | Z** | S. 52
Reichsstraße 4–6, 04109 Leipzig
www.amelie-schokolade.de
Haltestelle *Augustusplatz*
▶ Faltplan C3

**ANNALINDE | W** | S. 130
Zschochersche Straße 12, 04229 Leipzig
www.annalinde-leipzig.de
Tram 3, 14 sowie Bus 74 (*Felsenkeller*)
▶ Faltplan B4

**Augenoptiker Volkmar Maul | O** | S. 268
Eisenbahnstraße 81, 04315 Leipzig
www.augenoptik-maul.de
Tram 1, 3, 8 sowie Bus 70
(*Hermann-Liebmann-Straße/Eisenbahnstraße*)
▶ Faltplan D3

**BALLOON FANTASY | S** | S. 212
Dufourstraße 38, 04107 Leipzig
www.balloon-fantasy.de
Tram 10, 11 (*Südplatz*)
Bus 89 (*Schenkendorfstraße*)
● 74 ▶ Faltplan C4

**Beti Lue. Salbenmanufaktur | W** | S. 149
Könneritzstraße 61, 04229 Leipzig
www.salbenmanufaktur.de
Tram 1, 2 sowie Bus 74 (*Stieglitzstraße*)
● 47 ▶ Faltplan B4

**BIERFREUNDE | Z** | S. 44
Katharinenstraße 11, 04109 Leipzig
www.diebierfreunde.com
Haltestelle *Hauptbahnhof* (HBF)
Haltestelle *Goerdelerring*
S-Bahn 1, 2, 3, 4, 5, 5X (*Markt*)
● 3 ▶ Faltplan C3

**Bilderbogen Leipzig | W** | S. 172
Könneritzstraße 96, 04229 Leipzig
www.bilderbogen-leipzig.de
Tram 1, 2 sowie Bus 60, 74 (*Rödelstraße*)
▶ Faltplan B4

**Bioflair | O** | S. 275
Prager Straße 38, 04317 Leipzig
www.bio-flair.de
Tram 12, 15 sowie Bus 60, 690 (*Ostplatz*)
● 105 ▶ Faltplan D4

**Blumenboutique Gänseblümchen | N** | S. 98
Gohliser Straße 29, 04155 Leipzig
www.blumenboutiquegaensebluemchen.de
Tram 12 (*Fritz-Seger-Straße*)
▶ Faltplan C2

**Fahrradladen Kettenreaktion | S** | S. 15
Simildenstraße 1, 04277 Leipzig
www.fahrradladen-kettenreaktion.de
Tram 9 sowie Bus 107 (*Mathildenstraße*)
▶ Faltplan C5

**Kunst- und Gewerbegenossenschaft Feinkost | S** | S. 220
Karl-Liebknecht-Straße 36, 04107 Leipzig
www.feinkostgenossenschaft.de
Tram 10, 11 (*Südplatz*)
● 82 ▶ Faltplan C4

**Friss Fleisch | O** | S. 276
Riebeckstraße 20, 04317 Leipzig
www.friss-fleisch.de
Tram 4 sowie Bus 60, 70 (*Riebeckstraße/Oststraße*)
● 106 ▶ Faltplan D4

**Galerie Quadriga | W** | S. 151
Markranstädter Straße 2, 04229 Leipzig
www.galerie-quadriga.de
Tram 3 (*Markranstädter Straße*)
▶ Faltplan B4

**Goethes Schokoladentaler Manufaktur | Z** | S. 51
Markt 11–15, Marktgalerie, 04109 Leipzig
www.goethe-schokoladentaler.de
Haltestelle *Hauptbahnhof* (HBF)
Haltestelle *Augustusplatz*
S-Bahn 1, 2, 3, 4, 5, 5X (*Markt*)
▶ Faltplan C3

**Das Herbarium | W** | S. 149
Brockhausstraße 22, 04229 Leipzig
www.herbarium-leipzig.de
Tram 1, 2 (*Holbeinstraße*)
Bus 74 (*Schleußig, Karlbrücke*)
● 48 ▶ Faltplan B4

## MODE

**De Scale | O | S. 274**
Kreuzstraße 19, 04103 Leipzig
www.de-scale.com
Tram 4, 7 (*Gerichtsweg*)
● 104 ▶ Faltplan D3

**EVA SON LEIPZIG | Z | S. 47**
Reichsstraße 1–9, 04109 Leipzig
www.eva-son.de
Haltestelle *Augustusplatz*
Bus 89 (*Reichsstraße*)
▶ Faltplan C3

**Frisliv | S | S. 223**
Ecke Härtelstraße 27 / Peterssteinweg,
04107 Leipzig
www.frisliv.de
Tram 2, 9, 16 (*Härtelstraße*)
Haltestelle *Wilhelm-Leuschner-Platz*
▶ Faltplan C4

**Fußgänger | S | S. 201**
Karl-Liebknecht-Straße 36, 04107 Leipzig
www.fussgaenger.jimdo.com
Tram 10, 11 (*Südplatz*)
▶ Faltplan C4

**Garderobe | W | S. 25**
Merseburger Straße 31, 04177 Leipzig
www.garderobe-leipzig.de
Tram 14 (*Karl-Heine-Straße / Merseburger Straße*)
▶ Faltplan B4

**herMAN | S | S. 214**
Karl-Liebknecht-Straße 52, 04275 Leipzig
www.herman-leipzig.de
Tram 10, 11 (*Südplatz*)
● 76 ▶ Faltplan C4

**Hilde tanzt | W | S. 24**
Georg-Schwarz-Straße 20, 04177 Leipzig
Facebook (Hilde tanzt)
Tram 7 sowie Bus 130, 131 (*Wielandstraße*)
▶ Faltplan B3

**HIVYOHIVYO | S | S. 215**
Arndtstraße 32, 04275 Leipzig
www.hivyohivyo.de
Tram 10, 11 (*Südplatz*)
▶ Faltplan C4

**HUMANA SECOND HAND | S | S. 215**
Karl-Liebknecht-Straße 21–23, 04275 Leipzig
www.humana-second-hand.de

Tram 10, 11 (*Hohe Straße*)
▶ Faltplan C4

**Die Kaufbar | S | S. 214**
Bernhard-Göring-Straße 95, 04275 Leipzig
www.die-kaufbar.de
Tram 9 sowie Bus 60, 74 (*Kurt-Eisner-Straße/
Arthur-Hoffmann-Straße*)
● 75 ▶ Faltplan C4

**LUISE NEUGEBAUER | S | S. 223**
Karl-Liebknecht-Straße 79, 04275 Leipzig
www.luiseneugebauer.de
Tram 10, 11 (*Südplatz*)
● 84 ▶ Faltplan C4

**MÅAT Leipzig | Z | S. 42**
Burgstraße 9, 04109 Leipzig
www.maat-store.de
Tram 9 sowie Bus 89 (*Thomaskirche*)
● 1 ▶ Faltplan C3

**MaLu Kinderladen | N | S. 98**
Waldstraße 27, 04105 Leipzig
www.malu-shop.de
Tram 4 (*Feuerbachstraße*)
▶ Faltplan C3

**Maria Seifert | N | S. 98**
Kirschbergstraße 17, 04159 Leipzig
www.mariaseifert.com
Tram 10, 11 (*Dantestraße*)
▶ Faltplan B2

**modeatelier rosentreter | W | S. 138**
Karl-Heine-Straße 93, 04229 Leipzig
www.rosentreter-modedesign.de
Tram 14 (*Karl-Heine-Straße / Merseburger Straße*)
▶ Faltplan B4

**Mrs. Hippie | S | S. 220**
Feinkost, Karl-Liebknecht-Straße 36,
04107 Leipzig
www.hippie.de
Tram 10, 11 (*Südplatz*)
● 82 ▶ Faltplan C4

**Peccato Leipzig | S | S. 223**
Karl-Liebknecht-Straße 67, 04275 Leipzig
www.peccato.de
Tram 10, 11 (*Südplatz*)
▶ Faltplan C4

**perfect style | N | S. 98**
Waldstraße 50, 04105 Leipzig
www.rk-perfect-style.de
Tram 4 (*Feuerbachstraße*)
▶ Faltplan C3

**pussyGALORE | S | S. 215**
Karl-Liebknecht-Straße 52, 04275 Leipzig
www.pussy-galore.biz
Tram 10, 11 (*Südplatz*)
● 77 ▶ Faltplan C4

**ReSales | S | S. 215**
Arthur-Hoffmann-Straße 90–94, 04275 Leipzig
www.secondhandandmore.com
Tram 9 sowie Bus 60, 74, 412
(*Kurt-Eisner-Straße/Arthur-Hoffmann-Straße*)
▶ Faltplan C4

**Sabine Graf shoes & boots | W | S. 151**
Tapetenwerk, Haus B, Lützner Straße 91,
04177 Leipzig
www.sabinegraf.co.uk
Tram 8, 15 (*Henriettenstraße*)
S-Bahn 1 (*S-Bahnhof Lindenau*)
▶ Faltplan B4

**Salon 21_spinnerei | W | S. 142**
Spinnereistraße 7, Halle 21, EG, 04179 Leipzig
www.saxonyducks.de, www.gela-huete.de
Tram 14, Bus 60 sowie S-Bahn 1
(*S-Bahnhof Plagwitz*)
● 40 ▶ Faltplan A4

**Samtkind | W | S. 145**
Karl-Heine-Straße 61, 04229 Leipzig
www.samtkind.de
Tram 14 (*Karl-Heine-Straße / Merseburger Straße*)
● 44 ▶ Faltplan B4

**Scheinkraft Kleidung | Z | S. 47**
Reichsstraße 1–9, 04109 Leipzig
www.scheinkraft.com
Haltestelle *Augustusplatz*
Bus 89 (*Reichsstraße* und *Markt*)
▶ Faltplan C3

**Secret Closet | N | S. 100**
Waldstraße 21, 04105 Leipzig
www.secret-closet.de
Tram 3, 4, 7, 8, 15 sowie Bus 131 (*Waldplatz*)
● 28 ▶ Faltplan C3

**Sugar Baby** I **S** I S. 223
Arthur-Hoffmann-Straße 55, 04275 Leipzig
www.sugarbaby-leipzig.de
Tram 9 sowie Bus 60 (*Körnerstraße*)
▶ Faltplan C4

**Żaneta Mode** I **S** I S. 215
Körnerstraße 29, 04107 Leipzig
www.zaneta-mode.de
Tram 10, 11 (*Südplatz*)
▶ Faltplan C4

## EINRICHTUNG

**Goldstein & Co.** I **S** I S. 220
Karl-Liebknecht-Straße 36, 04107 Leipzig
www.goldstein-interieur.com
Tram 10, 11 (*Südplatz*)
● 82 ▶ Faltplan C4

**HAFEN** I **W** I S. 144
Merseburger Straße 38, 04229 Leipzig
www.hafen-leipzig.de
Tram 14 (*Karl-Heine-Straße/Merseburger Straße*)
● 43 ▶ Faltplan B4

**Haiglück by Karin Sehnert** I **W** I S. 150
Alte Straße 5, 04229 Leipzig
www.haiglueck.de
Tram 3, 14 sowie Bus 74 (*Felsenkeller*)
● 49 ▶ Faltplan B4

**HinrichSINNdreißig** I **Z** I S. 45
Innenhof Fregehaus, Katharinenstraße 11,
04109 Leipzig
www.sinn-30.de
Haltestelle *Hauptbahnhof* (HBF)
Haltestelle *Goerdelerring*
S-Bahn 1, 2, 3, 4, 5, 5X (*Markt*)
● 4 ▶ Faltplan C3

**Liseleje** I **N** I S. 105
Waldstraße 25, 04105 Leipzig
www.liseleje.de
Tram 4 (*Feuerbachstraße*)
● 30 ▶ Faltplan C3

**Schon Schön LEIPZIG** I **W** I S. 143
Industriestraße 21, 04229 Leipzig
Facebook (SCHON SCHÖN Leipzig)
Tram 1, 2 sowie Bus 74 (*Stieglitzstraße*)
● 41 ▶ Faltplan B4

**S T I L – conceptstore leipzig**
I **Z** I S. 46
Oelßner's Hof, Nikolaistraße 22, 04109 Leipzig
www.stilconceptstore.de
Haltestelle *Hauptbahnhof* (HBF)
▶ Faltplan C3

**Stretchcat** I **S** I S. 219
Karl-Liebknecht-Straße 102, 04275 Leipzig
www.stretchcat.de
Tram 9, 10, 11 sowie Bus 70 (*HTWK*)
● 81 ▶ Faltplan C4

**Wildwechsel** I **W** I S. 144
Karl-Heine-Straße 69, 04229 Leipzig
www.wildwechsel-leipzig.de
Tram 14 (*Karl-Heine-Straße/Merseburger Straße*)
● 42 ▶ Faltplan B4

**WKR Kunst & Dinge** I **W** I S. 148
Merseburger Straße 35, 04177 Leipzig
www.konradroscher.de
Tram 14 (*Karl-Heine-Straße/Merseburger Straße*)
● 46 ▶ Faltplan B4

**Zimmerblick** I **S** I S. 216
Arthur-Hoffmann-Straße 69, 04275 Leipzig
www.zimmerblick.net
Tram 9 sowie Bus 60 (*Körnerstraße*)
● 78 ▶ Faltplan C4

## MUSIKALIENGESCHÄFT

**M. Oelsner, Musikalienhandlung**
I **Z** I S. 49
Schillerstraße 5, 04109 Leipzig
www.m-oelsner.de
Haltestelle *Wilhelm-Leuschner-Platz*
● 6 ▶ Faltplan C3

**Piano Centrum Leipzig** I **Z** I S. 48
Löhrstraße 2, 04105 Leipzig
www.piano-centrum-leipzig.com
Haltestelle *Goerdelerring*
● 5 ▶ Faltplan C3

**Risiro Guitar** I **W** I S. 151
Zschochersche Straße 2c, 04177 Leipzig
www.risiro-guitar.de
Tram 3, 7, 8, 15 sowie Bus 74, 130, 131
(*Angerbrücke*)
▶ Faltplan B3

**Underground Music Service**
I **W** I S. 148
Josephstraße 39, 04177 Leipzig
www.underground-leipzig.de
Tram 3, 14 sowie Bus 74 (*Felsenkeller*)
▶ Faltplan B4

**Whispers Records** I **S** I S. 222
Karl-Liebknecht-Straße 109, 04275 Leipzig
www.whispers-records.com
Tram 10, 11 sowie Bus 60, 74
(*Karl-Liebknecht-Straße/Kurt-Eisner-Straße*)
● 83 ▶ Faltplan C4

## BUCHHANDLUNG

**Buchhandlung drift** I **W** I S. 151
Karl-Heine-Straße 83, 04229 Leipzig
www.drift-books.de
Tram 14 (*Karl-Heine-Straße/Merseburger Straße*)
▶ Faltplan B4

**Buchhandlung Grümmer** I **W** I S. 150
Zschochersche Straße 18, 04229 Leipzig
www.buchhandlung-gruemmer.de
Tram 3, 14 sowie Bus 74 (*Felsenkeller*)
● 50 ▶ Faltplan B4

**City Comics** I **O** I S. 276
Nürnberger Straße 3, 04103 Leipzig
www.citycomics.de
Tram 4, 7, 12, 15 sowie Bus 690 (*Johannisplatz*)
● 107 ▶ Faltplan D3

**Leipziger Antiquariat** I **Z** I S. 51
Ritterstraße 16, 04109 Leipzig
www.leipziger-antiquariat.de
Haltestelle *Augustusplatz*
▶ Faltplan C3

**Kapitaldruck** I **S** I S. 232
Feinkost, Karl-Liebknecht-Straße 36,
04107 Leipzig
www.kapitaldruck.de
Tram 10, 11 (*Südplatz*)
▶ Faltplan C4

**Verlagsbuchhandlung Bachmann**
I **Z** I S. 51
Markt 1, 04109 Leipzig
www.leipzig-laden-nr1.de
S-Bahn 1, 2, 3, 4, 5, 5X (*Markt*)
▶ Faltplan C3

# KUNST & KULTUR

**Kunsthalle der Sparkasse Leipzig**
| **z** | S. 77
Otto-Schill-Straße 1, 04109 Leipzig
www.kunsthalle-sparkasse.de
Tram 9 sowie Bus 89 (*Thomaskirche*)
▶ Faltplan C3

**Leipziger Baumwollspinne-
rei** | **W** | S. 182
Spinnereistraße 7, 04179 Leipzig
www.spinnerei.de
Tram 14, Bus 60 sowie S-Bahn 1
(*S-Bahnhof Plagwitz*)
▶ Faltplan A4

**Leipziger Messe** | **N** | S. 93
Messe-Allee 1, 04356 Leipzig
www.leipziger-messe.de
Tram 16 sowie Bus 85, 86, 196
(*Messegelände*)
S-Bahn 1, 2, 5, 5X (*Bahnhof-Leipzig Messe*)
▶ Faltplan nördlich D1

**Leutzscher Kunstrasen e.V.**
| **W** | S. 132
Am langen Felde 15, 04179 Leipzig
www.kunstrasen-ev.de
Tram 7 (*Diakonissenhaus*)
▶ Faltplan A3

**LOFFT – Das Theater** | **W** | S. 173
Lindenauer Markt 21, 04177 Leipzig
www.lofft.de
Tram 7, 8, 15 sowie Bus 74, 130, 131
(*Lindenauer Markt*)
● 64 ▶ Faltplan B3

**Luru Kino** | **W** | S. 183
Spinnereistraße 7, 04179 Leipzig
www.luru-kino.de
Tram 14, Bus 60 sowie S-Bahn 1
(*Plagwitz, Bahnhof*)
● 69 ▶ Faltplan A4

**Media City Leipzig** | **S** | S. 200
Altenburger Straße 13, 04275 Leipzig
www.media-city-leipzig.de
Tram 9 sowie Bus 60, 74, 412 (*Kurt-Eisner-
Straße/Arthur-Hoffmann-Straße*)
Bus 74 sowie S-Bahn 1, 2, 3, 4, 5, 5X (*MDR*)
▶ Faltplan D4

**Mendelssohn-Haus** | **O** | S. 266
Goldschmidtstraße 12, 04103 Leipzig

www.mendelssohn-stiftung.de
Tram 4, 7, 12, 15 sowie Bus 690
(*Johannisplatz*)
Tram 2, 9, 16 sowie Bus 412 (*Roßplatz*)
▶ Faltplan C3

**Moritzbastei** | **z** | S. 74
Universitätsstraße 9, 04109 Leipzig
www.moritzbastei.de
Haltestelle *Augustusplatz*
Haltestelle *Wilhelm-Leuschner-Platz*
● 21 ▶ Faltplan C3

**Museum der bildenden Künste
Leipzig** | **z** | S. 68
Katharinenstraße 10, 04109 Leipzig
www.mdbk.de
S-Bahn 1, 2, 3, 4, 5, 5X (*Markt*)
Haltestelle *Hauptbahnhof* (HBF)
▶ Faltplan C3

**Museum für Druckkunst Leipzig**
| **W** | S. 182
Nonnenstraße 38, 04229 Leipzig
www.druckkunst-museum.de
Tram 1, 2 (*Holbeinstraße*)
● 68 ▶ Faltplan B4

**Musikalische Komödie** | **W** | S. 168
Dreilindenstraße 30, 04177 Leipzig
www.oper-leipzig.de
Tram 3, 7, 8, 15 sowie Bus 74, 130, 131
(*Angerbrücke*)
▶ Faltplan B3

**Nathanaelkirche** | **W** | S. 131
Rietschelstraße 10, 04177 Leipzig
www.nathanaelgemeinde.de
Tram 7, 8, 15 sowie Bus 74, 130, 131
(*Lindenauer Markt*)
▶ Faltplan B3

**naTo – Soziokulturelles
Zentrum** | **S** | S. 249
Karl-Liebknecht-Straße 46, 04275 Leipzig
www.nato-leipzig.de
Tram 10, 11 (*Südplatz*)
● 99 ▶ Faltplan C4

**Naturkundemuseum Leipzig**
| **z** | S. 77
Lortzingstraße 3, 04105 Leipzig
www.naturkundemuseum.leipzig.de
Tram 12 (*Lortzingstraße*)

Haltestelle *Goerdelerring*
▶ Faltplan C3

**Neues Rathaus** | **z** | S. 34
Martin-Luther-Ring 4–6, 04109 Leipzig
www.leipzig.de
Tram 2, 8, 9, 14 sowie Bus 89 (*Neues Rathaus*)
Haltestelle *Wilhelm-Leuschner-Platz*
▶ Faltplan C3

**Nikolaikirche Leipzig** | **z** | S. 31
Nikolaikirchhof 3, 04109 Leipzig
www.nikolaikirche.de
Haltestelle *Augustusplatz*
S-Bahn 1, 2, 3, 4, 5, 5X (*Markt*)
▶ Faltplan C3

**Oper Leipzig** | **z** | S. 76
Augustusplatz 12, 04109 Leipzig
www.oper-leipzig.de
Haltestelle *Augustusplatz*
● 23 ▶ Faltplan C3

**Panometer Leipzig** | **S** | S. 250
Richard-Lehmann-Straße 114, 04275 Leipzig
www.asisi.de
Tram 16 sowie Bus 70 (*Richard-Lehmann-
Straße/Zwickauer Straße*)
Bus 70 (*Altenburger Straße*)
● 100 ▶ Faltplan D5

**Parkbühne GeyserHaus e.V.**
| **N** | S. 114
Kleiststraße 52, 04157 Leipzig
www.geyserhaus.de
Tram 16 (*Mosenthinstraße*)
▶ Faltplan C2

**Passage Kinos** | **z** | S. 75
Hainstraße 19 a, 04109 Leipzig
www.passage-kinos.de
Haltestelle *Goerdelerring*
● 22 ▶ Faltplan C3

**Peterskirche Leipzig** | **S** | S. 238
Schletterstraße 5, 04107 Leipzig
www.peterskirche-leipzig.de
Tram 10, 11 (*Hohe Straße*)
▶ Faltplan C4

**Red Bull Arena** | **W** | S. 93
Am Sportforum 3, 04105 Leipzig
www.sportforum-leipzig.com

Tram 3, 7, 8, 15 (*Sportforum*)
▶ Faltplan B3

**Regina Palast Leipzig | O |** S. 284
Dresdner Str. 56, 04317 Leipzig
www.bofimax.de
Tram 4 sowie Bus 70, 72, 73 (*Breite Straße*)
▶ Faltplan D3

**Russische Gedächtniskirche**
**| O |** S. 268
Philipp-Rosenthal-Straße 51a, 04103 Leipzig
www.russische-kirche-l.de
Tram 2, 16 sowie Bus 74
(*Deutsche Nationalbibliothek*)
▶ Faltplan D4

**Schaubühne Lindenfels | W |** S. 168
Karl-Heine-Straße 50, 04229 Leipzig
www.schaubuehne.com
Tram 14 (*Karl-Heine-Straße/Merseburger Straße*)
▶ Faltplan B4

**Schauburg | W |** S. 168
Antonienstraße 21, 04229 Leipzig
www.kino-am-adler.de
Tram 1, 2, 4 sowie Bus 60 (*Adler*)
▶ Faltplan B4

**Schauspiel Leipzig | Z |** S. 77
Bosestraße 1, 04109 Leipzig
www.schauspiel-leipzig.de
Tram 9 sowie Bus 89 (*Thomaskirche*)
Tram 1, 14 (*Gottschedstraße*)
▶ Faltplan C3

**Schillerhaus | N |** S. 91
Menckestraße 42, 04155 Leipzig
www.leipzig-gohlis.de/schillerhaus
Tram 4 (*Menckestraße*)
▶ Faltplan C2

**St. Bonifatius-Kirche | S |** S. 198
Prinz-Eugen-Straße 21, 04277 Leipzig
www.kath-kirche-leipzig-sued.de
Tram 11, Bus 79 sowie S-Bahn 2, 4, 5, 5X
(*Klemmstraße/S-Bahnhof Connewitz*)
▶ Faltplan C5

**Stadtgeschichtliches Museum**
**Leipzig im Alten Rathaus | Z |** S. 71
Markt 1, 04109 Leipzig
www.stadtgeschichtliches-museum-leipzig.de

S-Bahn 1, 2, 3, 4, 5, 5X (*Markt*)
▶ Faltplan C3

**Südfriedhof | S |** S. 199
Friedhofsweg 3, 04299 Leipzig
Tram 15 sowie Bus 79, 690 (*Südfriedhof*)
▶ Faltplan D5

**Tapetenwerk | W |** S. 131
Lützner Straße 91, 04177 Leipzig
www.tapetenwerk.de
Tram 8, 15 (*Henriettenstraße*)
S-Bahn 1 (*S-Bahnhof Lindenau*)
▶ Faltplan B4

**Täubchenthal | W |** S. 168
Wachsmuthstraße 1, 04229 Leipzig
www.taeubchenthal.com
Tram 3 (*Markranstädter Straße*)
▶ Faltplan B4

**Theater in der Mädlerpassage**
**SANFTWUT | Z |** S. 68
Grimmaische Straße 2, 04109 Leipzig
www.kabarett-theater-sanftwut.de
S-Bahn 1, 2, 3, 4, 5, 5X (*Markt*)
▶ Faltplan C3

**Thomaskirche Leipzig | Z |** S. 85
Thomaskirchhof 18, 04109 Leipzig
www.thomaskirche.org
Tram 9 sowie Bus 89 (*Thomaskirche*)
S-Bahn 1, 2, 3, 4, 5, 5X (*Markt*)
▶ Faltplan C3

**UNIKATUM Kindermuseum**
**| W |** S. 133
Zschochersche Straße 26, 04229 Leipzig
www.kindermuseum-unikatum.de
Tram 3, 14 sowie Bus 74 (*Felsenkeller*)
▶ Faltplan B4

**Universität Leipzig | Z |** S. 33
Augustusplatz 100, 04109 Leipzig
www.uni-leipzig.de
Haltestelle *Augustusplatz*
▶ Faltplan C3

**UT Connewitz | S |** S. 249
Wolfgang-Heinze-Straße 12a, 04277 Leipzig
www.utconnewitz.de
Tram 9, 10, 11 sowie Bus 70, 89, 107, 412
(*Connewitz, Kreuz*)
● 98 ▶ Faltplan C5

**Villa Hasenholz | W |** S. 175
Gustav-Esche-Straße 1, 04179 Leipzig
www.villahasenholz.de
Tram 7, Bus 80 sowie S-Bahn 1
(*S-Bahnhof Leutzsch*)
● 65 ▶ Faltplan A2

**Völkerschlachtdenkmal | S |** S. 199
Straße des 18. Oktober 100, 04299 Leipzig
www.voelkerschlachtdenkmal.de
Tram 15 (*Völkerschlachtdenkmal*)
▶ Faltplan E5

**Weißes Haus | S |** S. 256
Raschwitzer Straße 11, 04416 Markkleeberg
www.markkleeberg.de
S-Bahn 2, 4, 5, 5X (*Markkleeberg Nord*)
▶ Faltplan C6

**WERK 2 Kulturfabrik Leipzig e. V.**
**| S |** S. 252
Kochstraße 132, 04277 Leipzig
www.werk-2.de
Tram 9, 10, 11 sowie Bus 70, 89, 107, 412
(*Connewitz, Kreuz*)
● 101 ▶ Faltplan C5

**Westbad Leipzig – Eventlocation**
**| W |** S. 168
Odermannstraße 15, 04177 Leipzig
www.westbad-leipzig.de
Tram 8, 15 (*Lützner Straße/Merseburger Straße*)
▶ Faltplan B3

**WESTWERK | W |** S. 178
Karl-Heine-Straße 85–93, 04229 Leipzig
www.westwerk-leipzig.de
Tram 14 (*Karl-Heine-Straße/Merseburger Straße*)
● 67 ▶ Faltplan B4

**Zeitgeschichtliches Forum Leipzig**
**| Z |** S. 77
Grimmaische Straße 6, 04109 Leipzig
www.hdg.de/leipzig
S-Bahn 1, 2, 3, 4, 5, 5X (*Markt*)
▶ Faltplan C3

**Zoo Leipzig | N |** S. 112
Pfaffendorfer Straße 29, 04105 Leipzig
www.zoo-leipzig.de
Tram 12 (*Zoo*)
▶ Faltplan C3

## LEIB & SEELE

**Heinrich-Budde-Haus** | **N** | S. 122
Lützowstraße 19, 04157 Leipzig
Tram 12 sowie S-Bahn 1, 3 (*S-Bahnhof Gohlis*)
▶ Faltplan C2

**Madame Käthe** | **W** | S. 189
Karl-Heine-Straße 68, 04229 Leipzig
www.madame-kaethe.de
Tram 14 (*Karl-Heine-Straße/Merseburger Straße*)
● 72 ▶ Faltplan B4

**Sauna im See** | **S** | S. 259
Hafenstraße 19, 04416 Markkleeberg
www.sauna-im-see.de
Bus 107 (*Markkleeberg, Schmiede*)
● 102 ▶ Faltplan südl. B2

**sawadee Wellnessmassagen**
| **Z** | S. 81
Gottschedstraße 6, 04109 Leipzig
www.sawadee-wellnessmassagen.de
Tram 9 sowie Bus 89 (*Thomaskirche*)
Tram 1, 14 (*Gottschedstraße*)
● 24 ▶ Faltplan C3

## ÜBERNACHTEN

**A&O Hostel – Leipzig Hauptbahnhof**
| **Z** | S. 82
Brandenburger Straße 2, 04103 Leipzig
www.aohostels.com
Haltestelle *Hauptbahnhof* (HBF)
▶ Faltplan D3

**abito suites** | **Z** | S. 85
Grimmaische Straße 16, 04109 Leipzig
www.abito.com
Haltestelle *Augustusplatz*
● 26 ▶ Faltplan C3

**Apartmenthaus Feuerbach**
| **N** | S. 124
Feuerbachstraße 17, 04105 Leipzig
www.apartment-leipzig.de
Tram 4 (*Feuerbachstraße*)
▶ Faltplan C3

**arcona LIVING Bach14** | **Z** | S. 84
Thomaskirchhof 13/14, 04109 Leipzig

www.bach14.arcona.de
Tram 9 sowie Bus 89 (*Thomaskirche*)
● 25 ▶ Faltplan C3

**Central Globetrotter Hostel**
| **Z** | S. 82
Kurt-Schumacher-Straße 41, 04105 Leipzig
www.globetrotter-leipzig.de
Tram 9, 10, 11, 16 (*Wilhelm-Liebknecht-Platz*)
Haltestelle *Hauptbahnhof* (HBF)
▶ Faltplan C3

**Homeplanet Hostel** | **S** | S. 260
Bornaische Straße 56, 04277 Leipzig
www.homeplanethostel.de
Tram 11 (*Pfeffingerstaße*)
▶ Faltplan C5

**Hostel Blauer Stern** | **W** | S. 192
Lindenauer Markt 20, 04177 Leipzig
www.hostel-blauer-stern.de
Tram 7, 8, 15 sowie Bus 74, 130, 131
(*Lindenauer Markt*)
● 73 ▶ Faltplan B3

**Hostel & Garten Eden** | **W** | S. 190
Demmeringstraße 57, 04177 Leipzig
www.eden-leipzig.de
Tram 8, 15 (*Lützner Straße/Merseburger
Straße*)
▶ Faltplan B3

**Hostel unschlagbar** | **S** | S. 260
Karl-Liebknecht-Straße 1a, 04107 Leipzig
www.unschlagbar-leipzig.de
Tram 10, 11 (*Hohe Straße*)
▶ Faltplan C4

**Hotel Fürstenhof Leipzig** | **Z** | S. 82
Tröndlinring 8, 04105 Leipzig
www.hotelfuerstenhofleipzig.com
Haltestelle *Goerdelerring*
▶ Faltplan C3

**McDreams Hotel Leipzig-City**
| **W** | S. 190
Zschochersche Straße 48, 04229 Leipzig
www.mcdreamshotels.de
Tram 3 sowie Bus 74 (*Elster-Passage*)
▶ Faltplan B4

**Meisterzimmer – Pension in der
Leipziger Baumwollspinnerei**
| **W** | S. 190
Spinnereistraße 7, 04179 Leipzig
www.meisterzimmer.de
Tram 14, Bus 60 sowie S-Bahn 1
(*S-Bahnhof Plagwitz*)
▶ Faltplan A4

**Michaelis Hotel & Restaurant**
| **S** | S. 260
Paul-Gruner-Straße 44, 04107 Leipzig
www.michaelis-leipzig.de
Tram 10, 11 (*Hohe Straße*)
▶ Faltplan C4

**Ost-Apotheke Hostel** | **O** | S. 298
Wurzner Straße 1, 04315 Leipzig
www.ost-apotheke.net/hostel
Tram 7 (*Wiebelstraße*)
Tram 4 sowie Bus 70, 72, 73 (*Breite Straße*)
● 117 ▶ Faltplan D3

**Seaside Park Hotel** | **Z** | S. 67
Richard-Wagner-Straße 7, 04109 Leipzig
www.parkhotelleipzig.de
Haltestelle *Hauptbahnhof* (HBF)
▶ Faltplan C3

**Sleepy Lion Hostel, Youth Hotel &
Apartments Leipzig** | **N** | S. 124
Jacobstraße 1, 04105 Leipzig
www.hostel-leipzig.de
Haltestelle *Goerdelerring*
▶ Faltplan C3

**Steigenberger Grandhotel
Handelshof** | **Z** | S. 82
Salzgäßchen 6, 04109 Leipzig
de.steigenberger.com
Haltestelle *Augustusplatz*
S-Bahn 1, 2, 3, 4, 5, 5X (*Markt*)
▶ Faltplan C3

**Studio 44 Apartments** | **Z** | S. 86
»Harkort«: Harkortstraße 3, 04109 Leipzig
»Riemann«: Riemannstraße 54, 04107 Leipzig
»Schreber«: Schreberstraße 6a, 04109 Leipzig
weitere Übernachtungsmöglichkeiten über:
www.studio44-apartments.de
● 27 ▶ Faltplan C3

**Victor's Residenz-Hotel** | **O** | S. 294
Georgiring 13, 04103 Leipzig

www.victors.de
Tram 8 (*Wintergartenstraße, Hbf.*)
▶ Faltplan C3

**Villa Dohna** | **S** | S. 262
Dohnaweg 4, 04277 Leipzig
www.villadohna.de
Tram 10, 16 (*Triftweg*)
● 103 ▶ Faltplan D5

**The Westin Hotel Leipzig** | **N** | S. 124
Gerberstraße 15, 04105 Leipzig
www.westin-leipzig.de
Haltestelle *Hauptbahnhof* (HBF)
▶ Faltplan C3

**Zeitraum10 Apartments**
| **O** | S. 297
Wurzner Straße 10, 04315 Leipzig
www.zeitraum10.de
Tram 7 (*Wiebelstraße*)
Tram 4 sowie Bus 70, 72, 73 (*Breite Straße*)
● 116 ▶ Faltplan D3

## SPORT

**Bootsverleih Herold** | **W** | S. 133
Antonienstraße 2, 04229 Leipzig
www.bootsverleih-herold.de
Tram 1, 2 sowie Bus 60, 74 (*Rödelstraße*)
▶ Faltplan B4

**Kanupark Markkleeberg** | **S** | S. 17
Wildwasserkehre 1, 04416 Markkleeberg/
OT Auenhain
www.kanupark-markkleeberg.com
Bus 106, 141 (*Auenhain Kanupark*)
▶ Faltplan südl. D6

**KletterTurm Mockau** | **S** | S. 93
Tauchaer Straße 14, 04357 Leipzig
www.kletterturm.info
Tram 9 sowie Bus 70 (*Mockau, Kirche*)
▶ Faltplan E1

**nextbike** | **W** | S. 14
Thomasiusstraße 16, 04109 Leipzig
www.nextbike.de
Tram 1, 14 (*Gottschedstraße*)
▶ Faltplan C3

**soccerworld Leipzig** | **O** | S. 268
Curiestraße 10, 04103 Leipzig
www.hallenfussball.de
Tram 2, 15 sowie Bus 70, 74, 690
(*Altes Messegelände*)
▶ Faltplan D4

**Zeit42** | S. 15
www.zeit42.de

# 360° LEIPZIG

## Tourist-Information

Neben zahlreichen Informationen zu aktuellen und kommenden Veranstaltungen, Öffnungszeiten sowie Leipzigliteratur u.v.m. ist die Tourist-Info Anlaufpunkt für Interessenten der LEIPZIG CARD (ab 10,90 € als Tageskarte). Darin inbegriffen sind Fahrten mit Straßenbahnen und Bussen der LVB sowie Fahrten mit S-Bahn und Nahverkehrszügen. Obendrauf erhalten Inhaber dieser Card Ermäßigungen in diversen Museen, gastronomischen Einrichtungen u. Ä.

Tourist-Information
Katharinenstraße 8, 04109 Leipzig
www.leipzig.travel
Öffnungszeiten: Mo.–Fr. 9³⁰–18⁰⁰ Uhr,
Sa. 9³⁰–16⁰⁰ Uhr, So. 9³⁰–15⁰⁰ Uhr
Für Fragen: (0341) 71 04-260

## Informationen für Studenten

Wer nur einen Schritt vor dem Studium in Leipzig steht, möchte vielleicht mehr über das Studieren und Leben in der neuen Heimat wissen. Im Studentenwerk Leipzig werden alle Fragen dazu beantwortet.

Studentenwerk Leipzig
Goethestraße 6, 04109 Leipzig
www.studentenwerk-leipzig.de
Öffnungszeiten: Mo. & Mi. 12⁰⁰–15⁰⁰ Uhr,
Di.–Do. 9⁰⁰–17⁰⁰ Uhr, Fr. 9⁰⁰–12⁰⁰ Uhr
Für Fragen: (0341) 96 59 850

## Öffentlicher Personennahverkehr

Das Netz der Leipziger Verkehrsbetriebe (LVB) ist gut ausgebaut – 13 Straßenbahn- und 61 Buslinien durchziehen die Stadt und dank der Anbindung an das Mitteldeutsche Verkehrsnetz (MDV) sind auch weiter entfernte Ziele leicht erreichbar. Erwachsene nutzen die Busse und Bahnen für 2,50 € je Stunde. Für Vielfahrer lohnt sich die Tageskarte ab 6,90 € für einen Erwachsenen. Die Fahrkarten können in einer der LVB-Verkaufsstellen oder über den Fahrkartenautomaten an den Haltestellen gekauft werden. Einige Straßenbahnen halten direkt im Wagen Ticketautomaten bereit, doch Vorsicht: ohne Kleingeld kommt man beim Kaufen der Fahrkarten hier nicht weit.

Unser Tipp: Wer Gefallen an den Waggons der Leipziger Straßenbahnen gefunden hat, sollte eine Stadtrundfahrt mit dem Spezialwagen der LVB in Betracht ziehen. Die große Rundfahrt startet immer samstags 11 und 14 Uhr ab dem Hauptbahnhof – die Fahrzeit beträgt ca. 2 Stunden. Im Sommer werden die Touren durch eine Fahrt sonntags um 11 Uhr ergänzt.

LVB-Mobilitätszentrum
Am Hauptbahnhof:
Willy-Brandt-Platz 5, 04109 Leipzig
Öffnungszeiten: Mo.–Fr. 8⁰⁰–20⁰⁰ Uhr,
Sa. 8⁰⁰–16⁰⁰ Uhr

## City-Tunnel Leipzig

Zwischen dem Leipziger Hauptbahnhof und dem Bayerischen Platz fahren die S-Bahnen über den City-Tunnel. Innerhalb dieser Haltestellen kann mit einem Kurzstrecken-Ticket des MDV gefahren werden – Kosten für die einfache Fahrt 1,80 € pro Erwachsener.

Unser Tipp: Eine Fahrt mit der S-Bahn lohnt sich für den schnellen Weg vom Hauptbahnhof zum Flughafen oder vom Hauptbahnhof in den Süden der Stadt.

## S-Bahnen des Mitteldeutschen Verkehrsnetzes (MDV)

Sechs S-Bahn-Routen verbinden Leipzig in allen Himmelsrichtungen mit dem Umland. Fahrtpreis ab 2,50 € pro Stunde für einen Erwachsenen.

Routen:

**S1** Leipzig-Grünau • Leipziger Messse • Hauptbahnhof • Wurzen • zeitweise bis Oschatz und Riesa

**S2** Markkleeberg • Bayerischer Bhf. • Hauptbahnhof • Delitzsch • Bitterfeld

**S3** Halle/Salle Hbf. • Schkeuditz • Gohlis • Hauptbahnhof • Völkerschlachtdenkmal • Stötteritz

**S4** Hoyerswerda • Torgau • Eilenburg • Thekla • Hauptbahnhof • Markkleeberg • Borna • Geithain

**S5** Flughafen Leipzig/Halle • Leipziger Messe • Hauptbahnhof • Markkleeberg • Altenburg • Zwickau

**S5X** Halle/Saale Hbf. • weiter siehe S5

## Taxis

Wer in Zentrumsnähe ein Taxi braucht, sollte den Hauptbahnhof aufsuchen. Die meisten Taxis befördern vier bis acht Personen — EC- und Kreditkartenzahlung sind oft kein Problem.

**Löwentaxi Leipzig e. G.**
Tel: (0341) 98 22 22

**Funk Taxi**
Tel: (0341) 4884

## Mit dem eigenen PKW

Leipzig liegt in einem gut ausgebauten Netz an Autobahnen und Bundesstraßen. Über die A9 (Berlin–München), die A14 (Wismar–Nossen) und die A38 (Göttingen–Leipzig) lässt sich die Stadt problemlos erreichen. Wer mit dem Auto direkt ins Zentrum fahren möchte, benötigt zwingend eine Umweltplakette – denn Leipzig zählt seit 2011 zu einer der 70 Umweltzonen innerhalb Deutschlands.

## Park & Ride

Wer sich die Investition in eine Umweltplakette sparen möchte oder lieber mit Bus und Bahn fährt, kann eine der vielen Park & Ride-Plätze nutzen. Auto einfach abstellen und in kürzerer Entfernung mit dem ÖPNV weiterreisen. Die Stellplätze sind meist durchgehend geöffnet und für den Nutzer kostenfrei. Gern genutzte Park & Ride-Möglichkeiten lassen sich an der Leipziger Messe und dem Völkerschlachtdenkmal finden.

## Car-Sharing

In den vergangenen Jahren ist es immer attraktiver geworden, auf den eigenen PKW zu verzichten und, zugunsten der Parkplatzsituation in einigen Bereichen der Stadt und der Umwelt zuliebe, auf einen gemieteten PKW zurückzugreifen. Car-Sharing-Spots lassen sich überall finden. Das größte Netz an Fahrzeugen bietet teilAuto. Abgerechnet wird nach Zeit- oder Kilometerpreisen, Sonderkonditionen gibt es beispielsweise für Vielfahrer und Studenten.

## Flughafen Leipzig/Halle

Der Flughafen Leipzig/Halle ist das Luftfahrt-Drehkreuz Mitteldeutschlands in Sachen Personen- und Frachtbeförderung. In wenigen Minuten können Reisende mit der S-Bahn-Linie S 5 oder S 5X den Flughafen erreichen oder Richtung Hauptbahnhof verlassen. Einmal gelandet, lässt sich gleich in der Ankunftshalle ein PKW mieten; direkt vor der Tür warten zahlreiche Taxis auf die Ankömmlinge.

Flughafen Leipzig/Halle
Terminalring 11, 04435 Flughafen

Leipzig/Halle
www.leipzig-halle-airport.de
S-Bahn 5 (*Flughafen Leipzig/Halle*)

## Radiosender in Leipzig

Leipzigs Radiolandschaft bietet neben den üblichen großen Stationen auch einige kleinere mit direktem Ortsbezug, speziellen Themen oder handgemachten, sehr individuellen Sendungen. Hier eine Auswahl an Hörenswertem in der Stadt:

### Radio Blau • 89,2 MHz

Freies, nichtkommerzielles Leipziger Bürgerradio mit Webradio und Hörbeispielen, rein ehrenamtlich organisiert. Der Sender bietet ein vielfältiges Programm mit Unterhaltung, Bildung, Information und Beratung, allerdings auf 49 Stunden in der Woche beschränkt. Vom Seniorenradio bis zum Klangkunstexperiment ist alles vertreten, auch Ideen, die so noch nicht im Radio zu erleben waren.

### MDR figaro • 88,4 MHz

Kulturjournalismus und abwechslungsreiche Musik. Das »Kulturradio des Mitteldeutschen Rundfunks« sendet aktuelle Hintergrundberichte, bietet Servicethemen und Unterhaltung. Musikalisch ist eine Auswahl von Jazz, Chanson, Klassik bis hin zu Folk zu hören, Features, Lesezeiten, Rezensionen und Hörspiele runden das Programm ab. Die Nachrichten werden von MDR Info übernommen.

### apollo Radio • 89,2 MHz

Unter dem Slogan »bleiben Sie anders« ist hier eine Mischung aus klassischer Musik, Filmmusik, Soul und Jazz zu hören. Fast werbefrei und kaum von Moderationen unterbrochen, steht die Musik im Vordergrund. In Leipzig teilt sich apollo drei Frequenzen mit Radio Blau und sendet meist bis 18 Uhr.

### Radio Leipzig • 91,3 MHz

Lokal produzierte Nachrichten aus Leipzig, Musik aus den 1980er-Jahren bis heute, Wetter und Verkehr bietet dieser private Sender. Der Claim »Die beste Musik!« zielt auf Hörer im Alter von 30 bis 49 Jahren. Daneben gibt es aktuelle Informationen und Veranstaltungshinweise für die Region.

### Mephisto • 97,6 MHz

Das Lokalradio der Universität Leipzig und erste lizenzierte Hochschulradio Deutschlands mit dem anderen Blick auf Stadtpolitik, Kultur und Leben in Leipzig. Mit kritischen Berichten, langen Interviews, alternativer Popmusik und Hörspielen. Der nichtkommerzielle, unabhängige und werbefreie Sender hat seinen Sitz auf dem Leipziger Unicampus und sendet Montag bis Freitag jeweils von 10 bis 12 und 18 bis 20 Uhr. Das Programm wird ausschließlich von Studenten gestaltet, richtet sich aber an eine breite Zuhörerschaft.

| Im Notfall \| In Case of Emergency | |
|---|---|
| Polizei \| Police: | 110 |
| Feuerwehr \| Fire Department: | 112 |
| Rettungsdienst \| EMS | 112 |
| Informationen zu Bereitschaftsdiensten \| Stand-by for Emergency: | 16117 |

## ABBILDUNGSNACHWEIS

Alle im Folgenden nicht gesondert aufgeführten Fotos stammen vom Leipziger Fotografen **Nick Putzmann.**

**Africa Studio:** 24
**Anne-Katrin Hutschenreuter:** 22 o.
**»artificial ageing«, Louise Walleneit 2011,** Foto: Gunter Binsack: 184 r.
**»beau«, Louise Walleneit, 2013, Foto: Uwe** Walter Berlin: 169
**dcw25:** 25 M.
**Doreen Knopf:** 3 r.o., 22 M.
**DutchScenery:** 25 o.
**Frank Lochau, ProCopter GmbH:** 3 2. von u., 8/9, 28/29, 31 o., 31 r., 32/33 u., 34 u., 78/79, 88/89, 126/127, 143, 186/187, 194/195, 197 o., 198 u., 199 o., 200, 257, 258 o., 259, 264/265, 271, 284/285, 290/291
**Franziska Müller, Stadtschwärmer:** 12 M.r.
**Ida Zenna, Rachmaninow:** 69
**Jenny Stadthaus:** 67
**Jerry Jordan:** 14
**Katrin Hofmann, Stadtschwärmer:** 3 r. 2.v.o., 11 2.v.o., 12, u., 15 o., 30, 32 l.o. + r., 33 r.o. + r.u., 34 l.o. + r.o., 35 l.o., 38/39, 48, 85 l., 90, 92, 94, 95, 112 l., 124/125, 128, 130/131, 133, 134, 160, 170, 178/179, 196 u., 197 u., 198 o., 199 u., 201, 206/207, 240 l., 244, 249, 252/253, 258 l.u. + r.
**Kirsten Nijhof:** 76
**Leipziger Messe/Grubitzsch:** 93
**Liv Rothhaar:** 22 u.
**Louise Walleneit:** 184 l.
**Mädler KG:** 47
**Marcus Mlynek:** Coverfoto, aufgenommen vom Scherbelberg im Rosental
**Martin Meißner:** 23 o.
**nerthuz:** 16
**Nils A. Petersen, »Das Hybris Projekt«:** 185
**Nitr:** 21
**Pixelbliss:** 10/11 u.
**PUNCTUM / Alexander Schmidt, »Dark Visions«:** 173
**Robert Strehler:** 23 u.
**Sergii Mostovyi:** 25 u.
**Stefan Hopf:** 253 l.u.
**Stefan Hoyer:** 242/243
**vladstar:** 14

Wir bedanken uns bei allen Fotografen, Institutionen und Unternehmen für die Möglichkeit, diese Aufnahmen verwenden zu dürfen.

## IMPRESSUM

Bibliografische Informationen der Deutschen Nationalbibliothek:
Die Deutsche Nationalbibliothek verzeichnet diese Publikation in der Deutschen Nationalbibliografie; detaillierte bibliografische Daten sind im Internet über http://dnb.dnb.de abrufbar.

ISBN: 978-3-00-049983-8

© 2015 Stadtschwärmer Leipzig GmbH
www.stadtschwaermer-leipzig.de

Stadtschwärmer Leipzig GmbH
Karl-Heine-Straße 91
04229 Leipzig
**www.stadtschwaermer-leipzig.de**

www.facebook.com/stadtschwaermer
www.instagram.com/stadtschwaermer

Die Verwertung der Bilder und Texte, auch in Auszügen, ist ohne die Zustimmung des Rechteinhabers rechtswidrig und in der Folge strafbar. Dies gilt vor allem bei Vervielfältigung, Übersetzung und der Verarbeitung mit elektronischen Systemen.

**Konzept & Idee:** Babett Börner, Franziska Müller, Katrin Hofmann, Stephanie Schmidt
**Textredaktion:** Franziska Müller (Konzept, Chefin), Frank Lückert (Beratung), Babett Börner
**Lektorat:** Mirjam Becker, Kathrin Voigt
**Übersetzungen:** Bianca Mückenheim (Ass.), Ü-WERK GmbH (Lektorat)
**Layout & Satz:** Katrin Hofmann (Konzept, Chefin), Babett Börner, Laura Wittek (Ass.)
**Umschlaggestaltung:** Katrin Hofmann (Konzept, Chefin), Babett Börner
**Kartografie:** Katrin Hofmann, Babett Börner
**Vertrieb:** Stephanie Schmidt (Chefin), Laura Wittek (Ass.)
**Druck:** druckhaus köthen GmbH & Co. KG
**Binden:** Müller Buchbinderei GmbH Leipzig

Printed in Germany

## ZUR AUSWAHL DER LOCATIONS

Die Redaktion des Stadtschwärmers präsentiert in diesem Buch eine vollkommen subjektive Auswahl an Unternehmen, Orten und Sehenswürdigkeiten. Über einhundert Locations werden detailliert mit Bild und Text vorgestellt. Die Auswahl erfolgte anhand eigener Kriterien. Es wurden Locations ausgewählt, die besonders innovativ, kreativ, einzigartig, traditionsbewusst, versteckt, nachhaltig, anders oder alles auf einmal sind.

## HINWEISE ZUR VERORTUNG DER LOCATIONS

Die vorgestellten Locations wurden von der Redaktion in die vier Himmelsrichtungen sowie das Zentrum einsortiert. Die Sortierung ist zum Teil abweichend von den offiziellen Zuordnungen der Stadtteile der Stadt Leipzig. Locations, die in Randbereichen liegen, wurden dem Inhalt entsprechend einer der Himmelsrichtungen respektive dem Zentrum zugeordnet.

## DANK DER AUTOREN

Die Autoren danken recht herzlich dem Fotografen Nick Putzmann für seine hervorragenden Aufnahmen sowie den Lektorinnen Kathrin Voigt und Mirjam Becker für die gute Zusammenarbeit. Herzlichen Dank auch an unsere »Local Heroes«, die dieses Buch mit ihren Texten und Tipps bereichern. Wir danken Frank Lochau von ProCopter für die spektakulären Luftbilder und Marcus Mlynek für das atemberaubende Coverfoto.

Des Weiteren danken wir allen Locations, die Teil des Buches sind und ohne die es dieses nicht geben würde, Frank Lückert für sein Wissen über Leipzig, Laura Wittek für die Unterstützung in allen organisatorischen Belangen, Bianca Mückenheim für die englischen Übersetzungen, unseren Familien und Freunden für ihre Geduld, offenen Ohren und Rücksicht auch nach dem 10. langen Abend im Büro. Und last but not least Bürohund Fips fürs gute Laune verbreiten.